Paul Ernst Rattelmüller

BAIRISCHES BRAUCHTUM IM JAHRESLAUF

PAUL ERNST RATTELMÜLLER

BAIRISCHES BRAUCHTUM IM JAHRESLAUF

VOM NIKOLO BIS KATHREIN

SÜDDEUTSCHER VERLAG

Schutzumschlag und 18 Bleistiftzeichnungen
von Paul Ernst Rattelmüller

ISBN 3-7991-6273-9

Satz: Typodata, München
Druck und Bindung: May + Co, Darmstadt

Inhalt

Vorwort des Verlags

Nachdem Paul Ernst Rattelmüller für sein Buch *Auf Weihnachtn zua* im Süddeutschen Verlag die Themen zusammengestellt hatte, war der Plan entstanden, dieser Sammlung von Weihnachtsbräuchen einen Band folgen zu lassen, in dem die Bräuche des ganzen Jahres geschildert werden. Als Grundstock für diesen Band, der nun unter dem Titel *Bairisches Brauchtum im Jahreslauf. Von Nikolo bis Kathrein* vorliegt, diente eine reichhaltige Materialsammlung, die Rattelmüller im Lauf von über fünfunddreißig Jahren erarbeitet, zusammengetragen und ausgewertet hat.
Vor gut drei Jahrzehnten nämlich wurden im Bayerischen Rundfunk Rattelmüllers erste Hörbilder gesendet, und seit über zwanzig Jahren berichtet er in seiner Sendung *Boarischer Hoagascht* von Land und Leuten. Rattelmüller war einer der ersten (wenn nicht sogar der erste), der den Quellenwert längst vergessener oder als Heimatschriftsteller verpönter Autoren erkannte und wieder ins Bewußtsein seiner Landsleute gebracht hat – einen Ludwig Steub oder Heinrich Noë, einen Karl von Leoprechting, Karl Stieler, Joseph Schlicht oder Ludwig von Hörmann – um nur einige zu nennen. Sie alle sind nicht zuletzt durch die Sendungen Rattelmüllers im Verlauf vieler Jahre einer breiten Schicht von Hörern und Interessierten bekannt geworden, ehe sie endlich zu einem festen Bestandteil ernsthafter Bavarica-Literatur wurden.

Die Fülle des vorhandenen Materials zwang zu einer strengen Auswahl – so wurde einerseits auf eine ausführliche Darstellung von weihnachtlichen Bräuchen verzichtet, weil diese in dem erwähnten Buch *Auf Weihnachtn zua* behandelt worden sind. Andererseits sind alle jene Beiträge ausgeklammert, die den Lebenslauf zum Inhalt haben: sie sollen in einem eigenen Band aufgenommen werden.

Paul Ernst Rattelmüller ist seit über einem Jahrzehnt Bezirksheimatpfleger von Oberbayern; in dieser offiziellen Funktion aber ist er weniger der ›Aufpasser‹ oder gar ›Papst‹ als vielmehr der Sammler und kritisch-wohlwollende Beobachter, der er immer schon war, seit er sich mit dem Brauchtum und seiner Geschichte befaßt. Darüber hinaus sieht Rattelmüller seine Aufgabe darin, auch von jenen Bräuchen zu berichten, die in der hektischen Entwicklung, vor allem nach dem Zweiten Weltkrieg, verschwunden sind: Seine Schilderungen beabsichtigen, diese Bräuche vor dem Vergessen zu bewahren. Heute darf er sogar feststellen, daß manche Bräuche aus dem Geist der Rückbesinnung auf eigene Traditionen wieder zu neuem Leben gekommen sind. Hier wird Rattelmüller tatsächlich zum behutsam werbenden ›Pfleger‹ und durch seine gleichsam offizielle Aufgabe auch zum Förderer des Brauchtums.

Die Stärke Rattelmüllers ist das gesprochene Wort. Wohl sehr absichtsvoll sagt er immer etwas hinterkünftig: »Sprache kommt von sprechen – bals vom Schreibn kaam, taats Schreibe hoaßn.« Er ist der geborene Erzähler eigenen Erlebens und Wissens, von denen auch Franz Joseph Bronner, Marie Andree-Eysn oder Franziska Hager ausgegangen sind. Auch sie haben erzählt, was sie bei ihren ›Forschungsreisen‹ in Altbayern gesehen, erlebt und erfragt haben. Diese Unmittelbarkeit macht heute noch die Lebendigkeit ihrer Berichte aus – und dies ist auch der Grund, weshalb Rattelmüllers Sprachduktus hier weitgehend belassen wurde. Mit der Lektüre seiner Texte hat der Leser den Klang seiner Stimme im Ohr, die ihm durch seine zahlreichen Sendungen im Bayerischen Rundfunk seit Jahren vertraut ist.

So bleibt dem Autor und dem Verlag zu hoffen, mit diesem Buch das vielfältige Brauchtum in Altbayern bewahren zu helfen, Verständnis für die Bräuche zu wecken und aus dem Verstehen heraus die Traditionen zu pflegen, die den Reichtum und die Farbigkeit bayerischen Lebens ausmachen.

München, am Fest Mariae Himmelfahrt 1985

Vom Kirchenjahr und von kirchlichen Feiertagen

Es gibt ein Kalenderjahr, und es gibt eine Kirchenjahr. Das eine beginnt mit dem 1. Januar, das andere mit dem ersten Advent. Bräuche richten sich nach dem Kirchenjahr, das in eine Jahr für Jahr wiederkehrende Folge von ›heiligen Zeiten‹ eingeteilt ist. Es sind Tage, deren Feier die Kirche in der Absicht angeordnet hat, die Gläubigen wieder und wieder an die göttlichen Geheimnisse und Wohltaten zu erinnern und Gott zu danken.

Das Kirchenjahr ist geordnet nach den drei Hauptfesten Weihnachten, Ostern und Pfingsten; dazu kommen noch Christi Himmelfahrt und Fronleichnam. Während in evangelischen Gebieten kirchliche Bräuche verkümmert sind, blieben in katholischen Ländern Brauch und Kirche noch immer eng verbunden. Die Namenstage der Heiligen sind zusätzliche Festtage gewesen, aber von ganz großer Bedeutung waren und sind die Marienfeste – obwohl auch hier schon so manches fast vergessen ist. Wer denkt noch an Mariae Heimsuchung am 2. Juli, an Mariae Geburt am 8. September, an Mariae Namen am 12. September oder an Mariae Opferung am 21. November? Im Bewußtsein etwas deutlicher geblieben sind Mariae Lichtmeß am 2. Februar, Mariae Himmelfahrt am 15. August und – mittel- oder unmittelbar mit dem Advent verbunden – Mariae Verkündigung am 25. März und Mariae Unbefleckte Empfängnis am 8. Dezember.

Zum Ablauf des Kirchenjahres haben natürlich auch die vielen Heiligenfeste gehört. Die Heiligen waren und sind ja die Fürsprecher in allen Nöten bei allen Anliegen. Jeder Tag hat seinen eigenen Heiligen, und Namenstage werden nach wie vor gefeiert. Aber es sind halt nicht mehr viele Heilige, die im allgemeinen Bewußtsein verwurzelt sind: Josephi ist schon fast vergessen, bekannt ist bald nur noch der heilige Florian, der heilige Georg und der heilige Nikolaus, auch Peter und Paul. Regional sieht es noch ein bißl anders aus: Im Alpenvorland zwischen Lech oder Loisach im Westen und der Leitzach oder dem Inn im Osten weiß natürlich jeder, daß der 6. November der Tag des heiligen Leonhard ist. Früher war nicht nur die Kirche bemüht, daß diese Heiligentage eingehalten worden sind, auch die Zünfte haben genau darauf geschaut, die Bruderschaften natürlich ebenfalls. Und diese Heiligentage sind streng eingehalten worden; sie waren strikt beachtete Ruhetage für alle, für den Herrn wie für den Knecht.

Im *Lexikon für Theologie und Kirche* von Michael Buchberger finden sich folgende Zahlen von Festen aufgeführt: Um das Jahr 620 waren es noch elf Feste; um 809 dann waren es schon zwanzig, und dann sind es mehr und mehr geworden. Um das Jahr 1150 waren es 41, um das Jahr 1235 gar 45 Festtage. Das war sozusagen der Urlaub von damals, denn dazu kamen noch die Sonntage und die Patrozinien, die Ortskirchweihen, und bei diesen war es im allgemeinen auch nicht mit einem Tag abgetan. Buchberger schreibt: »Vom 13. bis 16. Jahrhundert hatten einzelne Diözesen mehr als hundert Sonn- und Feiertage ohne Orts- und Kirchenweihen.«

So wurde schon im 15. Jahrhundert von einem »Mißstand« gesprochen, so daß Papst Urban VIII. die Anzahl der Festtage um ein Viertel gekürzt hatte, von 45 auf 34 Festtage, und selbst diese 34 Feiertage waren so manchem Verantwortlichen damals auch noch zu viel. Man hat einen Teil dieser Festtage zu halben Feiertagen gemacht. Das hat geheißen, daß der Gläubige zum Kirchenbesuch verpflichtet war, daß er aber am Nachmittag sehr wohl hat arbeiten dürfen. Als dann die Französische Revolution ihre Schatten über das alte Europa geworfen hat, ist es mit den Fest- und Feiertagen vollends dahingegangen. Von der Freiheit der Bürger hat man zwar lauthals geschrien, von der Freizeit hat man weder etwas gehalten noch viel geredet. Im napoleonischen Konkordat sind noch ganze vier Tage übriggeblieben, und bei uns im aufgeklärten Bayern hat man 1811 noch ganze zehn Feiertage gezählt.

Man darf aber nicht annehmen, daß mit den Festen im Kirchenjahr immer nur das gute Leben verbunden gewesen ist. Da hat es auch sogenannte Fast- und Abstinenztage gegeben: An Fasttagen war einmalige Sättigung erlaubt, Fleischspeisen waren verboten; an Abstinenztagen waren nur Fleischspeisen verboten. Fastentage hat es genügend gegeben – man denke nur an

die »vierzigtägigen Fasten« zwischen Aschermittwoch und Karsamstag, die Sonntage ausgeklammert; man denke an den ganz normalen Freitag. Wer hält sich heute noch daran? Fasten und Festefeiern sind früher einmal in enger Beziehung zueinander gestanden, während wir heute in einer Zeit leben, in der alles nivelliert, und in der – und das ist das Allerschlimmste – alles entfestlicht wird. Wir reden von Menschenwürde, legen aber fast alles ab, was die Würde eines Menschen ausmacht – angefangen bei der Kleidung. Vor zehn, zwanzig Jahren hatte noch jeder von uns einen Sonntagsanzug im Schrank hängen. Und was haben wir heute? Freizeitkleidung! Im allgemeinen noch schlampiger, als wir es uns am Werktag leisten. Und wie sieht es mit dem Fasten aus? Kann man eigentlich die Besonderheit eines Festes noch spüren, wenn wir uns täglich sozusagen ein Festessen gönnen? Dazu folgende Geschichte: Eine Bäuerin, die jeden Tag acht Leut am Tisch hat, die das Brot wie eh und je selber backt, anderes Brot kommt nicht auf den Tisch, die hat noch Zeit, zu Weihnachten fünfzehnerlei Plätzl schüsselweise zu backen. Da kommt ein Basl aus der Stadt zu Besuch, sieht das und sagt: »Mei, i back scho koane mehr, bei mir dahoam möng sie's gar nimmer.« Drauf sagt die Bäuerin nur: »Back gescheitere, na freß'n sie's scho.« Leider haben beide recht; die eine, weil bei ihr die Welt, die alte Ordnung noch stimmt; die andere aber leider auch. Wie soll zum Beispiel der Sekt an Weihnachten noch etwas Besonderes sein, wenn man ihn unterm Jahr im Büro aus dem Wasserglas trinkt? Das Fasten funktioniert allem Anschein nach gerade noch bei Zeitungslesern im Frühjahr, wenn der Wochenplan kalorienbewußt mageres Essen vorschreibt – mit dem hoffungsvollen Versprechen, daß man in vier Wochen fünf, sechs, acht Pfund weniger wiegt.
Auch was das Festefeiern betrifft, haben wir es weit gebracht. Festefeiern macht bekanntlich Arbeit, und Arbeit in der Freizeit ist im Zeitalter der Arbeitszeitverkürzung nicht gefragt. Nicht von ungefähr ist es Mißbrauch geworden (und Mißbrauch ist auch eine Form von Brauch), daß man in den Wochenendausgaben der Zeitungen nachschaut, wer was wo feiert. Dorthin fährt man dann, um sich mit einem Festabzeichen bei denen einzukaufen, die sich für ein Fest noch Arbeit machen.

Dabei sollten wir eigentlich zur Kenntnis nehmen, daß der Mensch sich unter anderem vom Vieh dadurch unterschieden hat, daß er sich für bestimmte Augenblicke in seinem Leben bestimmte Formen gesucht hat, die den Lebenslauf, den Jahreslauf geordnet haben. Heute stellen wir diese hoffnungslos veralteten und überholten Formen ins Eck, weil sie unsere Freiheit einschränken – einzuschränken scheinen. Niemand will dabei wahrhaben, daß sich die Menschenwürde Formen gesucht hat, die diese Würde schützen. Der Brauch ist eine dieser ordnenden Formen. Freiheit heißt nicht, daß jeder egozentrisch das tun kann, was er will, sondern daß er innerhalb einer Ordnung lebt und daß diese Ordnung nicht nur reglementiert, sondern dem Menschen auch Halt gibt. Und dieser Halt bewahrt ihm seine Würde.

Über den Advent und von den Engelämtern

»Der Advent ist der Pförtner, der uns einführt in die Festhallen des katholischen Christenthums. In sich gekehrt, sinnenden Ernst im Antlitz, gekleidet in's büßende Violblau und nach weihevoller Selbsterkenntnis ringend, ist der Advent der Träger eines großen religiösen Gedankens: er bereitet nämlich den Christen vor auf den gnadenreichen Erlösergott aus dem Himmel. Der Advent hat seinen kirchlichen Brauch und seine bayerische Volkssitte.« So leitet der bewährte Kronzeuge für altbayerischen Brauch, der Schloßbenefiziat Joseph Schlicht aus Steinach, ein Kapitel über den Advent ein. Advent bedeutet soviel wie »Ankunft«, »Erscheinen«. Die Kirche bezeichnet damit die sichtbare Ankunft Christi auf Erden – nicht nur die Vorbereitung auf das Kind in der Krippe, das die Menschheit erlöst, mit Advent wird auch an jene letzte Ankunft des Erlösers vor dem großen Weltgericht erinnert. Im allgemeinen Verständnis sind diese Tage und Wochen zwar der Vorbereitung auf Weihnachten vorbehalten; auch die Liturgie der Kirche vermittelt neben dem Bild des hilflosen Kindes in der Krippe auch die Herrlichkeit und Majestät des im Himmel thronenden Herrn und Königs. Das Evangelium zum ersten Adventsonntag zeugt von jener Wiederkunft Christi – bei Lukas ist dies im 21. Kapitel nachzulesen: »Und es werden Zeichen geschehen an Sonne und Mond und Sternen; und auf Erden wird den Leuten bange sein, und sie werden zagen, und das Meer und die Wasserwogen werden brausen, und Menschen werden verschmachten vor Furcht und vor Warten der Dinge, die da kommen sollen auf Erden... und alsdann werden sie sehen des Menschen Sohn kommen in der Wolke mit großer Kraft und Herrlichkeit.«

Die Lieder, die im Advent gesungen werden, entsprechen der liturgischen Vorstellung oft genug nur recht wenig. Sie sind aus einer anderen Welt, sie sind eigene Wege gegangen, den Weg in die Stuben. Sie haben ihre Bilder in der Verkündigung gesucht, in der Herbergssuche und vor allem in der Krippe. Diese Bilder sind Bestand von Stubenspielen geworden, zu einer besonders liebenswürdigen Form des Glaubens. Dabei hat auch die Mundart Eingang gefunden, die das Volk aber bei den Liedern, die in der Kirche gesungen worden sind, aus Ehrfurcht zurückgenommen, nicht aber vermieden oder gar verleugnet hat. Es ist sicher kein Zufall, daß die wirklichen Adventslieder, deren Bezugsstellen im Alten Testament zu finden sind, die Mundart nicht kennen.

Was heute die Adventssingen sind, die nach dem Zweiten Weltkrieg aus einem Bedürfnis heraus entstanden, das war ehedem das ›Rorate‹, das Engelamt. Engelämter werden immer wieder einmal geschildert, auch von Joseph Schlicht in seinem 1886 in Augsburg erschienenen Büchlein *Altbayernland und Altbayernvolk:* »Dieser eigenartig morgenfrühe Gottesdienst trägt im Kirchenmund den Titel ›das Rorate‹ (von dem poetischen Sehnsuchtspsalm: Himmelsthau regne, Frühlingserde sprosse der Welt den Erlöser…).« Das ist eine der etwas kraftlosen Bibelübersetzungen des 19. Jahrhunderts; in der lutherischen Übersetzung hört sich diese Stelle sprachgewaltiger, der Sprache des Alten Testaments wohl angemessener an. Wenn der Erlöser kommen wird, dann wird er »herabfahren wie der Regen auf die Aue, wie die Tropfen, die das Land feuchten. Zu seinen Zeiten wird blühen der Gerechte und großer Friede, bis daß der Mond nimmer sei«. Schlicht schreibt, der Volksmund gibt diesem eigenartig morgenfrühen Gottesdienst »den anmuthigen Namen ›das Engelamt‹ (weil hinführend und ausklingend in das himmlische Gloria von Bethlehem). Das Rorate belebt allenthalben die düstern Dezembernächte mit Morgenfackeln, welche das Altbayernvolk zu den Engelämtern führen: von jedem Haus eilt wenigstens ein Familienglied, vom Dorf zum Einöder, durch Schnee und Eis, Pfütze und Letten. Das Engelamt ist eben beim katholischen Altbayern sehr beliebt.« Aber das war einmal. Dabei sind diese Engelämter bei all jenen, die sie noch erlebt haben, eine der nachhaltigsten Erinnerungen an die Zeit vor Weihnachten. So schreibt Franz Joseph Bronner in seinem Buch *Von deutscher Sitt und Art:* »Solche Jugenderinnerungen steigen in meinem Herzen auf, wenn ich dieser Kirchen-

zeit gedenke. Wie beglückt lauschten wir Kinder ... den ... feierlichen Klängen der Adventglocken, die durch die stille Winternacht frühmorgens zum ›Engelamt oder Rorate‹ riefen! Mochte das Bettchen noch so warm und wohlig sein, hurtig sprangen wir da heraus.
Wir achteten nicht der Kälte und des Frostes und eilten zur Kirche. Hinter unserer großen Schwester, welche uns mit der Laterne voranleuchtete und den Weg bahnte, stapften wir durch den Schnee. Wie herrlich erschien uns dann, aus dem Nachtdunkel eintretend, das Gotteshaus in seinem hellen Lichterglanze!« Im Lichterglanze der Kerzen wohlgemerkt, denn elektrisches Licht hat es zu Beginn unseres Jahrhunderts in den ländlichen Kirchen noch kaum gegeben. »Schnell eilte ich zur Orgelempore hinauf und griff zur Geige. Liefen die Fingerlein noch so blau an und vermochte ich sie vor Starre kaum fest auf das Griffbrett zu setzen, voll Eifer strich ich doch mit dem Fiedelbogen und trippelte dabei, um die Kälte etwas zu meistern, abwechslungsweise von einer Fußspitze auf die andere oder schlug die harten Lederschuhe aneinander. Und doch – trotz aller Unbill kam mir die Musik dieser Rorateämter so schön vor, daß ich damals meinte, es könnte nicht leicht etwas noch herzerhebenderes geben... Unvergeßlich bleibt mir auch der liebliche Anblick, den die Kirche bei diesen Rorateämtern als ein Meer von Lichtern von meinem erhöhten Standpunkt aus bot. Die Hunderte von Müttern und Mädchen hatten ihre Wachsstöcke, die Männer und Kinder ihre Kerzen und Kerzchen angezündet. Da strahlte alles von Schimmer...« Es muß eine seltsame Stimmung in der Kirche bei so einem Engelamt gewesen sein. Eine Stimmung, die sich der Mensch von heute, verwöhnt durch das elektrische Licht, gar nicht mehr vorstellen kann. Kein Auto, kaum ein Schlittengespann, keine geräumten Straßen und Wege – zu Fuß sind die Gläubigen gekommen, durch den Schnee sind sie gestapft. Die Engelämter sind ein liturgischer Höhepunkt im Advent gewesen, heute sind sie nur noch eine romantische Erinnerung. Ein Münchner Stadtpfarrer hat zu mir einmal gesagt: »I halt meine Engelämter immer noch – bloß kemma dean die Leut nimma.« Das elektrische Licht hat das Licht der Kerzen und der Wachsstöcke blasser gemacht,

die Erinnerung an die Wärme des Kerzenlichts ist geblieben; vielleicht deshalb, weil die Kirchen kalt und ungeheizt waren. Auch Franziska Hager, die die Engelämter im Chiemgau um 1880/90 erlebt hat, erinnert sich: »Wie oft sind wir nach St. Salvator, Urschalling und Greimharting gepilgert. Mutter als Organist, ich oder eines meiner Geschwister als Chorpersonal und Orgelaufzieher in einer Person... In der einen Hand das Notenblatt, mit der anderen an der Blasbalgstange hängend, trete ich aus Leibeskräften den Orgelbalg und singe dazu mein ›Kyrie‹ und mein ›Gloria‹, ›Sanktus‹ und ›Benediktus‹ mit dem ganzen Schmelz meiner kindlichen Hingabe in den grauenden Wintermorgen. Eine wundersame Wärme erfüllte mich, wenn Mutter die leisen Register zog und ich in die Stille des Kirchenraumes das Wiegenlied singen durfte:

Schlaf wohl, Du Himmelsknabe, Du,
Schlaf wohl Du süßes Kind.
Dich fächeln Engelein zur Ruh
Mit sanftem Himmelswind.

Wir armen Hirten singen hier
Ein herzig Wiegenliedchen Dir.
Schlafe, Himmelsknabe, Du,
Schlafe, schlafe.«

Zu den Engelämtern hat nicht nur eine Orgel gespielt und ein Kind gesungen oder gar der Kirchenchor, da ist schon auch lautstark musiziert worden. So findet sich in den Kirchenrechnungen von Vogtareuth bei Rosenheim ein Eintrag aus dem Jahr 1698: »Denen vier Thürmern zu Wasserburg, so im Advent bei einem gehaltenen Engelamt musiziert, hat man verehret 1 Gulden, 30 Kreuzer...«

Fritz Markmiller hat sich in seinem Buch *Der Tag, der ist so freudenreich* mit der Geschichte der Rorateämter befaßt: Seit dem 15. Jahrhundert sind sie auch in unserem altbayerischen Land üblich gewesen, und sie gingen meist auf besondere Stiftungen zurück. »So wissen wir etwa aus einem Revers des Magisters Hanns Marck, Pfarrers zu Frontenhausen in Niederbayern, und seiner Kirchenpröpste vom Jahr 1509, daß in der

dortigen Pfarrkirche Georg Turnzel, damals Stiftsdekan zu Mattighofen im Innviertel…, ›ein Amt zu Lob und Ehre der Jungfrau Maria, das Rorate genannt‹ gestiftet hat. Damit solle jeweils der erste Sonntag des Advents begonnen werden; man solle es alle Tage zu der Frühmesse singen bis auf den hl. Weihnachtstag.« Für dieses Engelamt in der Kirche von Frontenhausen waren natürlich auch Mittel vorgesehen in Form von ›Stiftungen‹, aus denen die Unkosten bestritten worden sind: »Für den Vollzug waren dem Pfarrer 10 Schilling Pfennige, seinem Kaplan 3 und dem Schulmeister ebenfalls 3 Schilling Pfennige, dem Mesner aber 40 Pfennige ausgesetzt. Zum Amt hatte Georg Turnzel ferner die Antiphon ›Hic est dies‹ gestiftet, für deren Gesang dem Schulmeister eigens 60 Pfennige zu entrichten waren«.
Markmiller nennt übrigens nicht nur Beispiele aus Niederbayern, auch Laufen an der Salzach nennt er, wo im Jahr 1620 ein Engelamt durch die Margareta von Greifensee gestiftet worden ist. Und vierundzwanzig Jahre später, 1644, stiftet der Schiffsmeister Georg König das ›werktägliche Rorate‹. Auch dabei ist genau festgelegt, welches Entgelt der Stiftsdekan von Laufen, wieviel der Zelebrant, der Cantor, der Schulmeister, der Organist, dazu fünf Choralisten und die Ministranten kriegen sollen. Und noch etwas hat Markmiller entdeckt: Am Altar standen »die Figuren Mariens und des Verkündigungsengels, vollplastisch gestaltet oder in Form von Silhouettenbildern, dazu farbig bemalt… Die Auszier des Hochaltars während der Adventszeit mit der Darstellung des Englischen Grußes finden wir während der Barockzeit häufig in den Kirchen…« Von einem Frater Pichler aus Kremsmünster, der zwischen 1745 und 1748 an der Benediktineruniversität in Salzburg studiert hat, ist uns eine Schilderung des Rorate bei den Augustinern im Kloster Mülln erhalten: »Dieses ist alle Tag und mit 3 Geistlichen. Gleich bey Anfang dieses gehen die Sterne und der Mond recht schön in den Wolken auf. Vor dem Evangelio zertaillet sich eine Wolken, durch welche sich ein Engel hervorschwinget bis ad corum epistolae (also auf der Evangelienseite), aber knieet unser liebe Frau auf einem Bettschamel. Sobald das Evangelium anfanget, steht sie auf, und da der Diaconus singet: ›Ave gratia

plena‹, so siehet man diese 3 Word neben des Engel seyn Maull illuminirter, und wan er singet: ›Spiritus (sanctus) supaveniet in te‹, fliecht ein Tauben ad Mariam zu dem Gesicht und sie bekomet gleich einen Schein. Da es aber heißt: ›Ecce ancilla Domini‹, so seyn eben bey dem Maull Mariae dise Wort zu lesen, dise Figuren thauren das ganze Rorate, der Monschein aber verlihret sich sambt denen Sternen als wan es natürlich were.«
Nach dieser barocken Schilderung soll noch Max Peinkofer zu Wort kommen, der ein Engelamt in Tittling, im Bayerischen Wald, vor dem Ersten Weltkrieg schildert: »Reif hing an den Bärten und Kleidern« und »Schnee lag auf den Mützen und Tüchern«. Es ist eine malerische, ausgreifende Schilderung, wie die Gläubigen den Schnee von den Stiefeln klopfen, ehe sie in die Kirche gehen und wie die Glocken feierlich zum Gottesdienst rufen. »Schon sind die Kerzen am Hochaltar, dem goldenen, angezündet. Blaue Tücher verhüllen seine edlen Bildwerke; denn die Zeit der Buße und Einkehr ist angebrochen. Die Sitzplätze des Kirchenschiffes sind dicht besetzt. Das junge Mannsvolk drängt sich nach allgemeinem Brauch in das Dunkel der Empore und auf die Treppen, die zur Orgel führen. Bald leuchtet ein Wachsstock nach dem andern auf, bis schließlich viele Hunderte von milden weißen Flammen das Gotteshaus in eine Lichtfülle tauchen, in einen weihevollen Schimmer, wie er durch noch so große und helle elektrische Lampen nie erreicht werden wird. Die helle Sakristeiglocke erklingt; die Orgel setzt mit fröhlichem Vorspiel ein; Rauchwolken steigen empor; die Hände des Priesters erheben segnend die goldene Monstranz; andächtig klopft alles Volk an die Brust. Das Engelamt nimmt seinen Anfang, und der Priester fleht: Rorate coeli desuper! Tauet Himmel, den Gerechten! – Droben auf dem Chor musizieren und singen sie jetzt eine weihnachtliche heitere Messe … So anmutig vereinen sich die vielerlei Stimmen der Sänger und Sängerinnen zum Lob des Christkindes, das uns bald den Himmel aufsperren wird …«

Adventskranz – Frauentragen – Luzienhäusl

Kathrein stellt den Tanz ein, sagt ein alter Spruch. Und damit beginnt die besinnlichste, die schönste Zeit im Jahr, die Adventszeit.

Das äußere Zeichen dafür ist der Adventskranz. Er kommt – genauso wie der Adventszweig – aus evangelischen Gebieten. Es wird erzählt, Johann Heinrich Wichern, der Begründer des Rauhen Hauses in Hamburg (das zum Ausgangspunkt der Inneren Mission geworden ist), sei sein geistiger Vater gewesen: 1860 soll er zum erstenmal einen Adventskronleuchter aufgehängt haben, auf dem so viele Kerzen gesteckt waren, als das Jahr Adventstage hatte. An jedem Abend wurden so viele Kerzen entzündet, als Adventstage vergangen waren. Aus dem Kronleuchter ist der Kranz geworden. Um 1900 war er bereits aus Tannengrün angefertigt, und von den vielen Kerzen waren vier geblieben. In die erste katholische Kirche Münchens hat er um 1937/38 Eingang gefunden, und zwar in St. Sylvester in Schwabing. Und heute ist er fast in jeder Familie, in jedem Büro zu finden. Was vor fünfzig Jahren noch eine Seltenheit war, das ist heute selbstverständlich, ja fast schon wieder auf dem Rückzug.

Ein anderer schöner Brauch, der bei uns schon beinah in Vergessenheit geraten ist, hat in letzter Zeit wieder viel Verbreitung gefunden, nämlich das sogenannte Frauentragen. Es soll wohl eine Erinnerung sein an die Herbergssuche der Muttergottes und des heiligen Joseph in der Stadt Bethlehem. Meistens sind es Kinder, die diesen Brauch ausüben: Eine Muttergottesfigur oder eine Figurengruppe mit Maria und Joseph wird jeden Tag von Kindern in ein anderes Haus getragen und dort im Herrgottswinkel abgestellt, wo sie die Nacht über bleibt. Am nächsten Abend kommen die Kinder wieder, singen ein altes Herbergssuche-Lied, holen die Figur wieder ab, tragen sie in das nächste Haus und bitten dort um Aufnahme. Das geht so bis zum Heiligen Abend. In der Christnacht wird diese Figur dann meist in die Kirche oder in den Pfarrhof gebracht.

In Fürstenfeldbruck hat ein Lehrer im Heimatkundeunterricht

seinen Buben erzählt, daß es früher in Bruck üblich war, am 13. Dezember, dem Luzientag, kleine aus Holz gebastelte Lichterhäusl in die Amper zu setzen und davonschwimmen zu lassen – wohl eine Art Flußopfer, das in Überschwemmungen seinen Ursprung haben dürfte. Und weil der Lehrer auch für den Bastelunterricht zuständig war, hat er seinen Buben vorgeschlagen: »Wie wär's, das könnt man doch wieder einmal machen – wenn ihr Lust dazu habt!« Die Buben haben Lust dazu gehabt. Auch nach dem Wegzug des Lehrers haben sie weiter ihre Häuserl gebaut, und heute ist es nicht nur eine Klasse, sondern eine ganze Schule, die diesen Brauch ausübt. Jeder Bub fertigt sein Häuserl aus Pappendeckel oder aus Holz, so gut er's eben kann. Dann trägt er es in die Pfarrkirche, nimmt das Dach ab, entzündet drinnen ein kleines Licht und setzt das Dach wieder auf. Wenn der Geistliche seinen Segen spricht, ist in der Kirche das Licht erloschen, und aus Hunderten von kleinen Fensterln fällt roter und gelber Schein. Nach dem Segen ziehen die Kinder herunter zur Amper, dort werden die Häusl in den Fluß gesetzt, und eine große Flotte von illuminierten Häuschen schwimmt hinunter durch Fürstenfeldbruck.
Wer kennt nicht den Adventskalender, auf dem vom 1. bis zum 24. Dezember für jeden Tag ein kleines Fensterl zum Aufmachen ist, und dahinter kommt ein Bild zum Vorschein. Diese Kalender gibt es heute bis ins kleinste Dorf. Aber in manchem Haus ist noch ein ähnlicher, viel älterer Brauch lebendig: Am ersten Advent stellt die Mutter ein kleines leeres Kripperl auf, und jeden Tag dürfen die Kinder, wenn sie brav gewesen sind, einen Strohhalm hineinlegen, bis die Krippe dann am Heiligen Abend dick mit Stroh gefüllt ist und das Christkindl gut drin liegen kann.
Weil das Wort Krippe gefallen ist, muß auch gesagt werden, daß es bei uns auf dem Land kaum ein Bauernhaus gibt, in dem nicht eine Krippe aufgebaut wird. Sicher sind die Figuren nicht immer die schönsten, die heutzutage auf dem Kripperlmarkt angeboten werden: einzelne Figuren oder fertige Gruppen aus Kunststoff, ab und zu auch aus Holz. Aber in diesen Häusern ist eben die Krippe noch der Mittelpunkt am Heiligen Abend und nicht der Christbaum. Aber ist das so wichtig? Ist es nicht viel

LUZIENHÄUSL
FÜRSTENFELDBRUCK

wichtiger, daß überhaupt wieder mehr Krippen gebaut werden? Daß Kinder mit Krippen aufwachsen? In solchen Häusern jedenfalls ist eben die Krippe noch Mittelpunkt am Heiligen Abend und nicht der Christbaum und schon gar nicht die Geschenke.

Vom Klöpfelngehn

Franz Joseph Bronner wird als Lehrer in ein Dorf in den Bergen versetzt. Dort, meint er, seien die Engelämter noch viel malerischer gewesen, »von einsamen Waldsteigen herab bewegten sich glühende Lichter. Es waren die Kienfackeln, womit sich die Leute von den abgelegenen Berghöfen ihre Pfade talwärts beleuchteten.« In diesem Bergdorf erlebt der junge Lehrer zum erstenmal einen anderen alten Brauch der Adventszeit, das Klöpfelngehn. ›Klopferngehn‹ hat man auch dazu gesagt, von ›anklopfen‹. Das Klöpfeln war an den drei Donnerstagen die zwischen dem ersten und dem vierten Adventssonntag liegen, üblich. Wenn also zwischen dem vierten Advent und dem Heiligen Abend noch ein Donnerstag war, so war es nichts mit dem Klöpfeln an diesem Tag.

Aber alles hat auch seine Ausnahme. In Oberammergau zum Beispiel gehen die Kinder am letzten Donnerstag vor Weihnachten zum Klöpfeln. Vor vielen Jahren, um 1960 mag es gewesen sein, habe ich dieses Klöpfelngehn selber miterlebt: Von der Turmuhr hat es sechs Uhr geschlagen. Es war um diese Zeit längst dunkel, die Lichter brannten. Da sind die Kinder aus allen Gassen herausgelaufen. Zuerst sind sie zu den Geschäften gerannt, denn die haben ja bald darauf ihre Türen zugemacht. Hinein in den Laden und schon ist es losgegangen: »Wir ziehen daher so spät in der Nacht, denn heut ist die heilige Klöpfelsnacht...« Und wie's ihnen pressiert hat – acht Strophen hätte dieses Lied, aber mehr als eine oder gar zwei hat's gar nicht gelitten. Denn kaum haben sie ihre Würstl, ihre Äpfel, Bonbons, Orangen, Nüsse gekriegt – 'naus bei der Tür und ab zum nächsten Laden. Früher gab's auch noch Griffel für die Schultafel oder gar eine Schwammdose. Alles haben sie kreuz und quer in ihr weißes Sackl geworfen. An diesem Abend bin ich später mit vier Buben gegangen: Zwei haben gesungen und zwei haben die anderen beiden auf der Geige begleitet. Nun ja, allzu schön gespielt haben sie nicht, bei der Kälte kein Wunder. Die Leut' sind unter der Tür gestanden und haben andächtig zugehört. Acht Strophen lang. Dann hat die Bäuerin gesagt: »Na ja, falsch gspuit habts scho, aba kummts rei, nacha kriagts scho was.« Da sind sie schmollend hineingegangen, und schmollend sind sie wieder herausgekommen. Beim Herausgehen hat der eine der beiden Virtuosen entrüstet vor sich hingemault, aber der andere hat ihn getröstet: »Reg di net auf«, hat er gesagt, »die war halt unmusikalisch!«

Ursprünglich hat jeder zum Klöpfeln gehen können, der hat gehen wollen. Gegangen sind freilich vor allem die armen Leut', später dann Kinder und junge Burschen, und alle waren vermummt, um unerkannt zu bleiben. Früher hat es ja keine Sozialversicherungen gegeben, die Armut war verbreiteter als heute, und die armen Leute haben auf diese Art und Weise ihren mageren Küchenzettel wenigstens für den Heiligen Abend (und auch noch eine Zeit darüber hinaus) an diesen drei Donnerstagen im Advent auffrischen können. Selten haben sie Geld bekommen, eher etwas zum Essen – ein wenig Butter, etwas Speck, Mehl oder Wurst. Ein Bettelbrauch ist das Klöpfelngehn auch geblieben, soweit es den Brauch noch gibt.

Bronner hat in den achtziger Jahren des vorigen Jahrhunderts die Sprüche und Lieder gesammelt, die die Klöpfler gesungen haben. Er erzählt davon in seinem Buch *Von deutscher Sitt und Art:* »Wenn sie gefällige Stimmen hatten und hübsch zwei- oder sogar dreistimmig zusammensangen, ... fiel auch die Spende reichlich aus. Man gab ihnen ein Stück Kletz'n (Früchtebrot), Obst«, auch ein paar Pfennige, und weiter: »Zu meiner Zeit hörte man kaum mehr ein anderes Lied als ›O du fröhliche, oh du selige, gnadenbringende Weihnachtszeit‹ oder fromme Krippenlieder, die in der Schule gelernt worden waren.« Auch Franziska Hager erzählt in ihren gewissenhaften Aufzeichnungen vom Klöpfelngehn; sie überliefert uns Klöpfellieder und Klöpfelsprüche aus dem Chiemgau – unter anderen einen Spruch, der schriftdeutsch beginnt und in Mundart endigt:

Holla, Klopfa san da!
Wir ziehen daher so spät in der Nacht,
denn heut ist eine heilige Klopfernacht.
Wir ziehen daher über Wiesen und Klee
und hüten dem Bauern sein Korn und sein Feld,
seine Rinder und Roß, seine Schaf und Schwein

Und kehrn a amoi wieder a anders Jahr ein.
Wir wünschen am Bauern an Kastn voll Korn,
daß er alle Woch ko in d'Schranna neifahrn.
Wir wünschen der Bäuerin an goldenen Ring,
in der Mitt a kloans Sterndl und 's Christkindl drin.
Wir wünschen an Roßknecht an Söchta voll Flöh,
in da Fruah, wenn er aufsteht, na hebt'sn in d'Höh.
Wir wünschen der Dirn vui tausadmoi Glück,
daß ihr im Milchsöchta d'Milli net grinnt.
Mir grüaß'n dö Bäuerin, mir grüaß'n dö Dirn,
mir grüaß'n 's kloa Kindl in da Wiagn drinn.
Mir kennan net allerweil dableibn,
mir müassn wieda geh,
für des, was man kriagt ham,
bedank ma uns schö.

Im Bayerischen Wald ist das Klöpfelngehn im ausgehenden vorigen Jahrhundert und um die Jahrhundertwende nur mehr vereinzelt zu finden. Da sind vor allem die jungen Burschen gegangen, eine Heugabel haben sie mitgenommen, eine mit eisernen Zinken. So sind sie von Haus zu Haus gezogen, haben angeklopft, und wenn die Tür aufgegangen ist, haben sie dem Bauern die Gabel hingehalten und gerufen: »Klöpfe, klöpfe, klöpfe o, / der Bauer is a braver Mo. / D'Schüssel hör i klinga, / d'Krapfa hör i springa, / Krapfa raus, Krapfa raus, / oda i stich enk a Loch ins Haus.« Der Bauer hat sich dann nicht lumpen lassen, er hat ihnen G'selchts auf die Gabel gesteckt oder ein Stück Gebratenes – und wenn er die Burschen hat tratzen wollen, auch einmal einen Kartoffel.

Franz Joseph Bronner findet übrigens auch in der alten Literatur Hinweise auf das Klöpfeln, so zum Beispiel in der *Archontologia cosmica* des Ludovicus Gotofredus aus dem Jahr 1649: »In den fünf Wochen vor Weihnachten ziehen jeden Donnerstag Buben und Mädchen durchs Städtchen und klopfen an die Türen, singen Liedchen, in denen sie auf das Herannahen des großen Festes hinweisen und wünschen den Hausbewohnern Glück. Dafür erhalten sie Äpfel, Birnen, Nüsse, Geld u.a.« In Nürnberg hat man das Klöpfelngehn schon gute dreißig Jahre früher, 1616, polizeilich verboten.

In den letzten Jahren hat sich Fritz Markmiller, Heimatpfleger, Archiv- und Museumsleiter in Dingolfing, mit der Geschichte des Klöpfelbrauches etwas näher befaßt. Er erwähnt als ältesten Nachweis für die Bezeichnung ›Klöpfelsnächte‹ eine Handschrift aus Oettingen im Ries aus dem Jahr 1454; es heißt da: »Das Adventt pringet dir hohen mutt / das ein andere zeitt nit tutt / wann die Clöpfflingsnächt für ware / pringet dir glück und hayl zu diesem Jare…« Die Klöpfelsnächte scheinen in diesem Fall an den letzten drei Donnerstagen vor Weihnachten gewesen zu sein, denn in einer anderen Handschrift des Sammelbandes, in dem auch dieses Gedicht übers Klöpfeln mit eingebunden ist, heißt es: »An den dreyen Donrestagnächten / Die da sind vor weyhenachten…« Mit dem beginnenden 16. Jahrhundert sind die Nachrichten über den Brauch des Klöpfelns nicht mehr gar so selten, und Markmiller entdeckt: »Aus oberpfälzischen Quellen ist die Bezeichnung ›Göller‹ und ›Goldner‹ nachgewiesen. Dies waren Leute, die im Auftrag der Kirchenstiftungspfleger für die Kirche singen und sammeln sollten. Das ›Göllen‹ bestand zum Beispiel in Leonberg, Windischeschenbach, Altfalter oder Lint aus einem weihnachtlichen Ansingen und Läuten mit einem Glöcklein, das vorzugsweise zum Besten einer Kirche vollzogen wurde.«

Der berühmte Mystiker Sebastian Franck schildert in seinem *Weltbuoch* (1534) das Klöpfeln: »Drey Dornstag vor Weihnacht klopffen die maydlin vnnd knaben von hauß zu hauß / durch die statt an den thüren an / die zukunfft der Geburtt des Herren verkündigene, vnnd ein glückseliges jar den einwonern wünschende / darvon entpfahen sy von den haussessigen öpfel / biren / nuß / vnnd auch pfenning zulon.« In den Schriften des Straubinger Humanisten Thomas Kirchmayr, berühmt wegen seiner Satiren wider den Papst, findet sich ebenfalls ein Hinweis auf das Klöpfeln (1553), das hier in einer zeitgenössischen Übertragung zitiert sei: »Die nechsten wochen drey zuvorn / wie der Herr Christ ist geborn. / Auff denselben ersten Sontag [er meint wohl Donnerstag] / hab ich offt gesehen, das man pflag [daß es Gepflogenheit war] / Die Kinder hie vnd da mit hauffen / den leuten vor die thür lan lauffen. / So wol die meidlin als die knaben / an die heuser geklopffet haben. / Rueffen mit lauter stimm also / wohlauff des Herren zukunfft ist da / ... Wann die Kinder rieffen also, / wurden die leut in heusern fro. / Den Wunsch nemen sie an mit freiiden, / waren dagegen so bescheiden, / daß sie rauß wider geben haben / Nuß, öppfel, pfenning, Kindergaben. Dasselb ein jeder willig gab, / dachten damit zu lehnen ab, / all böse fluch und vngesell, / ob sich solches irgendt regen wöll.«

Es ist beim Klöpfelngehn wie bei anderen Bräuchen auch: Aktenkundig wird nur der Mißbrauch; so kann Markmiller feststellen: »Das Anklopfen ist in der Folge häufig im Zusammenhang mit Raufhändeln bezeugt, als es wohl besonders von jungen Burschen vollzogen wurde, die sich dabei gegenseitig ›ins Gäu‹ kamen und ihren Konkurrenzkampf statt mit Singen mit Fäusten austrugen. Schon 1511 heißt es in der Landgerichtsrechnung von Neumarkt an der Rott, daß ein Jorg Turmair von Piesenkofen bestraft worden sei, ›vmb daß er des Puechbergers Knecht alls sie klopfn ganngn mit truckn straichn vnd einen kolbn an ime abgeslagen hat, das er vnwissent gelegen ist‹; daß er bewußtlos war. Oder ein anderer Fall, 1514, ist dort Michael, des Preninger Sohn, einem gewissen Pfeffinger ›an der klopflens nacht an sein haus vnd herberg ganngen, vil vngefuegs vnd vngestum triben, also das des Pfeffingers Sone aus dem haus geloffen vnd [sie] zslachen komen sind‹. 1519 haben drei Mann des Thurmair ›an einer klopflens nacht dem pfarrer zw Schönperg ein knecht mit ein truckhn Straich geslagn‹.«

Aber nicht nur in Niederbayern hat man beim Klöpfelngehn handfest gerauft. Da ist zum Beispiel 1540 im Landgericht Erding einer bestraft worden, weil er ›nächtlicher weyll am anclopfen‹ einem anderen ›ain peyderling geschlagen‹ hatte.

Schriftliche Belege über Klöpfeln finden sich aber auch dort, wo über Ausgaben Buch geführt worden ist: »20. Dezember 1570: Opfer. – vnd den kindern anklopfgelt 1 Gulden«, oder elf Jahre später: »Anclopfern von Ammergau 3 maln 6 patzn«, und Anno 1607: »Ammergauer pueben zu Anklopffen vnd schuellern bei 30 Kreuzer.« Auch die Augustiner von Berchtesgaden haben über ihre Ausgaben genau Buch geführt; 1605 findet sich der Eintrag: in der »Woche luciae... die drey khlopffel nächt Khinttern außthailt 1 Gulden 1 Schilling 16 Pfennig.«

Übrigens findet man auch in der Literatur Hinweise auf den Klöpfelbrauch; einer der ersten, der sich sozusagen als Berichterstatter dafür interessiert hat, ist Lorenz Westenrieder. Er schildert in seiner *Beschreibung der Haupt- und Residenzstadt München* 1782: »In der sogenannten Klopfnacht ist noch die Gewohnheit, daß man (dermal aber schon Kinder, Lehrjungen und arme Leute) vor den Häußern anklopft und vermittelst eines bestimmten Gesanges fordert.« Gute zwanzig Jahre später kann man in München diesen Brauch noch immer beobachten. So berichtet das *Münchner Tagblatt* vom 14. Dezember 1803, daß das Klöpfelngehn nicht einfach abgeschafft werden könne, denn »die Lehrbuben und Bettelleute haben auf den heurigen Empfang von Geschenken einen Teil ihrer Lebensweise begründet, wodurch ihnen Rechtsansprüche zugewachsen sind; diese haben sie authore praetore (im Angesicht der Obrigkeiten) durch unfürdenklichen Besitz wohl erworben und finden sich noch dadurch mehr erhärtet, in dem schon öfter Widersprüche dagegen erregt worden sind und diese Klöpfelsnächte dessenungeachtet sich erhalten haben. Durch diesen Widerspruch... und durch das ruhige Zusehen der Obrigkeiten wurden die Klöpfelsnächte zu einer wahren Dienstbarkeit – servitus – gegen die wohlgeordnete Polizei erhoben.« Mit anderen Worten: dieser Brauch, den man am liebsten abschaffen möchte, ist bei Lehrbuben und Bettlern längst zu einem Recht geworden.
Auch im Lechrain war Klöpfeln Brauch, und Karl Freiherr von Leoprechting schreibt um 1855: »Mit dem ersten Donnerstag im Advent kommen die Kinder mit dem Klepfelsnacht anwünschen, was sich mit jedem Donnerstag im Advent bis Weihnachten wiederholt und am h. Dreikönig erst endet.« Auch Johann Andreas Schmeller erwähnt in seinem berühmten *Bayerischen Wörterbuch:* »Die Klöpfleinsnacht, der Abend des letzten Donnerstags vor Weihnachten, ja dieser ganze Tag, und in weiterer Bedeutung jeder der letzten Drey Donnerstage in der Adventszeit, an welchen arme Leute und Kinder, die sonst eben nicht Betteln, vor den Häusern auf dem Lande herumgehen, und indem sie mit hölzernen Hämmerchen oder sonst an die Thüren klopfen, und einen gewissen Reimspruch hersagen, sich eine Gabe ausbitten, die gewöhnlich aus Eßwaaren, Brod,

Kecheln, Klötzen u. dergl. besteht.« Und er zitiert zwei der üblichen sehr weitverbreiteten Reimsprüche:

Holla holla! Klopfa!
D'Frau hat a schön Ma
Geit ma d'Frau an Küachel z'Lo
Da I an Herrn g'lobt ha,
An Küachel und an Zelt'n;
Da Peda werds vageltn,
Da Peda is a haliga Ma,
Der alle Ding vageltn ka.

Und der zweite lautet:

Heit is Klepflsnacht,
Wer hat 's au bracht?
Unsa 's Herrn Thoma
Rumpelt ei de Kamma
Lafft 's Stiagl auf und a,
Bricht eam a Füassl a!
Wer muas 's büassn?
D'Frau mit'n Küachlspitz,
D'Magd mit'n Stückl Brod.
S'Feua hört ma kracha,
Küach'l werd ma bacha,
D'Schüssl hört ma klinga,
Küach'l werd ma bringa.
Küach'l raus, Küach'l raus!
Oder i schlag a Lohh is Haus.

Wer etwas über Bräuche in unserem Land erfahren will, kommt überhaupt nicht darum herum, in der *Bavaria. Landes- und Volkskunde des Königreiches Bayern* zu blättern; das mehrbändige Werk, von König Max II. in Auftrag gegeben, lag 1867 vollendet vor. Dort steht: »Mit dem ersten Donnerstag im Advent beginnen die Gennächte (von Gebnacht oder Geh-nacht), da die Kinder an den Klöpfelsnächten früher allerhand alte Lieder singend, bettelnd um Brod, Aepfel und Nüße von Haus zu Haus zogen. Im Traungau herrscht dabei der Glaube, daß Erwachsene mit Masken ec., dabei nur an den ersten beiden Klöpfelsnächten umziehen dürfen, ›denn an der dritten zöge der Teufel mit‹. Anderwärts z.B. im Salzburgerland heißen sie ›Anroller-nächte‹.›Vermachte‹, d.h. maskirte Burschen ziehen durch die Straßen, poltern an die Thüren, bis sie geöffnet werden, singen Spottlieder auf die Bewohner und nun beginnt ein Wettstreit zwischen den Anrollern und den letztern, sich gegenseitig über die Schwelle zu ziehen; dabei muß den Anrollern, wenn sie obsiegen, der leere Sack, den sie mit sich führen, mit dürrem Obst gefüllt werden...«.

Dem Traungau benachbart ist Berchtesgaden; in seinem Buch *Sitt und Brauch im Berchtesgadener Land* (1947) schreibt Rudolf Kriß: »An den drei ersten Donnerstagen im Advent ging man zum Glöckisingen beziehungsweise Glöckibeten, und zwar auf dem Land, an allen drei Donnerstagen bis heute.« Man hat hier also nicht Klöpfelngehn gesagt, sondern ›Glöckisingen‹ oder ›Glöckibeten‹. Um 1937 war das Glöckisingen, Glöckibeten im Markt Berchtesgaden verboten worden, im Land Berchtesgaden aber hat sich der Brauch erhalten. Kriß berichtet, daß die eigentlichen Haupttage die ersten beiden Donnerstage sind, daß es aber am dritten Donnerstag, der Volkssage nach, nicht so ganz geheuer war: Da hat sich nämlich der Gangerl, der Leibhaftige, höchstpersönlich unter die Glöckisinger mischen können. »Diese Nacht heißt daher auch Hexennacht«, schreibt Kriß. Manche Gruppen, erzählt er weiter, sind sogar mit Violinen und Gitarren gekommen, manche gar aus dem Salzburgischen, aus Dürnberg und Hallein. Wer nicht hat singen können, der hat gebetet; gewöhnlich drei Vaterunser. So sind sie bettelnd von Haus zu Haus gezogen und haben meistens Kletzenbrot oder ein bißl Geld erhalten. Die Kinder sind bei Tag gekommen, die Erwachsenen nach Einbruch der Dunkelheit. Sie sind dann oft die ganze Nacht unterwegs gewesen, von einem Haus zum andern. Sie haben die Leute geweckt, gesungen und gebetet, und niemand hat geschimpft, man hat nämlich auf sie gewartet, weil sie Glück für die Familie, für Haus und Hof mitgebracht haben. Von Klöpfelliedern erzählt er allerdings nichts. »...gesungen wurde dabei ›Stille Nacht, heilige Nacht‹, in früherer Zeit auch alte Krippen- und Hirtenlieder und Bergmannslieder, wie zum Beispiel das folgende:

O mei liaber Simma, woaßt 'as denn nimma,
was ins dö alt'n Leut ham prophezeit?
A Jahr und vier Wocha hat ins Gott versprocha,
daß der Messias kimmt als kloans Kind.
Zwischen zwoa Rinnei' liegt dös kloan Kinei;
Dös oani hat Ohrn auf, Hörndln dös zwoat.
Ham' grimmi dreigschaut, ha mi net zuawitraut.
Josef, nimm's Opfer on, i laaf davon.«

Nachdem wir schon im Südosteck von Bayern sind, darf ich noch von den ›Weihnachtsreisen‹ der Geschwister Schiefer erzählen: Die Bertha und die Beppi sind in Laufen daheim gewesen, und sie haben eine Menge gesammelt – Sagen, Lieder, Volksweisheiten, auch Erfahrungen der Volksmedizin, und für den Aberglauben haben sie sich ebenfalls interessiert. Sehr viel haben sie über die Salzachschiffahrt und die Schiffsleut gewußt. In der Zeit nach dem Zweiten Weltkrieg haben sich die beiden Schwestern auch ein bißl was ›dersungen‹. Sie haben es einmal niedergeschrieben, wie das gegangen ist: »Es werden sich viele noch erinnern können, wie arm wir alle um 1947 herum gewesen sind. ... Ich weiß nicht, wie wir plötzlich auf den Gedanken gekommen sind, das zu tun, was Laufener Schiffer getan haben, wenn sie im Winter brotlos geworden sind. Nicht umsonst hat uns ein alter ›Schefmann‹ erzählt, wie sie alle im Winter ›gangen‹ sind, als Hirtenspieler und Sternsinger, mit dem Guckkasten und anderen Stubenkomödien. Schwerbeladen sind sie dann von ihrer ›Roas‹ heimkommen, mit Käse oder Gselchtem, wenn sie ihr Weg über ›die drei Högeln zum grasgrean Anger‹ führte und weiter nach Teisendorf, Waging und Tittmoning. Und so haben auch wir uns eines Tages aufgemacht auf die erste Reise. Sie war weit, und wir gingen zu Fuß...« Die beiden sind weit marschiert, und lang sind sie vor dem ersten Bauernhof gestanden: »... Wir ... suchten ... Dörfer auf, die wir noch nie gesehen hatten... Wir vergessen nie, wie lange wir beim ›Strauß z'Zentern‹ vor dem Hof gestanden sind, und keine hat sich hinein getraut. ›Ja, aber amoi müass ma ofanga!‹ So sind wir halt endlich in den Fletz getreten, haben die zwei Berchtesgadener Herbergsleut, aus Holz geschnitzt, dort auf dem Tisch gestellt und eine Kerze angezündet davor. Dann fingen wir zum singen an. Und: Halleluja! Die Bäuerin hatte ein Bröckl Schmalz in der Hand! Beim zweiten Bauern trauten wir uns schon besser hinein. Ein Schöpflöffel Mehl! Wir waren schon angerichtet mit zwei Zögger! Es ist uns weiter gut gegangen. Die ›Lenzin z'Kirchhof‹ kam gleich mit einem Pfund Butter daher und zwei Stückln Gselchtem. Heimzu gings noch zum ›Eder im Moos‹, zum ›Bauernkathei von Stöga‹ und in mehrere andere Höfe. Wir haben auch ein schönes Lied gesungen: ›Jazt kimmt dö heilige Weihnachtszeit, iazt seids nur alle still!‹ ... aber das Lied ist uns mit der Zeit letz geworden, wir hätten nie geglaubt, daß es mit der menschlichen Stimme nicht den ganzen Tag dahin geht, fünf Gsetzln lang. Daher haben wir bald wie zünftige Bettler Äpfel und Brot abgelehnt und auf unseren Hals hingedeutet: ›Mir brauchen a Schmier!‹ Meistens sind wir auch gleich verstanden worden.«

Schon in aller Früh haben sich die Schieferschwestern auf den Weg gemacht, und dabei haben sie nicht nur was zum Essen gesammelt: »Denn nicht nur für den Leib, auch für Seel und Geist haben sie uns oft reich beschenkt. Der eine konnte das Lied auf den Lebnauer Hansgirgl, eine erzählte vom ›Atoa‹, dem Anwenden; Rätsel, Geistermarln, alles brachten wir heim.«

So sind sie herumgezogen, die Schwestern, und als dann Weihnachten gekommen ist, sind sie Christkindlsingen gegangen, dann Neujahrsansingen. Am End als Sternsinger. So haben die Schieferschwestern in ihrer Not einen alten Brauch der Schiffleut übernommen, um, wie die damals auch, einmal ein paar bessere Tage zu haben.

Vorhin war einmal kurz von ›Anrollen‹ im Salzburgischen die Rede. Dazu muß man wissen, daß sich im Rupertiwinkel, der ja einmal fürstbischöflich-salzburgisch war und erst 1810, endgültig gar erst 1816 bayerisch geworden ist, salzburgischer Brauch lang erhalten hat. Gerade hier war das sogenannte Perchtenlaufen daheim; es hat allerdings nicht im Advent, sondern in den zwölf Rauhnächten stattgefunden, also in den Nächten zwischen Weihnachten und Dreikönig. Anders im Werdenfelser Land, wo man bis in unsere Tage das ›Berchtln‹, das ›Berchtngehn‹ gekannt hat: Hier hatte es seinen Ursprung im Klöpfeln, was sich schon dadurch zeigt, daß es auch an den Donnerstagen im Advent nach Einbruch der Dunkelheit stattgefunden hat. Diese Verwechslung, diese Vermengung verschiedener Bräuche mag gekommen sein, weil sich auch die Klöpfler vermummt haben. Dazu Bronner: »Es taten sich gewöhnlich drei Personen zusammen, die sich in alte Kleider vermummten. Über den Kopf banden sie einen abgenützten Sack, in welchen Löcher für Augen und Mund geschnitten waren... Einer hatte eine lange Kette am Gürtel, ein zweiter einen Einkenter und der dritte einen Besen. Wenn sie an ein Haus hinkamen, wurde mit der Kette gerasselt und an die Haustüre geklopft, mit dem Einkenter, mit dem Schürhakl auf dem Boden gescharrt und mit dem Besen gekehrt. Dies alles geschah zu gleicher Zeit. Die Leute im Hause... haben Birnen, Brot und Nudeln hergegeben.« Die Klöpfelnächte haben ihren Namen zweifellos von dem typischen Geräusch, vom Anklopfen, vom Bossen an die Türen oder Fensterläden. In manchen Gegenden haben die Burschen dazu eigens kleine, hölzerne Hammerl gehabt, hölzerne Klöpfel, aber auch mit Stöcken und Heugabeln haben sie an Türen und Fensterläden geschlagen. Im Salzburgischen ist das ›Rollen‹ hinzugekommen, wie der Volksliedersammler August Hartmann in seinem längst vergriffenen Buch über Volksschauspiele über die Gegend von Tittmoning schreibt: »In den Nächten der drei letzten Donnerstage im Advent gingen die Bauernburschen umher zu den Häusern, vermummet und mit ›Rollen‹ (Schlittenschellen) behängt. Während der Annäherung, die man schon durch das Geklingel wahrnahm, riefen sie mit hoher Stimme: ›Huhuhuhuhuhu‹. Hierauf sagten sie mit verstellter Stimme, gewöhnlich unter der Anrede Vettal! oder Basel! Räthsel in die Häuser hinein und die Leute im Hause wieder andere heraus. Dies nannte man ratseln. Außerdem wurde eig'reimt, d.h. die Leute im Haus riefen: Vettall! Wie reimt sie (dieses oder jenes) z'samma? Worauf eine gereimte Antwort erfolgen mußte. Hatten die draußen ihre Aufgaben zur Zufriedenheit gelöst, so wurden sie vor dem Hause mit gedörrtem oder frischem Obst beschenkt, bisweilen auch zu besonderer Auszeichnung in das Haus eingelassen. Den ganzen Brauch nannte man das ›Anrollen‹ (a'roin) – von den dabei

getragenen ›Rollen‹ (Schellen) und jene Nächte die Anrollnächte (A'roinacht).«
Dazu gibt es Parallelen in Südtirol, im Sarntal. Da sind es nicht die Klöpfler oder die Anroller, die an den Donnerstagen im Advent von Haus zu Haus ziehen, sondern die Klöckler, weil sie größere und kleinere Glocken oder Schellen mit sich tragen. Bis Mitternacht sind sie unterwegs. Stoff- und vor allem Fellarven haben sich die jungen Burschen über den Kopf gestülpt. Da war es auch einmal Brauch (um 1955 habe ich das selbst noch erlebt), daß der Bauer oder die Bäuerin die Klöckler hat aussingen dürfen. Ist das der Fall gewesen, hat der Anführer der Klöckler sinnvoll in Reimform drauf antworten müssen. Hat er das fertig gebracht, haben die Bauernleut in Reimform antworten müssen. Das ist dann so lang hin- und hergegangen, bis einer hängen geblieben ist. War es der Anführer der Klöckler, haben sie abziehen müssen, ohne etwas zu kriegen; war es der Bauer oder die Bäuerin, hat die Gabe für die Klöckler halt etwas üppiger ausfallen müssen, als es sonst der Brauch war. – Aber auch hier sind Lieder gesungen worden, mit denen – wie bei den Neujahrsliedern auch – gute Wünsche für die Familie, für das Gesinde, für Haus und Hof verbunden sind. Oft enden diese Lieder, gesungen von meist recht wilden Gestalten, sehr fromm, wie beispielsweise ein Lied aus dem Chiemgau. Da heißt's dann am End:

Und jetzt, meine Brüada, jetzt müaßn ma gehn,
Für dös, wo ma kriagt hab'n, bedank ma uns schön,
Wir bedankn uns halt auf dreierlei Weis' –
Gottvater, Gott Sohn und Gott heiliger Geist.

Vom heiligen Nikolaus, der schreckenverbreitenden Luzia und dem blutigen Thomas

Die herausragende Gestalt in der Adventszeit ist der heilige Nikolaus, obwohl man über sein Leben recht wenig weiß. Eigentlich erzählt uns nur die Legende davon, und sie hat wohl die Überlieferung zweier Bischöfe ineinander verwoben – nämlich die eines Bischofs von Myra und die eines Bischofs von Pinara in Lykien. Der Nikolauskult hat seinen Ursprung im Osten, in Konstantinopel, und hat im 9. Jahrhundert seinen Weg auch ins Abendland gefunden. Als im ausgehenden 11. Jahrhundert die Gebeine des Heiligen von Myra nach Bari übertragen worden sind, fand die Nikolausverehrung keine Grenzen. Die vielen Nikolauspatrozinien nördlich der Alpen zeugen davon, gerade an Flußläufen, aber auch ganz allgemein. Allein in der Diözese Passau gibt es etwa dreißig Pfarrkirchen und Filialkirchen mit Nikolauspatrozinien. Viele Berufe und Stände haben sich Nikolaus zum Schutzpatron gewählt: Es gibt wohl kaum einen Heiligen, der für so viele Stände, Berufe und Anliegen zuständig ist wie er. Da sind die Schüler, die Chorknaben, die Kinder überhaupt; auch die Jungfrauen. Dann kommt die große Gruppe derer, die auf der Wanderschaft sind, auf den Straßen, aber auch auf den Flüssen – also die Reisenden und Fuhrleute, die Wallfahrer, die Schiffsleut und die Kaufleute, die Flößer und auch die Fischer. Dann war er für eine Fülle von Berufen zuständig – für die Advokaten und Notare, die Schreiber, die Apotheker, die Wachszieher, Müller und Bäcker, für die Metzger, Weber, ja sogar die Steinbrucharbeiter und die Parfümfabrikanten. Zu all dem war der heilige Nikolaus ein zuverlässiger Helfer für eine glückliche Heirat. Vor Dieben hat er geschützt, und wenn man ihn rechtzeitig angerufen hat, dann hat er dafür gesorgt, daß das gestohlene Gut wieder ordnungsgemäß zurückgekommen ist. Und da er schon der Patron der Schiffsleut war, hat man ihn auch bei Wassersgefahren angerufen. Zu guter Letzt war er zuständig für die Befreiung unschuldiger Gefangener und damit, folgerichtig, der

BUTTMANNDLLAUFEN
im LOIPL / BERCHTESGADEN

Helfer gegen ungerechte Verurteilung. So manche Zuständigkeit als Patron leitet sich von Legenden ab, die von ihm überliefert sind: So ist er zum Schutzpatron der Kinder geworden, weil er drei ermordete Buben wieder zum Leben erweckt hat, und er ist zum Gabenbringer geworden, weil er drei verarmten Mädchen drei goldene Kugeln als Mitgift geschenkt hat.
Wenn man in den Bänden der *Bavaria. Landes- und Vollkskunde des Königreiches Bayern* nachschlägt, findet man über Bräuche und Nikolaus nicht allzuviel. Da heißt es zum Beispiel im Band Oberbayern: »Am 6. Dezember erscheint der heil. Nikolaus, die braven Kinder zu beschenken, die bösen aber seinem Knecht Ruprecht, dem ›Klaubauf‹ oder ›Buttenmann‹, wie er im Berchtesgadener Land von seiner auf dem Rücken getragenen Butte heißt, zur Bestrafung zu überantworten, der sie mit der Birkenruthe, dem Zwerchsack, den rasselnden Ketten und dem ungeheuren Pelzrock in großen Schrecken versetzt; häufig wird der milde Herr und der wilde Knecht in eine Person zusammengezogen, oft aber wandelt auch Frau Bertha in lohnender und strafender Funktion mit ihnen.« Der einzige Nikolaus, der noch heute von einer weiblichen Gestalt begleitet wird, dürfte der von Loipl im Berchtesgadener Land sein. Nur heißt diese Begleiterin nicht mehr Frau Bertha, sondern ›Nikoloweibl‹, und gespielt wird sie natürlich von einem Burschen, der in ein Weibergwand gesteckt wird. Mit großem Gefolge ziehen die beiden von Hof zu Hof – zwölf in Stroh gehüllte, mit Fell-Larven vermummte wilde Gestalten, Kuhglocken auf den Rücken gebunden und umschwärmt von mehreren ›Gangerln‹ (Teufelsgestalten). – Im Band Niederbayern der *Bavaria* steht bloß ein Satz über den Nikolaustag: »Am St. Niklastag erscheint der Klaubauf, den Kindern Lohn, Schreck und Strafe zu bringen«, ergänzt durch eine Fußnote: »Das Gebäck, das St. Niklas bringt, ist häufig der Hirsch vom mürbem Teig, ein uraltes Gebildbrod, vielleicht hier im Zusammenhang mit dem zu dieser Zeit durch die Lüfte brausenden ›wilden Gjaid‹.« Und im Band Oberpfalz heißt es: »Am Vorabende des Nikolaustages (6. Dezember) hält noch in einzelnen Gegenden, wie an der Lauterach und im Böhmerwaldvorlande, der heilige Nikolaus, der ›Niklo‹, seine Einkehr...«

Nun gibt es aus der Mitte des vorigen Jahrhunderts noch einen anderen Gewährsmann für die Oberpfalz, nämlich den Franz Xaver von Schönwerth. Er ist 1810 in Amberg geboren, hat in München studiert, ist Beamter geworden, dann Sekretär von König Max II., und er hat, angeregt durch die Arbeiten der Gebrüder Grimm, Sagen seiner oberpfälzischen Heimat gesammelt. Aber nicht nur Sagen allein, sondern auch Bräuche. So erzählt er auch vom Nikolaus, genaugenommen von Nikoläusen, wie beispielsweise in Bärnau in der Oberpfalz: »In der Dämmerung gehen Nikolause herum, schwarz vermummt und mit verhängtem Gesicht. Meist tragen sie auch einen Hut. Sie haben Ketten, Gerten und einen Sack bei sich, in den sie die bösen Kinder stecken und mit hinaus in den Wald nehmen, in die Nikolauslöcher, wo sie ihren Unterschlupf haben...« (»In d'Nickleslecha, wao d'Nickelss'n dahoim san.«) »... Meist kommt nur ein Nikolaus, mitunter aber auch zwei, drei oder vier auf einmal, wie sie auf der Gasse gerade zusammentreffen. Alle Hausbewohner walken sie mit der Gerte durch, junge und alte, große und kleine, dann verteilen sie die Gaben, Äpfel, Nüsse und allerlei Backwerk. Dabei machen sie sich auch den Spaß, daß sie die Alten kräftig auf die Finger klopfen, wenn diese nach den Äpfeln greifen. Die Kinder müssen aber erst ihren Spruch aufsagen und beten, bevor sie etwas bekommen.« Dann setzt Schönwerth hinzu: »Früher sind die Burschen, oft sechzig an der Zahl, als Nikolaus verkleidet, auf die Dörfer hinaus gezogen, der Mädchen wegen.« Schönwerth erzählt aber auch vom Klaubauf in Neukirchen-Balbini, der wie der ›Niglo‹ in einen dicken Pelz, mit großen Handschuhen gekleidet sei. Der Nikolaus in der Oberpfalz war also durchaus nicht die heilige, ehrfurchtgebietende Gestalt, die in die Häuser gekommen ist, sondern eine furchterregende, große, wilde Erscheinung: »... er trägt eine große Ruthe, und die Zunge hängt ihm bis an den Gürtel. Ketten aber hat er nicht dabey. Den guten Kindern bringt er etwas mit wie der Niglo. Die bösen aber reißt er herum, wirft ihnen dann etwas hin von der Thüre aus, und wenn sie es aufheben wollen, so rumpelt er darauf hin und macht sie noch ›schiecher‹...« Zu guter Letzt hat Schönwerth auch Kinderreime aufgeschrieben. Unter ihnen Nikoloverserl, gerufen von

Kindern, die den Nikolo nicht mehr gefürchtet, sondern getratzt haben. Zum Beispiel: »O Herro, Herro Nikolo / san so vül schlimme Kinder do. / Hast du was / so setz di nida, / hast du nix / nau gaist glei wida.«

Nun war der wilde, Furcht verbreitende Niglo nicht die einzige Schreckgestalt in der Adventszeit: Da ist in Niederbayern und in der Oberpfalz die Frau Luzia umgegangen, deren Tag der 13. Dezember ist. Auch hier ist der alte Schönwerth unser Gewährsmann; in seiner Anordnung spricht er zuerst von Bechtsrieth bei Weiden, wo »die Luzie auch Specht (heißt), der Luzientag deshalb auch Spechttag«. Auch kommt die Luzia nicht erst nach Einbruch der Dunkelheit, »...sie kommt unter der Mittagszeit. Im Garten oder im Stadel wetzt sie das Messer, daß es die Kinder hören. Bösen Kindern schneidet sie den Bauch auf und schoppt ihn mit Stroh oder Heu aus. Angethan ist sie wie eine Klosterfrau, braun und schwarz. Der Kopf ist verhüllt mit einem schwarzen, darunter mit einem weißen Tuch, so daß nur die Augen herausschauen. Gewöhnlich wird ihr im Garten unter einem Baum ein Schüsserl hingestellt, in welches sie die Geschenke für die guten Kinder legt.« Sie verbreitet also nicht nur Angst und Schrecken, sie bringt auch bescheidene Gaben. In der Luziennacht hat man nicht spinnen dürfen, und als einmal doch eine Frau das Spinnradl hat surren lassen, ist die Tür lautlos aufgegangen, eine lange, dürre, schwarze Gestalt ist hereingekommen, einen Arm voll Spindeln hat sie getragen und zu der Frau hat sie gesagt: »In einer Stunde werde ich wieder kommen und die Spindeln abholen, dann müssen sie alle voll gesponnen sein.« Die Frau aber machte auf jede Spindel einen Faden, so daß sie fertig war, als die Gestalt wieder kam. Diese aber warnte sie und sprach: »Laß' es aber künftig bleiben, mir mit Trutz etwas zu machen«, und damit verschwand sie.
Es ist eigenartig, daß gerade Heilige, die im Advent ihren Festtag haben, im Volksglauben mit recht schrecklichen Gestalten in Verbindung gebracht worden sind. Woher das kommt? Eine eindeutige Antwort ist da nicht zu geben. Sicher aber ist es nicht so, daß das Volk hinter einer Luzia ehedem die heilige Luzia gesehen hätte – ebensowenig wie der heilige Thomas

identisch wäre mit dem blutigen Thomas. Hier haben sich sicher Gestalten aus der vorchristlichen Zeit eingeschlichen, und der Luzientag, auch der Thomastag, sind ja nicht gerade gewöhnliche Tage.
Josef Hofbauer ist in seinem Buch *Ostbayern – vom Leben und Brauchtum* diesen Tagen nachgegangen: »Nach der Einteilung des Jahres in Quartale begann am 13. Dezember das 4. Quartal und fiel somit zusammen mit dem Beginn der sogenannten ›Zwölf vor Weihnachten‹, also der 12 Rauhnächte oder ›Zwölften‹. Gerechnet wird dabei vom Abend des 12. Dezember bis zum Hl. Abend, dem 24. Dezember.« In anderen Gegenden hat man aber auch anders gerechnet – einmal von der Nacht zum Thomastag bis Neujahr, im Oberbayerischen vom ersten auf den zweiten Weihnachtsfeiertag bis hin zur Nacht zum Dreikönigstag. (Dieses scheinbare Durcheinander erklärt sich daraus, daß es im Mittelalter allein sechs verschiedene Jahresanfänge gegeben hat.)

So ist wohl auch der Tag, der dem Apostel Thomas geweiht ist, allein deshalb ein besonderer Tag, weil dieses Fest auf den kürzesten Tag des Jahres fällt, auf den 21. Dezember, und die längste Nacht des Jahres eine eigentümliche Bedeutung erhält. Ihre Besonderheit bestand sicherlich auch in der vorchristlichen Zeit, und heidnische Bräuche und Vorstellungen haben sich weit in die christliche Zeit herüberretten können.
Die grausliche Gestalt des ›bluadigen Thomas‹ ist eine wahre Schreckgestalt, die zusammen mit dem Teufel und den Hexen ihr Unwesen getrieben hat. ›Der bluadige Damerl‹, der ›Thama mitn Hamma‹, ein wilder Bursche, vermummt, einen großen Hammer schwingend, hat allen Kindern gedroht, das Hirn einzuschlagen. In anderen Gegenden hat er sein blutverschmiertes Bein zur Tür herein gestreckt. Auch Max Peinkofer erzählt von dieser schrecklichen Gestalt, die er als Kind im unteren Bayerischen Wald selbst noch ›erlebt‹ hat, und deren Urbild sicher in heidnischen Zeiten zu suchen ist. Dies dürfte auch der Grund gewesen sein, warum die Kirche mit dem 1. Januar 1970 das Fest auf den 3. Juli verlegt hat, den Tag der Übertragung der Gebeine (Translatio) des Heiligen nach

Edessa. Es ist eine späte Reaktion, zu einer Zeit, in der die etwas eigenartigen Bräuche ohnehin im Schwinden waren.
In der Thomasnacht, also in der Nacht zum 21. Dezember, ist man ganz allgemein in den Häusern räuchern gegangen, mit der Glut in der Pfanne, in die man Kräuter geworfen hat oder ›Kranawittbeeren‹, also Wacholderbeeren, um das Böse zu vertreiben.
In diesem Zusammenhang sei erwähnt: ›Rauchnächte‹ und ›Rauhnächte‹ sind nicht dasselbe. Die sogenannten Rauhnächte sind die zwölf Nächte zwischen dem ersten Weihnachtsfeiertag und dem Dreikönigstag. Die Rauchnächte sind die Nächte, in denen man mit der Räucherpfanne betend durch das Haus gegangen ist, in dem man ›geräuchert‹ hat.
Die Thomasnacht war auch eine sogenannte Losnacht, eine Nacht, in der man geglaubt hat, die Zukunft erfragen und erfahren zu können. So war diese Nacht sehr wichtig für Mädchen, die haben wissen wollen, ob sie im kommenden Jahr einen Mann kriegen oder nicht. Um das zu erfahren, hat ein Dirndl von der ›Scheiterzeile‹ vor dem Haus willkürlich einen Arm voll Holzscheiter nehmen und paarweise abzählen müssen. Ist ein Scheit übrig geblieben, war es mit der Hoffnung nichts. Auch durch Pantoffelwerfen hat ein Mädel einiges erfahren können: Hat sie einen Pantoffel über die Schulter geworfen, so war an der Schuhspitze zu sehen, aus welcher Richtung der Zukünftige das nächste Jahr vermutlich kommt. Ein weiteres Rezept war: Ein Mädchen gehe in der Thomasnacht um die zwölfte Stunde, nur mit einem Hemd bekleidet, in den Garten, schüttle einen Zwetschgenbaum und erbitte vom heiligen Thomas einen Fingerzeig. Aus der Richtung, aus der der erste Beller eines Hundes kommt, ist auch der Hochzeiter zu erwarten. Und unentschlossene Dirndl haben so viele Zettel genommen, als sie ›Kandidaten‹ gehabt haben. Auf jeden der Zettel haben sie, ehe sie feinsäuberlich auf das Bett gelegt worden sind, den Namen eines der Erwünschten geschrieben. Dann sind sie auf das Bett gesprungen, in der Hoffnung, daß alle Zettel auf den Boden flattern, nur einer nicht – der mit dem Namen, den sie wählen sollte.
Wir ›aufgeklärten‹ Menschen von heute schmunzeln oft genug

über solche Vorstellungen und haben doch wenig Grund dazu. Wie viele lesen interessiert ihr Horoskop in der Zeitung oder in Illustrierten? Wie viele gießen zu Sylvester Blei, und es ist ihnen nicht immer wohl, wenn sie die Formen deuten, die sie gegossen haben. Wie viele lassen sich ihr Schicksal gar aus den Karten schlagen?

Nachdem jene längste Nacht im Jahr schon den Ruf gehabt hat, man könne in ihr in die Zukunft schauen, ist es auch nicht verwunderlich, wenn den Menschen in dieser Nacht etwas unheimlich gewesen ist, denn der Teufel hat zu diesen Stunden sein Unwesen getrieben, Hexen und böse Geister waren unterwegs. Und so ist es wohl auch gekommen, daß aus dem heiligen Thomas eine böse, unerbittliche Erscheinung geworden ist. Dies mag um so leichter gegangen sein, als der heilige Thomas ohnehin ›ungläubig‹ gewesen ist…

Es waren also recht unheilige, alles andere als fromme Bräuche, die in der Adventszeit ›Brauch‹ gewesen sind. So gar keine Einstimmung auf den Advent und auf den Heiligen Abend.

Vom Christbaum

Wir alle wissen, daß der heilige Nikolaus Geschenke bringt: wie eh und je Lebkuchen, Äpfel und Nüsse, seit etwa fünfzig, sechzig Jahren auch Orangen – und zwar am Vorabend seines Namenstages, am 5. Dezember. Rudolf Kriß berichtet in seinem Buch *Sitt und Brauch im Berchtesgadener Land,* daß dort, nicht im Markt selbst, aber draußen auf den Bauernhöfen, der Nikolaus nicht nur am Vorabend seines Namenstags und am 6. Dezember an die Haustüren klopft, sondern daß er sogar am Heiligen Abend gekommen ist, um den geschmückten Christbaum in die Häuser zu bringen. Heutzutage hat man eigentlich den Eindruck, daß wir drauf und dran sind, auch aus den Fest- und Feiertagen der Weihnachtszeit Urlaubstage zu machen. Hunderttausende fahren weg und warten auf den fertig geschmückten Christbaum in der Hotelhalle.

Aber nicht von dieser degeneriertesten Form möchte ich erzählen, sondern von der Geschichte des Christbaums, und da muß man etwas weiter ausholen. Stellen Sie sich nämlich einmal vor, wie unheimlich einstmals für unsere Vorfahren die langen Nächte im Winter waren. Vor allem die längsten Nächte. Es hat kein elektrisches Licht gegeben, eine rußende Kienfackel hat gebrannt, vielleicht eine Unschlittkerze, also eine Kerze aus Rindertalg, denn eine Wachskerze wäre schon viel zu teuer gewesen. Dazu dann die Winterstürme um das Haus, als wollten sie das Dach abdecken, die auch durch das Haus gepfiffen und gar die spärliche Flamme ausgeblasen haben. Licht war etwas ganz Besonderes, und es ist nicht verwunderlich, wenn die Menschen fest daran geglaubt haben, daß das Licht der Kerzen die Nacht und vor allem die unheilbringenden Dämonen vertreiben könne. Ganz abgesehen davon, daß dieses Licht als Symbol des Lebens betrachtet wurde – man hat ihm ja auch reinigende Kraft zugesprochen. Man denke nur an die kirchliche Weihe von Licht und Kerzen, an die Tauf- und die Sterbekerze.

Wenn man vom Christbaum und seinen Vorgängern erzählt, darf man nicht nur von der Bedeutung des Lichtes sprechen,

man muß natürlich auch an die immergrünen Pflanzen denken. Gerade zur Weihnachtszeit mit ihren langen Nächten wird der Gedanke verständlich, daß sich die Lebenskraft der immergrünen Pflanzen auf Mensch und Tier überträgt. Mit den grünen Zweigen in Wohnungen und Stall hat sich sicher auch die Vorstellung verbunden, daß sie das Böse abwehren.
Die ältere Generation mag noch eine Obrigkeit in Erinnerung haben, die sehr bemüht war, den ›Wotansbaum‹, den ›Julbaum‹ der Germanen zum Ahnherrn unseres Christbaums zu machen; andere ›Forscher‹ haben sich mit Eifer dafür eingesetzt, seinen Ursprung bei den alten Römern zu suchen. Manche sehen ja im Paradeisl, der Lichterpyramide aus Äpfeln und Stäben, einen Vorläufer des Christbaums – wohl nicht ganz zu Recht: Der Paradiesbaum, der zum Lebensbaum wird, wird schließlich zum Kreuzesbaum, der als kostbarste Frucht den Erlöser getragen hat. In der Kirche von Pens, dem letzten Dorf im Sarntal in Südtirol, ist der Hochaltar mit diesem Lebensbaum gestaltet.
Von diesem Paradiesbaum, dem Lebensbaum, gibt es eine wunderschöne Legende. Als nämlich Adam und Eva den Apfel vom Baum der Erkenntnis, der Erkenntnis des Guten und des Bösen, gegessen haben, sind sie ja aus dem Paradies vertrieben worden, damit sie nicht auch noch vom Lebensbaum essen können. Adam wußte um diesen Lebensbaum und nahm deshalb drei Samenkörner dieses Lebensbaumes mit aus dem Paradies. Als Adam gestorben war, gab ihm sein Sohn Seth diese drei Samenkörner mit ins Grab. Da ist aus den drei Körnern ein einziger Baum gewachsen, von dem man sich allerhand wundersame Geschichten erzählt hat. Aus dem Holz dieses Baumes schnitt nämlich Moses den Stab, mit dem er das Lebenswasser aus dem Felsen schlug. Joseph pflückte einen Zweig von diesem Baum, als er Maria um ihre Hand bat, und sie erkannte ihn an diesem Reis. Zum dritten aber wurde aus dem Stamm des Baumes das Kreuz gezimmert, an dem Christus die Menschheit erlöste.
Da gibt es aber noch eine andere Legende, die erzählt, daß Adam auf seinem Sterbelager seinen Sohn Seth in das Paradies geschickt habe, er möge ihm Öl vom Baum des Lebens oder der Barmherzigkeit holen zur Linderung seiner Schmerzen. An der

Pforte zum Paradies aber steht abweisend der Erzengel Michael und versperrt ihm den Weg. Er sagt zu Seth, erst in 5500 Jahren werde der Sohn Gottes auf die Erde kommen, um die Menschen zu erlösen. Auch Adam werde er dann selber zum Baum der Barmherzigkeit und Gnade führen. Dann überreichte der Erzengel Michael dem Seth einen Reis vom Lebensbaum; und der ging heim und pflanzte ihn ein.
Seit wann nun weiß man bei uns vom grünen Reisig um die Weihnachtszeit? Da heißt es im *Narrenschiff* des Sebastian Brant aus dem Jahr 1494: »und wer nit etwas nuwes hat / und um das nuw jor singen gat/ uns grün tannris steckt in sin huus / der meint, er lebt das jor nit uß«, eine Anspielung auf die Lebenskräfte, denn wenn einer nicht ein grünes Tannenreis hat, überlebt er das Jahr nicht. Vierzehn Jahre später wettert der berühmte Straßburger Prediger Geiler von Kaisersberg gegen diesen Volksglauben und gegen Bräuche, die am Neujahrstag üblich sind. Tanzen, springen und Gabenschicken sei eine heidnisch Sach, und der Brauch ›Dannenreisig in die Stuben zu legen‹ ebenfalls. Wiederum siebzehn Jahre später, 1525, soll in Salzburg ein geharnischtes Verbot »betreff das Abhacken des Weihnachtsgrüns« erlassen worden sein. Darauf nimmt auch Kriß Bezug, wenn er von Bräuchen im Berchtesgadener Land erzählt: »Es ist anzunehmen, daß man früher, ähnlich wie im Salzburger Land, auch bei uns einen grünen Tannenzweig, den sogenannten Bachlboschn, zur Zeit der Wintersonnenwende in die Stube hing, eine Sitte, gegen die man in Salzburg im 18. Jahrhundert als Aberglauben mit strengen Verordnungen einzuschreiten für nötig hielt.« Und Kriß setzt hinzu: »Wir hätten in ihm einen Rest altdeutschen Zweigzaubers zu erblikken, der das Wachstum des kommenden Jahres gewährleisten soll.« –
Vorhin wurde kurz das Paradeisl angesprochen, jene Pyramide aus Äpfeln und Stäben, bei der die Äpfel mit Kerzen besteckt und die Stäbe mit Buchsbaumzweigen geziert sind: in ihr sind das Licht und das Immergrün vereint. Damit ist der Weg zum Christbaum nicht mehr weit. Der nächste Schritt war, grüne Zweige nicht einzeln aufzuhängen, sondern zu binden, zu bündeln. Schließlich hing man kleine Bäumchen auf: So war es in

der Steiermark gar nicht so selten, daß man in der Stube, im Herrgottswinkel, einen Fichten- oder Tannenwipfel aufgehängt hat, allerdings mit der Spitze nach unten. Und Richard Pinzl meint in seiner Arbeit über den Christbaum: »Bald wurden diese hängenden Bäumchen verziert mit Bändern, vergoldeten Nüssen, Äpfeln oder weihnachtlichem Gebäck. Nun brauchten nur noch die alten Geistervorstellungen im Bewußtsein des Volkes mehr und mehr verblassen, und das überkommene Geisterabwehrmittel konnte zum Christbaum ›konvertieren‹.«
Es heißt, der Christbaum habe seine Heimat im Elsaß. Ob es wirklich so ist? Jedenfalls besagt eine Waldordnung von Ammerschweier aus dem Jahr 1561, kein Bürger dürfe »uf die Weihnachten mehr dann einen Meyen hawen, soll nit lenger sein dann 8 Schue lang«. Also bis etwa zweieinhalb Meter hoch. Ob dieser Meyen eine Birke war, die man in einem Kübel voll Wasser wie einen Barbarazweig hat treiben lassen – so wie später im Fränkischen, vereinzelt noch bis in die Jahre nach dem Zweiten Weltkrieg? Oder sind es doch Tannen- oder Fichtenbäume gewesen, wie das in der ersten zuverlässigen Schilderung, in dem Reisetagebuch eines Unbekannten aus dem Jahr 1605, aufgezeichnet ist? »Auf Weihnachten richtet man Dannenbäum zu Straßburg in den Stuben auf, daran henket man Rosen aus vielfarbigem Papier geschnitten, Äpfel, Oblaten, Zischgold, Zucker usw. Man pflegt darum einen viereckent Rahmen zu machen und vorm …« Aber hier nun endet dieses Fragment, das übrigens in den Wirren des letzten Krieges verlorengegangen sein soll.
Daß man schon damals nicht gewußt hat, woher der Brauch des Christbaumes gekommen ist, mag man einer Predigt des Straßburger Kanzelredners Konrad Dannhauser, 1642, entnehmen. Sein Thema waren allerlei Bäume, und dabei kommt er auch auf den Weihnachtsbaum: »Unter anderen Lappalien«, donnert er von der Kanzel, »damit man die alte Weihnachtszeit oft mehr als mit Gottes Wort begeht, ist auch der Weihnachts- oder Tannenbaum, den man zu Hause aufrichtet, denselben mit Zucker und Puppen behängt und ihn hiernach schüttelt und abblümen läßt. Wo die Gewohntheit herkommt? weiß ich nicht.« Dieser Brauch sei ein albernes Kinderspiel; und es sei wahrlich

besser, wenn man die Kinder auf den geistigen Zedernbaum Christum Jesum hinweisen würde, wettert der Straßburger Prediger.
Nun ist vor einigen Jahren eine recht interessante Entdeckung gemacht worden: Da lebte um 1590 im niederbayerischen Marktflecken Schwarzach ein Pfarrer, ein grober, jähzorniger Streiter Gottes, über den es Beschwerden über Beschwerden gegeben hat. Eine lange Liste, und unter Punkt 6 dieses Sündenregisters heißt es: »...selben Jahrs an Hayligen Weyhennachttage, zu der Vesper, vorm Hochwürdigen Sacrament mit ainem Tannen Peimel, daran Öpfl gesteckht gewest, vnder die khinder geschlagen, auch Tausend Sacra Öffentlich gefluecht...« Damit wäre immerhin erwiesen, daß eine Art Christbaum, zumindest im Bayerischen Wald, vor vierhundert Jahren bekannt war.
All diese Hinweise erzählen zwar vom Christbaum, auch von seinem Schmuck, aber sie erzählen noch nichts von den brennenden Kerzen. Wie sind denn die Lichter auf den Christbaum gekommen? Eine Geschichte schildert dies so: Da war ein armer kleiner Bub von Molsheim im Elsaß, und der hat am Abend vor dem Heiligen Abend zwei kleine Tannen nach Straßburg geschleppt. Aber alle Menschen haben schon ihre Christbäume gehabt. Da ist er dann zu einem Gärtner gegangen, nahe der Aurelienkirche. Der Gärtner hat die kleinen Bäume zwar auch nicht brauchen können, zudem waren sie noch verkrüppelt und krumm gewachsen, aber er hat Mitleid mit dem Buben gehabt und hat ihm ein Goldstückl gegeben. Die beiden kleinen Tannen aber hat er in die Ecke gestellt. Am anderen Tag entdecken die beiden Kinder des Gärtners diese Tannen und pflanzen sie ein, gleich hinter der Aurelienkirche. Als dann die dritte Weihnachtsmesse gefeiert wird, sehen die Gläubigen durch die Fenster einen hellen Schein, und als sie aus der Kirche herauskommen, stehen zwei große Tannen da, höher als der Kirchturm, und auf ihren Zweigen strahlen helle Lichter, geformt wie Rosen. Und der Gärtner sieht, wie eine weiße Taube aus einem Kirchenfenster fliegt, sich zuerst auf die eine Tannenspitze setzt, dreimal mit den Flügeln schlägt und die Lichter löscht; dann fliegt sie auf die andere Tannenspitze, um ebenfalls die Lichter zu löschen. Am Ende aber flattert sie durch das Kirchen-

fenster zurück, und es ist heller Tag. Der Gärtner aber muß an den armen Buben denken, und er ist fest davon überzeugt, daß dieser Bub ein Bruder des Kindes ist, das in dieser Nacht in der Krippe gelegen ist.

Wo immer man etwas über die Geschichte des Christbaums liest, wird Liselotte von der Pfalz zitiert. Sie stammte aus der Familie der Pfälzer Wittelsbacher, die ihre Heimat und Residenz ehedem in Neuburg an der Donau gehabt haben; sie war mit dem Bruder des französischen Königs Ludwigs XIV., mit dem Herzog von Orléans, verheiratet. In ihren berühmt gewordenen Briefen finden sich auch Erinnerungen an Weihnachten; so schreibt sie einmal an ihre einzige Tochter, die Herzogin von Lothringen: »... ich weiß nicht ob ihr ein anderes Spiel habt, das jetzt in ganz Deutschland üblich ist, man nennt es ›Christkindel‹, das bedeutet ›L'Enfant Christ‹. Da richtet man Tische wie Altäre her und stattet sie für jedes Kind mit allerlei Dingen aus wie: neue Kleider, Silberzeug, Puppen, Zuckerwerk und alles mögliche. Auf diese Tische stellt man Buchsbäume und befestigt an jedem Zweig ein Kerzchen, das sieht allerliebst aus und ich möchte es noch heutzutage gern sehen. Ich erinnere mich, wie man mir in Hannover das Christkindel zum letztenmal kommen ließ...« Eine Erinnerung an das Jahr 1662, geschrieben anno 1708. – Ein weiterer Beleg für den mit Lichtern geschmückten Weihnachtsbaum stammt aus Sachsen. So berichtet 1737 ein Gottfried Kißling, seines Zeichens Dozent der Rechte, in einer Abhandlung *Von heiligen Christ-Geschenken* über einen lichtergeschmückten Baum bei einer kinderreichen Familie mit Dienstboten auf einem Hof: »Am heiligen Abend stellt sie [die Hausfrau] in ihren Gemächern soviel Bäumchen auf, wie sie Personen beschenken wollte. Aus deren Höhe, Schmuck und Reihenfolge in der Aufstellung konnte jedes sofort erkennen, welcher Baum für es bestimmt war. Sobald die Geschenke verteilt und darunter ausgelegt und die Lichter auf den Bäumen und neben ihnen angezündet waren, traten die Ihren der Reihe nach in das Zimmer, betrachteten die Bescherung und ergriffen jedes von dem für es bestimmten Baum und den darunter bescherten Sachen Besitz. Zuletzt kamen auch die Knechte und Mägde in bester Ordnung herein, bekamen jedes seine Geschenke und

nahmen dieselben an sich.« Auffallend ist auch an dieser Schilderung, daß nicht von einem großen Christbaum für alle die Rede ist, sondern von Christbäumen, von kleinen Bäumen, für jeden Beschenkten einen.
Eigenartig ist, daß der Christbaum allem Anschein nach zuerst in evangelischen Familien üblich war und von dort aus seinen Weg in katholische Gebiete gemacht hat. So ist es sicher auch kein Zufall, daß es ein Bild gibt, das *Weihnachten in Martin Luthers Haus* schildert; diese Darstellung mag wohl um 1640 entstanden sein, und sie sollte auch für spätere Darstellungen immer wieder Vorbild werden. Alle diese Bilder zeigen den mit zahlreichen Kerzen bestückten Tannenbaum, darunter die Geschenke; Bücher für den Vater, Rössel, Trompeten, ein Steckenpferd, eine Armbrust für die Buben, Äpfel, Pfefferkuchen und so weiter. So wird in evangelischen Gegenden Martin Luther zum Vater des Christbaums, obwohl er mit einiger Sicherheit nie einen Christbaum gesehen hat.
Wann ist nun der Christbaum nach München, nach Altbayern gekommen? Man sagt, die evangelische Königin habe ihn nach München mitgebracht. Aber welche? Karoline, die Gemahlin von König Max I. Joseph? Dann wäre der Christbaum aus dem Badischen zu uns gekommen. Oder Therese, die Gemahlin von König Ludwig I.? Dann hätte der Christbaum aus Sachsen-Hildburghausen seinen Weg hierher nach München unter das Dach der Münchner Residenz gemacht. Möglich ist beides, denn König Max I. Joseph ist als Kurfürst Max IV. Joseph mit seiner zweiten Frau Karoline 1799 nach München gekommen. Und elf Jahre später, 1810, heiratet der Sohn des Königs, Kronprinz Ludwig, seine Therese, Prinzessin von Sachsen-Hildburghausen. Beide Frauen waren evangelisch.
Der erste bildliche Nachweis, daß man zu Anfang des 19. Jahrhunderts auch in München den Christbaum gekannt hat, liefert ein kleines Flachdiorama, eines von zwölfen. Es sind köstliche kleine Kunstwerke aus Tragant und Stoff, aus künstlichen Blumen, Papiermaché und Karton. Eines dieser Monatsbilder trägt die Jahreszahl 1816: Da sieht man auf dem Dezemberdiorama in die Residenzstraße hinein, dem Schwabinger Tor zu; rechts der Westflügel der Residenz, vor dem Hartschiere ihre

Wachrunde machen. Die Straße ist verschneit, ein pferdebespannter Schlitten fährt dem Schwabinger Tor zu, ein schwarzes Hundl jagt hinterdrein. Links räumt ein pflichtbewußter Hausl mit dem Besen den Schnee vom Bürgersteig. Im Vordergrund rechts steht die Bude eines Christkindlmarktes, behängt mit Kinderspielzeug, mit Steckenpferden, Trommel und Geige, Säbel und Gewehr; vorne sind eine Nikolausfigur und ein Zwetschgenmandl zum Verkauf angeboten. Und links daneben steht ein Bub mit einer großen, runden, hölzernen Scheibe auf dem Kopf, von der Größe einer Schießscheibe. Sie ist von einem niederen Gitter eingefaßt; in der Mitte aufgesteckt ein Christbaum, mit Äpfeln und Birnen behängt, von einem Stern gekrönt, und unter diesem Baum steht eine kleine Krippe.
Es gibt noch ein Bild, das vom Christbaum in München erzählt: eine Radierung, die eine Münchnerin in der Riegelhaube, zusammen mit einem Christbaumverkäufer, zeigt. In der Landeshauptstadt muß man also den Christbaum schon in den ersten Jahrzehnten des 19. Jahrhunderts gekannt haben – auf dem Lande aber noch nicht, wie Karl Freiherr von Leoprechting in seinem Buch *Aus dem Lechrain* (1855) bestätigt: »Der Christbaum und dessen freundliche Bescherung ist in Altbayern bis zur Stunde nicht allein auf dem Lande, sondern auch noch in allen Landstädten gänzlich unbekannt.« Auch Rudolf Kriß kommt zu dem Schluß: »Der Christbaum, der heute für viele nahezu die Hauptsache vom Weihnachtsfest bedeutet, ist nicht alt. Erst im 19. Jahrhundert breitete er sich über ganz Deutschland aus, seine Aufstellung blieb jedoch auch dann noch ein vorwiegend städtischer, bürgerlicher Brauch. In der bäuerlichen Bevölkerung Berchtesgadens fand er erst von der Jahrhundertwende an [gemeint ist die Wende zum 20. Jahrhundert] allmählich Eingang.« Damit würde sich der Kreis fast schließen, wir kommen wieder zum heiligen Nikolaus, der im Berchtesgadener Land den geschmückten Christbaum ins Haus brachte.
Kriß aber erzählt noch von einem anderen Brauch: »Das Anzünden von Christbäumen am Friedhof, eine Sitte, die uns heute so besonders ans Herz gewachsen ist, und die mit ihrem Kerzengeflimmer auf den langen Gräberreihen einen selten

stimmungsvollen und traulichen Anblick bietet, ist gleichfalls noch recht jung. Meine eigene Großmutter, Frau Marianne Kriß, war es, die auf dem Grab ihres früh verstorbenen Gatten in den 80er Jahren [des 19. Jahrhunderts] zum ersten Male einen Christbaum aufstellt, eine Gewohnheit, die dann rasch allgemeine Nachahmung fand. Auch die beiden großen Bäume, die in der Stiftskirche während des Christamtes brennen, sind nicht älter...« Langsam also hat der Christbaum auch Eingang gefunden in den kleinen Städten und Märkten, draußen in den Tälern, den Dörfern, den Einöden. In so manchem Dorf und Weiler gar erst nach dem Ersten Weltkrieg. Bleibt noch zu sagen, daß der Christbaum im Kleinen seinen Weg um die Welt gemacht hat bis ›ins Amerika‹, und daß er von dort wieder herübergekommen ist, um vor Rathäusern und andern öffentlichen Gebäuden seinen Platz zu finden. Das war bereits in den beginnenden dreißiger Jahren. Dann wurde er zum gemütvollen Symbol für ›deutsche‹ Weihnacht umfunktioniert. Nach dem Krieg ist dem Christbaum die Degradierung zum Werbeartikel und zum Konsumanheizer nicht erspart geblieben. Und jetzt stellt die Sorge um das Waldsterben auch den Christbaum in Frage, obwohl es eigene Pflanzungen nur für Christbäume gibt und ein Wald, der wachsen soll, auch fachmännisch gelichtet werden muß. Hier sollte man wohl auf die Forstleute hören, auf das Christkindl und die Forstleute, und die sagen uns, daß wir schon einen Christbaum haben dürfen.

Ein glückseligs Neu's Jahr

Ei so wünsch ich Euch fürwahr, ein glückseliges neues Jahr!
Gott möchte Euch geben Gnad, Glück und Segen
und lassen im ... ten Jahr
in Frieden Euch leben fürwahr!

So hat einmal der Nachtwächter einer kleinen alten bayerischen Stadt gesungen, als die Turmuhr der Stadtpfarrkirche nach den vier Stundenschlägen die Mitternachtsstunde verkündet hat und damit auch das Neue Jahr. Würde heutzutage ein Nachtwächter den Jahreswechsel verkünden, würde ihn im Krach der Raketen und Knallfrösche eh niemand mehr verstehen. Das soll natürlich hinwiederum nicht heißen, daß man früher zu so einer Stunde keinen Lärm gemacht hätte. Da ist sehr wohl das Neue Jahr auch angeschossen worden, und es ist überliefert, daß dazu Schützen von Haus zu Haus gezogen sind und nach dem Anschießen laut ihr Verserl hergesagt haben:

Gott möcht uns beschützen das künftige Jahr
Vor Donner und Blitzen, vor Krankheitsgefahr,
Vor Hunger und Pest, Krieg und viel Not
Und endlich auch vor dem ewigen Tod.

Mit Schießen wird auch im Berchtesgadener Land das Neue Jahr begrüßt – aber auch in der Weihnachtsnacht stehen die Böllerschützen an ihren Standplätzen. Das Schießen um Weihnachten und Neujahr ist uralt, so alt wie die Einführung des Gewehrs und der Pistole zum Zweck der Landesverteidigung. Die Bauern, die damals zum Aufgebot gehören, haben ihre Waffen daheim, und damit kommt die große Versuchung auf sie zu, so einen Schießprügel auch für andere als die von der hohen Obrigkeit vorgesehenen Zwecke zu benützen. Es kommen prompt Beschwerden wegen Wilderei und, das interessiert in diesem Fall, wegen ungebührlicher Schießerei am Weihnachtsabend und in der Neujahrsnacht. Verbote gegen das Schießen in Wäldern, wodurch »der Wildpann versenkt und das Wildt scheich gemacht« wird, gibt es schon im Jahr 1606; ein Verbot gegen das Weihnachts- und Neujahrsschießen dagegen taucht erst 1666 auf. In diesem Verbot steht dann die köstliche

WEIHNACHTSSCHÜTZEN
BERCHTESGADEN

Stelle, es solle ernstlich befehligt und den Untertanen endlich klar gemacht werden, daß »...zu Weihnachten, den 3 Rauchnächten ... mit unaufhörlichen plenkhen des schiessens, gar nicht die Ehre Gottes befördert ... werde, sondern nur allerhand Bubereyen ... verübt« würden! Diese Verbote gegen das Weihnachts- und das Neujahrsanschießen hatten aber über mehr als zweihundert Jahre hinweg eines gemeinsam – sie sind nie befolgt worden. Erst im ausgehenden vorigen Jahrhundert wird dann das Schießen im Berchtesgadener Land organisiert, Weihnachtsschützenvereine werden gegründet und gegen das organisierte Weihnachts- und Neujahrsanschießen hat die hohe Obrigkeit dann nichts mehr einzuwenden gehabt.
Seitdem haben Weihnachtsschützen des Berchtesgadener Landes jedes Neue Jahr angeschossen – ausgenommen im Krieg ab 1941/42 und – verboten durch die Amerikaner – ein paar Jahre danach. Heute sind es an die 700 Schützen, die am Heiligen Abend und in der Neujahrsnacht zwischen halb und dreiviertel Zwölf und viertel nach Zwölf Uhr rund 25 Zentner Pulver verschießen. Die Schützen haben ihre festen Standplätze, an den Hängen, es blitzt drüben und herüben und in dem Bergkessel rollt das Echo hinüber und herüber und wieder hinüber. Vor Jahren habe ich das Neujahrsanschießen erlebt, da sind am Herzogberg die schweren Böller gestanden, richtige kleine Mörser: pro Rohr und pro Schuß ein Pfund Pulver. Als die Glocken der Stiftskirche, der Pfarrkirche und der Franziskanerkirche angefangen haben, das Neue Jahr einzuläuten, ist kein Schuß mehr gefallen. Die Schützen haben ein Vaterunser und ein Ave Maria gebetet, aber beim zwölften Glockenschlag ist mit einer brennenden Lunte der erste Böller abgebrannt worden, und das hat einen unheimlichen Schlag getan; danach ist ein Höllenkrach losgegangen, noch zehn, fünfzehn Minuten Reihenfeuer, Schnellfeuer und dem Ende zu nur noch Salven. Das Jahr war eine Viertelstunde alt geworden, als die Schießerei langsam zu Ende gegangen ist, ein paar vereinzelte Schüsse noch, dann war es still. Als es Tag geworden ist, am Neujahrstag, hat man von Berchtesgaden aus drüben am Oberherzogberg genau abzählen können, wieviel Schützen ausgezogen waren, um das Neue Jahr anzuschießen: Vor jedem Schützen war ein

gewaltiger Rußfleck im Schnee geblieben und 38 Rußflecken hat man zählen können.

Gehen wir von den Bergen nach Niederbayern: Will man wissen, was hier einmal Brauch war, muß man in Joseph Schlichts *Bayerisch Land und bayerisch Volk* lesen. Schlicht war Geistlicher und hat seine Umgebung, vor allem seine Landsleute, ihre Sitten und Gebräuche genau beobachtet; vieles wüßten wir heute nicht mehr, hätte er es nicht aufgezeichnet. »Der Neujahrstag«, so schreibt er, »ist innerhalb des Bauernhauses laut belebt durch das sogenannte ›Neujahr abgewinnen‹; eine Volkssitte, welche die Häuser mit verworrenem Geschrei und Lachen erfüllt. Nämlich jedes Familienglied beeilt sich, vor allen andern zu rufen: ›Glückseligs Neu's Jahr!‹ – Die Kinder haben dann noch eine Extrafreude: dem Vater das neue Jahr abzugewinnen. Knaben und Mädchen lauern also, bis der aufgestandene Vater sich niederläßt in seinen Lehnstuhl, sei es um die Bändlein seiner Lederhose zu knüpfen, sei es um in seine Stiefel zu fahren. Flugs sind nun die Kinder hinter ihm und ›drosseln‹ auf gut bayrisch den lieben Vater, d.h. der Reihe nach umfaßt jedes mit beiden Händen den väterlichen Hals, schüttelt ihn aus Leibeskräften und ruft: ›Glückseligs Neu's Jahr!‹ Für diesen kräftigen Segenswunsch, den nur eine bayerische Vaterkehle tapfer aushält, beschenkt der Bauer seine Buben und Mädchen mit funkelnden Neujahrskreuzerln.« –

Beim Neujahransingen spielt natürlich, auch wenn der Heilige Abend schon vorbei ist, das Christkindl eine Rolle, manchmal auch schon die Heiligen Dreikönige. Das mag daher kommen, daß man früher einmal Weihnachten als Jahreswechsel betrachtet hat, später dann den Dreikönigstag: nicht umsonst hat man zu Dreikönig einmal Hochneujahr gesagt und nicht umsonst darf man sich von Neujahr bis Dreikönig noch heute ein Gutes Neues Jahr wünschen. Aber blättern wir doch in Schlichts Buch; er schreibt für die Zeit um 1870: »Außerhalb des Hauses in Dorf und Land ist der Neujahrstag belebt durch das sogenannte Neujahr anschreien, ein Erwerbszweig der armen Gemeindehauskinder. Sie sind hiezu ausgerüstet mit Spruchvers und Melodie, mit Sack und Stecken; sie gehen bei den Honoratioren herum:

Glückseligs neus Jahr,
s Christkindl im krausten Haar,
a langs Lebn, a guats Lebn,
an Himmel danebn.
I wünsch dem Bauern an goldenen Rock,
daß er ihm steht wie a Nagerlstock!
Und i wünsch der Bäuerin a goldene Haubn,
daß si ihr steht wia a Turteltaubn.«

Es sind im Grund die gleichen Lieder, wie sie in den Klöpfelsnächten während des Advent auch gesungen worden sind. Die Texte waren ja weitverbreitet – man kannte sie im Böhmischen und in Schlesien bis hinunter nach Südtirol, natürlich mit kleinen Varianten.

Es mag in diesem Zusammenhang einmal ganz interessant sein zu erfahren, seit wann man Neujahr am 1. Januar feiert. Das ist nämlich noch gar nicht so lang her. Zumindest nicht so lang als man glauben möchte. Zu Zeiten Karls des Großen, also um das Jahr 800, hat das Jahr noch mit dem 25. März begonnen, und aus der Zeit Kaiser Konrads II. – er hat von 1024–1038 regiert – gibt es Urkunden, die das Jahr von Weihnachten an rechnen. Später noch, bis ins 12. Jahrhundert, war zum Beispiel in Köln sowohl als auch in Basel, übrigens in der ganzen Schweiz, der erste Ostertag zugleich der Tag des neuen Jahres. Und wenn wir nach Italien und Spanien schauen, ist es ähnlich. In Venedig zum Beispiel hat man im Jahr 1652 noch den ersten März als Neujahrstag gefeiert, in Florenz gar hat Kaiser Franz I. im Jahr 1745 befehlen müssen, man solle endlich am 1. Januar und nicht am 25. März Neujahr feiern. Aber der Bevölkerung war dieser Befehl gleichgültig, sie hat, wie die in Pisa auch, bis zum Jahr 1794 ihr Neujahr am 25. März gefeiert. In Spanien wird erst durch König Philipp II. im Jahr 1575 der 1. Januar zum Neujahrstag bestimmt. In England hat man lange Zeit gar in drei verschiedenen Jahren gedacht, nämlich in einem historischen, das am 1. Januar begonnen hat, dann in einem bürgerlichen, das am 25. März gefeiert worden ist, und endlich in einem dritten, einem kirchlichen, das am 1. Adventssonntag seinen Anfang genommen hat. Und das Kirchenjahr beginnt noch heute mit dem ersten Advent. Ausgangspunkt für einen Jahresbeginn am 1. Januar wird natürlich der sogenannte Gregorianische Kalender, der deshalb eingeführt wird, weil das Sonnenjahr dem gewöhnlichen Jahr immer um 11 Minuten und 13 Sekunden vorausgegangen ist. Aber damit kommen wir zu weit in die naturwissenschaftlichen Bereiche. Jedenfalls sollte der Gregorianische Kalender diesen Unterschied, der damals bereits zehn volle Tage ausgemacht hat, ausgleichen. Um aber wieder zum Brauch zurückzukommen: die Ostkirche hat den Gregorianischen Kalender, der 1582 zustande gekommen ist, nicht anerkannt, eben weil er von Rom ausging. Aus diesem Grund feiert die orthodoxe Kirche das Weihnachtsfest auch später, nämlich nach dem Julianischen Kalender. Der Unterschied beträgt heute dreizehn Tage. Folglich wird Weihnachten in der orthodoxen Kirche am 7. Januar gefeiert.

Im städtischen Bereich dagegen werden schriftliche Neujahrswünsche üblich, vor allem zu Beginn des 19. Jahrhunderts und in der Biedermeierzeit.

Wenn wir in dem Buch *Tiroler Volksleben* von Ludwig von Hörmann nachschauen, was er über Tiroler Volksbrauch zum Neuen Jahr, zum Neujahrstag zu erzählen weiß, so ist das nicht viel; er schreibt: »Der letzte und der erste Tag des Jahres, Sylvester und Neujahr, welche im bürgerlichen Leben eine so große Rolle spielen, lassen das bäuerliche fast unberührt. Sieht man von dem Vorgang des ›Räucherns‹ am Sylvestertag abends als der zweiten Rauchnacht ab, so verlaufen diese zwei Tage, soweit nicht städtisches Treiben auf die nächste Umgebung eingewirkt hat, ziemlich eintönig und werktäglich. Nur in der Gegend von Meran ziehen in der Neujahrsnacht Burschen und Mädchen singend und musizierend zu den Häusern wohlhabender Bauern, um für ihre Glückwünsche sich eine gute Bewirtung oder etwas Geld herauszuschlagen. Das Neujahr des Bauern trifft erst sechs Tage später ein, nämlich am ›Perchten‹- oder Dreikönigstag.«

Auch Peter Rosegger hat einmal ein Buch über Volksbrauch geschrieben, *Das Volksleben in Steiermark*. Sein erster Teil ist all den Dingen gewidmet, die sich unter dem großen Thema ›Haus‹ einordnen lassen; sein zweiter Teil befaßt sich mit dem Brauch im Jahreslauf. Rosegger geht es dabei wie Hörmann mit

Tirol – auch er muß bekennen: »Ich habe in der Steiermark verhältnismäßig wenig Silvester- und Neujahrsbräuche gefunden. Der Bauer geht am Silvesterabend um neun Uhr zu Bett, schläft ein und wenn er erwacht, ist die Milchsuppe fertig und das neue Jahr. Er steht auf, gähnt und sagt: hiazt hon i lei a ganzes Johr gschlofn? Vorigs Johr hon i mi niedaglegt und heuer bin i erst aufgstanden!« Er kann nur berichten, wie der Bauer genau darauf schaut, daß keine alte Frau an diesem Tag ins Haus kommt, sonst hätte man das ganze Jahr über nur ein elendes Gefrett. Aber ein junger Bub, der anklopft, dem steht Tor und Tür offen, den lädt man gleich ein; weil man davon überzeugt war, daß damit dem Haus für das ganze Jahr Glück und Segen sicher sei. Auch in der Heimat Roseggers ziehen die Kinder armer Leute von Haus zu Haus. In einem langen Lied wünschen sie ein gutes Jahr. Auch hier gibt es die immer wiederkehrenden Reime vom »goldenen Tisch, auf an jeden Eck an goldenen Fisch, auch an bachenen Fisch, und a Glasl Wein in die Mitten hinein, oder es soll an Hausherrn sei Gsundheit sein«. Und jede Strophe endet mit dem Refrain: »Das wünschen wir mit Hall und Schall zu an neien Jahr.«

Wenn man über Neujahranwünschen erzählt, muß man auch vom Dreikönigstag und vom Vorabend von Dreikönig berichten. Das Neujahranwünschen ist ja bis zum Dreikönigstag erlaubt, und Lieder mit guten Wünschen für das Neue Jahr werden schon in der Adventszeit oder richtiger in der Klöpfelszeit gesungen. Diese Wünsche bis hin zu Dreikönig sind sich im Lied immer recht ähnlich.

Dreikönig wird im Tirolischen, wie bereits erwähnt, auch Perchtentag genannt, weil Perchten am Dreikönigstag und am Vorabend ihr Unwesen getrieben haben (und nicht im Advent, wie fälschlicherweise manchmal behauptet wird). Vor allem im Salzburgischen sind die Perchtentänzer in die Häuser gekommen. In vielen Legenden glaubte man auch an die Frau Percht (oder Bercht): sie hat die Mägde geprüft, ob sie fleißig sind, die Spinnerinnen, ob sie gut und sauber spinnen, die bösen Kinder hat sie auch geschreckt. Dies war Sache der schiachen, der bösen Perchten; daneben gab es aber auch die schönen Perchten. Man

sieht, wie vielfältig dieser Brauch war, von dessen Ursprung man so wenig weiß, von dem man nur mit einigem Recht vermuten kann, daß er auf heidnische Zeiten zurückgeht.
Heute wird der Brauch des Perchtenlaufens kaum mehr ausgeübt; wenn überhaupt, nur in organisierter Form oder gar auf der Bühne (und das schon vor 70 Jahren, losgelöst von Ort und Zeit!). Da haben zum Beispiel die Pinzgauer Perchten im Salzburger Volksblatt sogar persönlich eingeladen: »Die Pinzgauer Perchten erlauben sich dem P. P. Publikum anzuzeigen, daß sie am Sonntag den 13. April 1902 in Hallein erscheinen und in Mayrs Saallokalitäten ihre originellen Perchten-Tänze zur Aufführung gelangen. Anfang 3 Uhr nachmittags, Eintritt 40 Heller. Es laden dazu freundlich ein Die Pinzgauer Perchten.« Ehedem haben sie am Vorabend zu Dreikönig in den Dörfern getanzt, vor den Häusern, und es hat als ein gutes Omen für das Neue Jahr gegolten, denn sie haben Glück im Gefolge gehabt.
Kehren wir noch einmal zurück in das Niederbayerische, in das Tal der Ilm und der Abens. Um die Jahrhundertwende weiß Schlicht zu berichten: »Der volksbeliebteste Dreikönigsvorabend ... ist, wenns Gebet läutet und weidlich dunkelt, um halb sechs Uhr gehts an und dauert bis in die elfte Nachtstunde. Truppweise ziehen da die Sänger und Sängerinnen herum, aus dem Dorf in die Einöden hinaus, von den Einöden ins Dorf herein, von Haus zu Haus wandernd und das volksmäßige alte Dreikönigslied absingend. Und es sind das keineswegs lauter Arme, die des Bettels wegen ins sogenannte Heiligendreikönigansingen gehen, um sich mittels Liedes ein Geldstück und einen Festbraten einzusammeln. O, nein, am liebsten und zahlreichsten ziehen jene aus, die sich im Besitze eines guten Singgehörs und einer schönen Liederstimme wissen. Darunter sind Söhne und Töchter aus begüterten Höfen, ja selbst sangfröhliche junge Bauern. Um nicht erkannt zu werden, gehen sie in Bettelmann und Bettelweib vermummt und verkleidet... Darum läßt sich keins, weder Sänger noch Sängerin, unter die Nase leuchten; und sowie vom Haus jemand herauskommt und dem Unbekannten die Laterne ins Gesicht hält, flugs huscht das Singende zurück ins Dunkel und man geht verzichtend auf alle Spende...« Lieder von den Heiligen Drei Königen sind also

STERNSINGER
SEESHAUPT

schon zu Schlichts Zeiten nicht oder nicht mehr von Sternsingern gesungen worden, sondern ganz allgemein von jungen Leuten.

Daneben aber hat es in unserem Land auch immer die Sternsinger gegeben, die am Vorabend des Dreikönigstages von Haus zu Haus gezogen sind, an manchen Orten auch in der Silvesternacht, wie zum Beispiel noch heute in Oberammergau. Sie haben die gleichen, zumindest sehr ähnlichen Lieder gesungen; das folgende wurde in der Oberpfalz aufgezeichnet und in der *Bavaria. Landes- und Volkskunde* veröffentlicht:

Die heil'gen Drei König hochgebor'n,
sie reiten daher mit Stiefel und Sporn;
sie reiten vor des Königs Herodes sein Haus,
Herodes schaut selber zum Fenster 'raus.
Herodes spricht: ›Herein,
Herein, Ihr Herren mein,
Ich halt Euch Stroh und Heu –
Und halt Euch zehrungsfrei!‹
Doch Kaspar sprach: ›Nein, nein,
König Herodes, das kann nicht sein.
Wir müssen noch reiten über Berg und Thal,
Bis wir das Christkindl finden im Stall!‹

Kaspar, Melchior, Balthauser,
Behüt uns vor allerhand Grauser,
Behüt uns auch heuer,
Vor allerhand Steuer,
Vor Richter und Schergen
Daß wir dieß Jahr nit ganz verderben!

Die Bergweihe im Salzbergwerk Berchtesgaden

Es ist nicht zu glauben – aber es gibt in Oberbayern tatsächlich einen Brauch, der von der Öffentlichkeit völlig abgeschirmt ist, von dem man Außenstehende bewußt fernhält. Nicht einmal dem Fernsehen, dem sonst alle Türen geöffnet werden, ist es bis heute gelungen, davon Aufnahmen zu machen. Es ist die Bergweihe des Salzbergwerks Berchtesgaden, und es ist gut so, daß die Bergleute unter sich bleiben wollen: sie feiern die Bergweihe um des Brauches willen und nicht, um gesehen zu werden. Im Jahr 1528 ist die festliche Bergweihe zum erstenmal urkundlich erwähnt, sie wird innerhalb der Dreikönigsoktav gefeiert, und die Prozession unter Tag ist in ihrer Einfachheit nobel und großartig.

Als ich die Bergweihe zum erstenmal habe miterleben dürfen – es war um 1960 –, hat es die neue Soleleitung noch nicht gegeben; die Sole wurde noch hinaus nach Ilsank gepumpt, dann hinauf zum Söldenköpfl und von da weiter nach Bad Reichenhall. Damals haben die Feierlichkeiten am frühen Nachmittag mit der Pumpenweihe im alten Pumpenhaus Ilsank an der Straße in die Ramsau begonnen. Nur ganz wenige Menschen – der Bergwerksdirektor, der Mesner, zwei Ministranten, ein Werkmeister, ein Brunnwart, vielleicht noch zwei Arbeiter – waren dabei, als der Pfarrherr von Berchtesgaden im Maschinenraum seine Gebete gesprochen und die Pumpen gesegnet hat. Dann ist der Geistliche, wie seit altersher, über die knarrende Stiege auf den Dachboden gestiegen, hat seine Gebete gesprochen, den hölzernen Brunnkasten geöffnet und in die gischtende Sole aus einem silbernen Kännchen geweihten Johanniswein geschüttet, in Kreuzesform.

Im Bergwerk haben unterdessen die Knappen in Halbparade gewartet: in weißen Uniformen, die schwarzen Sitzleder umgeschnallt, auf dem Kopf die schwarzen Schachthüte mit der weißblauen Kokarde, auf denen aber kein Federbusch steckt. So treten sie Jahr für Jahr an. Sobald der Pfarrer kommt, formieren sie einen langen Zug, einer hinter dem anderen. Dem Alter nach trägt der eine Knappe das Kreuz, der zweite das Rauchfaß, ein dritter das Weihrauchschifferl, ein vierter das Weihwasser. Alle anderen, ob Knappen, Steiger oder Direktor, halten brennende Kerzen in den Händen. Zuerst gehen sie in den Maschinenraum. Der Geistliche segnet die Maschine und besprengt sie mit Weihwasser, seine Gebete enden mit der Bitte zu Gott: »... beseele auch die Herzen aller, die an diesem Orte walten, arbeiten, aus- und eingehen, alle, die von diesem Salz, das da aus dieser Sole bereitet wird, genießen, beseele sie mit Liebe, Eintracht und Sorge für Erfüllung ihrer Standespflichten; um das bitten wir dich, durch die Ausgießung des zum Andenken und zur Ehre des hl. Apostels Johannes geweihten Weins, im Namen des Vaters + des Sohnes + des Heiligen Geistes + Amen.« Dann nimmt er eine kleine Kanne mit Johanniswein und schüttete ihn dreimal in Kreuzform über die Maschine. Ehe die Prozession den Maschinenraum wieder verläßt, hält sie kurz an, damit der Geistliche das C + M + B und die Jahreszahl an die Tür schreiben kann, dann zieht sie über die Straße, den Hang hinauf zur Moserrösche und hinein in den Berg. Es ist ein langer Weg durch die Stollen, und die ganze Strecke beten die Knappen den Rosenkranz. Das einzige Licht geben die flackernden Kerzen, die Schatten der Männer huschen die Wände entlang. Die monotonen Gebete klingen laut und deutlich in den freitragenden Stollen und sind kaum mehr zu hören in den mit Holz ausgezimmerten, sie hallen wider in dem großen Kaiser-Franz-Sinkwerk, in dem die Bergleute eine lange, enge Holztreppe hinuntersteigen. Viermal hält der fast geisterhafte Zug der Knappen an, damit die Evangelien verlesen werden können. Ursprünglich waren es die Anfänge der vier Evangelien; in den dreißiger Jahren unseres Jahrhunderts sind Texte ausgesucht worden, die Beziehungen zum Salz und zum Bergmann haben. So heißt es im Evangelium nach Matthäus, Kapitel 5, Vers 13–15: »... Ihr seid das Salz der Erde, wenn aber das Salz schal wird, womit soll man es dann salzen? Es taugt zu nichts mehr, man wirft es hinaus, und es wird von den Leuten zertreten ...« Vor der Tafel für den Prinzregenten Luitpold, im Kaiser-Franz-Sinkwerk, wird zum drittenmal haltgemacht und der Text aus dem Evangelium nach Lukas verlesen: »... umgürtet eure Lenden und habt brennende Lampen in euren Händen! So sollt ihr Menschen gleichen die auf den Herrn warten...« Und wenn nach jedem Evangelium der Geistliche den Segen gegeben hat, setzte sich die Prozession wieder in Bewegung. Die Kerzen in den Händen der Knappen sind schon weit heruntergebrannt und vertropft, wenn die Bergleute wieder aus dem Bergwerk herausziehen hinüber in die Zechstube. Dort endet die Feierlichkeit mit der Hausweihe des Dreikönigstages und mit Gebeten für die verstorbenen und gefallenen Knappen. Ehe aber der Geistliche das Bergwerksgebäude wieder betritt, schreibt er auch hier, wie schon zum Beginn am Eingang des Maschinenraums, oder oben am Frauenberg, ehe der Bittgang ins Bergwerk zieht, auch als er es wieder verläßt, das C + M + B an die Tür, genauso, wie das in jedem Bauern- und Bürgerhaus geschieht.

Maria Lichtmeß. Von Kerzen und Wachsstöcken

Der Lichtmeßtag hat einmal eine bedeutende Rolle gespielt im Bauernjahr, aber von all dem ist kaum etwas geblieben – wenig in der Kirche, auf dem Bauernhof fast nichts. Dabei hat der Lichtmeßtag, so darf mit einiger Berechtigung angenommen werden, eine lange Tradition. Im Kern reicht dieses Fest, das in einer Jahreszeit gefeiert wird, da der Tag wieder länger und lichter wird, in die Zeit des alten Rom zurück. Man weiß, daß die römischen Frauen alle Jahre am 1. Februar mit Lichtern und Fackeln durch die Straßen der Stadt gezogen sind in dem Wunsch, damit der Mutter Ceres bei der Suche nach ihrer geraubten Tochter Proserpina zu helfen.

Lichtmeß hat man ehedem am 15. Februar gefeiert, das heißt vierzig Tage nach ›Epiphanie‹, dem ehemaligen Fest der Geburt Christi. Als Weihnachten auf den 25. Dezember verlegt worden war, ist folgerichtig auch Maria Lichtmeß früher gefeiert worden, nämlich am 2. Februar. Das ist wohl im Jahre 542 gewesen – genau aber weiß man nicht, seit wann das Lichtmeßfest in der Kirche feierlich begangen wird, und die Meinungen gehen auseinander. Während im *Wörterbuch der deutschen Volkskunde* die Anschauung vertreten wird, dieses Fest, dieser Brauch sei für das 10. Jahrhundert bezeugt, wird in liturgischer Fachliteratur die Ansicht geäußert, Kerzenprozessionen zu Lichtmeß seien bis ins 7. Jahrhundert belegbar und im 8. bereits allgemein gebräuchlich – wobei die ersten Spuren dieses Brauches in den Orient führen, in das Jerusalem des 4. Jahrhunderts. Die vorchristlichen Lichtfeiern, zum Teil verbunden mit Reinigungsriten, mögen mit Regungen und Empfindungen zu tun gehabt haben, die der Mensch gerade nach einem langen Winter und bei wachsendem Tag empfunden hat. Auch im christlichen Glauben ist für derartige Empfindungen Platz: So wird das Fest Mariae Reinigung ebenfalls am 2. Februar gefeiert – was wiederum auf das Alte Testament zurückzuführen ist: Aufgrund der mosaischen Gesetze war die Reinigung der Frau am vierzigsten Tag nach der Entbindung Gebot. So finden Mariae Reinigung und das Fest, an dem der greise Simeon über das endlich gefundene Licht der Welt jubelt, am gleichen Tag statt. Heute ist der Lichtmeßtag vor allem auf die Weihe der Kerzen in der Kirche beschränkt.

In dem Buch über das *Das Volksleben in Steiermark* schreibt Peter Rosegger auch über Lichtmeß und natürlich auch über die Kerzen in der Dorfkirche: »Bei den stillen Messen der Werktage brennen am Altar außer dem ewigen Lämplein nur zwei Wachskerzen; bei dem Hochamte am Sonntag geht die Zahl der Opferflammen schon an die zwölf; zu den hohen Festen aber, und besonders zur Kirchweih und zum Jahrestag des Pfarrpatrones, da leuchtet es an allen Altären, an allen Wänden und Winkeln, an allen Bildern, und es wäre eine wahre Schande von einem Leuchter, wenn er an diesem Tag nicht seine brennende Kerze emporhielte, so wie auch kein Heiliger in dieser Beziehung zurückgesetzt werden darf. Sankt Florian macht es nach der Meinung mancher Leute so: Wenn ihm die Gemeinde seine Kerze verweigert, so zündet er sich selber eine an auf den Hausdächern. – Wer stiftet die kostspieligen Wachslichter? Es ist mitten im Winter, wenige Wochen vor Maria Lichtmeß, da tritt der Kirchenpropst des Ortes oder der Dorfrichter zur Türe herein. Er zieht sonst in den seltensten Fällen den Filzhut vom kleinen Kopfe, wenn er Kirchenpropst oder Dorfrichter ist. Heute aber tritt er ganz demütig in die Stube, kommt er doch als Bittender.« Dann steht er unter der Tür oder in der Stube vor der Tür und sagt seinen Spruch, alle Jahre ist es der gleiche:

»Ich tret' heut' in euer Haus herein,
Und mein Eintritt soll gesegnet sein,
Denn ich komm' im Namen Jesu mein!
Bald ist unserer lieben Frauen Tag,
Ich wünsch' euch allen ein glückseliges Jahr;
So loben wir Gott und uns're liebe Frau.
Der heilige Jakobi schickt mich in alle Häuser und Hütten (überhaupt der Patron),
Und er läßt mit Herz und Hand um ein Lichtmeßopfer bitten.
Wer ihm schickt fünf Groschen, dem sagt er: Gott Lob und Ehr!
Und wer ihm schickt zehn Gulden, dem sagt er auch nit mehr!

Aber ein Lichtlein wird ihm brennen zu jeder Stund'.
In unserer heiligen Pfarrkirchen vor dem ewigen Bund,
Und ein Lichtlein wird ihm leuchten bis zum Totenschrein,
Und ein Lichtlein wird ihm leuchten durch die Fegfeuerpein,
Und ein Lichtlein wird ihm leuchten in den Himmel ein!«

Wenn gar der heilige Jakobus oder der Patron der Pfarrkirche bittet, dann hat man sich nicht lumpen lassen: Da drückt zu Roseggers Zeiten ein besserer Bauer dem Kirchenpropst oder dem Dorfrichter schon einen Gulden in die Hand, und der Lichtmeßsammler dankt: »Gott segne Euch, Haus und Hof, Feld und Wald und alles, was dazu bestallt. Gott Lob und Ehr', und es bedankt sich der heilige Apostel Jakobus!« – oder eben der zuständige Kirchenpatron. – Auch die Bäuerin überreicht ihr Scherflein, und von dem Kirchenpropst erhält sie die Antwort: »Gott segne Euere Kinder und Eure Hühner, und er geleit' euch durch die Zeit und führe Euch alle ein in die ewige Freud'! Gott Lob und Ehr', und es bedankt sich der heilige Jakobus!« Dann kommt das Gesinde, die Mägde und Knechte, und sie alle opfern für die Kerzen in der Kirche, und der Kirchenpropst segnet, was er glaubt segnen zu müssen oder was die, die ihm geopfert haben, gern gesegnet haben wollen: Die Mühe und die Arbeit, das Fasten, den Flachs und die Leinwand im Kasten, und jedesmal endet er: »Gott sei Lob und Ehr', und es bedankt sich der heilige Apostel Jakobus!« Dann wandert er weiter zu einem anderen Haus, so lange, bis die ganze Gemeinde abgegangen ist. Am Lichtmeßfest aber brennen in der Pfarrkirche auf allen Leuchtern frische hohe Kerzen. Soweit Peter Rosegger.

In unserer Zeit werden am Lichtmeßtag in der Kirche die Kerzen gesegnet, die teils für die Kirche, für die Altäre bestimmt sind, teils von den Leuten mitgebracht und als Segens- und Schutzmittel wieder mit heimgenommen werden. Bis ins 10. Jahrhundert kann man Benediktionsformeln vor allem in den deutschen liturgischen Büchern zurückverfolgen.

Aber älter als die Kerzenweihe scheint der Umzug mit Lichtern zu sein, der früher zwar auch vor die Kirche oder um die Kirche geführt hat, der aber schon seit langem in die Kirche verlegt worden ist. Der heilige Bischof Ildefons von Toledo schreibt im ausgehenden 7. Jahrhundert: »Die Christen vereinigen sich am Fest Mariae Reinigung mit Kerzen in der Hand unter Lobgesängen und Psalmen, um um die Kirche und um die heiligen Orte einen Umgang zu halten.« Früher haben die Gläubigen den Lichtmeßkerzen große Bedeutung beigemessen, vor allem dann, wenn der Lichtmeßtag auf einen Sonntag gefallen ist, denn dem an diesem Tag geweihten Wachs hat man die zehnfache Kraft zugesprochen.

Es ist gar nicht so lang her, als es noch sogenannte Pfenninglichtl gegeben hat. Am Abend des Lichtmeßtages hat man sie auf den Stubentisch geklebt oder auf einen Holzspan, jeder der Betenden hat das seine angezündet für die Armen Seelen im Fegefeuer, und dazu ist der Rosenkranz gebetet worden. Die ganze Familie und die Ehalten, das Gesinde, sind um den Stubentisch gekniet. Es hat aber auch Häuser gegeben, in denen man nur drei Lichtmeßkerzen entzündet hat – eine auf dem Tisch zu Ehren der Muttergottes, eine unter dem Tisch für die ungetauften Kinder und eine auf dem Weihwasserkrügel für die Armen Seelen im Fegfeuer.

Außer den Kerzen hat man auch Wachsstöcke in die Kirche zum Weihen getragen – die einfachen zum Abbrennen, die anderen, die reichverzierten, bemalten, sind in den Bauerschrank zwischen die kunstvoll gerollten Leinenballen und das ›Haar‹ und die bunten Borten gelegt worden. Später dann hat man sie auch in den Glaskasten auf der Kommode gelegt. Der Knecht hat jener Dirn einen Wachsstock geschenkt, die ihm das Jahr über das Bett gerichtet hat: Er hat ihn am Lichtmeßtag unter sein Kopfkissen gelegt, und dort hat sie ihn beim Aufbetten finden können. Der Bursch hat natürlich auch seinem Dirndl einen geschenkt.

Kerzen und Wachsstöcke finden in unseren Tagen wieder großen Anklang, und noch immer sitzen in München vor den Kirchen der Innenstadt Frauen, um geweihte Kerzen und Wachsstöckl denen zu verkaufen, die es vergessen haben, sich rechtzeitig Kerzen zu beschaffen. Und diejenigen, die die Kerzenweihe versäumt haben, können dann immer noch geweihte Kerzen und Wachsstöcke erwerben.

Es wäre übrigens ein Irrtum anzunehmen, die Kerze sei christlichen Ursprungs – die Römer kennen sie schon, eigenartigerweise aber nicht die Griechen. Sie hat ja, über ihre praktische Bedeutung hinaus immer auch eine symbolische gehabt: das Licht, das eine finstere Nacht heller macht, das der Nacht etwas von ihrer Unheimlichkeit nimmt, bis hin zu der Vorstellung vom ›Lebenslicht‹. Zudem ist die Kerze ein Körper, der Licht gibt und sich selbst dabei verzehrt. Durch den römischen Schriftsteller Plinius wissen wir, daß es allgemeiner Brauch gewesen ist, vor den Bildern der Götter Lichter aufzustellen. Das können natürlich weitgehend Öllampen gewesen sein, ebenso auch Wachslichter, weil Wachs, produziert von ›heiligen‹ Bienen, etwas Besonderes war: Es ist uns überliefert, daß bei den sogenannten Saturnalien, dem alten Herbstfest zu Ehren des Gottes Saturn, die Armen den höhergestellten Bürgern Wachslichter als ein Zeichen besonderer Verehrung geschenkt haben – ähnlich wie bei der religiösen Verehrung eines Gottes auch. Wir wissen außerdem, daß die Kerze, das Wachslicht, bei besonders festlichen Ereignissen auch im repräsentativen Leben des Staates verwendet worden ist – höheren Beamten hat man Kohlebecken, Fackeln und auch Wachslichter vorangetragen. Zur Zeit der römischen Kaiser sind solche Ehrungen in dem Maß vermehrt Brauch geworden, als man den Kaisern göttliche Macht zuerkannt hat. Wenn die ersten Christen solche Gepflogenheiten, natürlich nur im Geheimen, übernommen haben, wäre das weiter nicht verwunderlich, ebensowenig, wenn sie vor den Gräbern ihrer Märtyrer Wachslichter aufgestellt haben, genauso wie es die Römer bei ihren Toten gehalten haben. Mit der römischen Besatzung mögen dann auch römische Bräuche ins Schwäbische, ins Altbayerische und zum Teil ins Fränkische gekommen sein.

Es ist verständlich, daß die Kirche zunächst solch heidnische Gewohnheiten bekämpft. Auf frühen Konzilien werden sogar Verbote gegen die Kerze, gegen die Wachslichter ausgesprochen – letztlich aber muß die Kirche doch nachgeben. Zunächst scheint man den Brauch, Wachslichter anzuzünden, in der Ostkirche offiziell aufgenommen zu haben. Jedenfalls heißt es in einem Bericht des Kirchenvaters Hieronymus (er ist um 420 in Bethlehem gestorben): »In allen Kirchen des Orients zündete

man Lichter an, wenn das Evangelium gelesen werden soll« – eine symbolische Handlung, die in der Vorstellung von Christus als ›Licht der Welt‹ ihren Ursprung hat. Der heilige Johannes Evangelist spricht davon, und auch im Alten Testament finden sich Anspielungen auf das Licht – und dies nicht nur als eine Helligkeit spendende Flamme, sondern vielmehr Licht in gleichsam metaphysischem Sinn.
So spielt die Kerze, in Verbindung mit der Lichtsymbolik, gerade als Osterkerze, eine große Rolle: sie ist Bestandteil der Osterliturgie. Die feierliche Prozession um die Kirche mit der ausgelöschten Kerze, das Wiederanzünden mit dem geweihten Osterfeuer ist bereits 1311 genau liturgisch festgelegt, aber sicherlich älter. Diesen Osterkerzen haben die Gläubigen eine unerhörte Bedeutung beigemessen. So ist es Brauch geworden, sie nach dem Gottesdienst zu zerschlagen, zu zerstückeln und an die Gläubigen zu verteilen. Die Nachfrage war so groß, daß man schon im 9. Jahrhundert dazu übergegangen ist, eigens kleine Wachstafeln herzustellen, kleine ›Agnus dei‹, die das Volk als ganz besondere Schutzmittel gegen Unwetter, Blitz und Hagelschlag verehrt hat.

Zum Thema Kerze gehört auch die Votivkerze. Für jeden katholischen Christen ist es selbstverständlich, sich mit seinen Anliegen und Bitten, mit seinen Sorgen an seinen Herrgott zu wenden und zusätzlich an die Heiligen, vor allem an die Muttergottes mit der Bitte um Hilfe, um Fürsprache. Solche Bitten sind seit eh und je mit einem Gelöbnis verbunden, dieses oder jenes zu tun, dieses oder jenes zu lassen, diese oder jene Gabe zu bringen. Unter diesen Gaben spielt Wachs eine große Rolle und da vor allem die Kerze. Man braucht nur zu einem Wallfahrtsort zu gehen, um dort die Kerzen brennen zu sehen, die Gläubige geopfert haben – meistens einfache weiße Kerzen. Daneben gibt es aber die großen Votivkerzen, die heute wieder vermehrt Brauch geworden sind. Früher sind sie manchmal nach der Körperlänge des Bittstellers hergestellt worden, der sich damit sozusagen selbst aufgeopfert hat. Solche Kerzen haben in besonderen Fällen einzelne Gläubige geopfert, häufiger sind es ganze Gemeinden gewesen, die sich damit nach einer Viehseu-

che, nach einer Feuersbrunst, einer Pestzeit zu einem Gnadenbild verlobt haben. Fast alle Wallfahrtsorte haben einmal reiche Votivkerzensammlungen besessen. Nur mehr wenige dieser Kerzen sind heute noch erhalten, in Altötting zum Beispiel, in Bettbrunn am Köschinger Forst, in Andechs und in Tuntenhausen. Die meisten aber sind bei Kirchenbränden zerschmolzen oder bei der Säkularisation mutwillig zerstört worden.
Wie schön diese alten Votivkerzen sind, kann man an der Sammlung im Kloster Andechs sehen. Im Jahre 1877 hat Pater Magnus Sattler ein Verzeichnis dieser Sammlung aufgestellt: 328 Kerzen hat er gezählt; als um 1965 ein Buch über die Andechser Kerzen erschienen ist, waren es nur noch 224. Die meisten sind reich bemalt mit Blattornamenten, mit stilisierten Tulpen oder Nelkenblüten, mit Rosen, auch mit Rauten. Es sind große, manchmal übermannshohe Kerzen, auf denen meist oben ein Metallteller angebracht ist mit einem Dorn, auf den man wieder eine Kerze hat stecken und entzünden können; denn die kunstreichen Kerzen selbst sollten ja nicht abgebrannt werden. Auch sind kleine bemalte Blechschilder angebracht, Kartuschen mit der Ortsansicht oder dem Kirchenpatron der Gemeinde oder mit Wappen, bei den meisten die Jahreszahl, in der die Kerze gestiftet oder renoviert worden ist. Einige besonders schöne und bedeutende Kerzen stehen vorne am Hochaltar der Klosterkirche. Davon sei die anno 1777 von Augsburger Bürgern zum Heiligen Berg getragene Kerze erwähnt: um sie herum ist, spiralenförmig von oben nach unten, die ganze Ansicht von Augsburg aufgemalt. Auch die Kaiserin Elisabeth von Österreich, die im nahen Possenhofen, drüben am Starnberger See, aufgewachsen ist, hat eine Kerze gestiftet; angesehene Münchner Familien folgen diesem Beispiel, nicht zuletzt deshalb, weil auch Prinzen und Prinzessinnen des Hauses Wittelsbach Kerzen nach Andechs gelobt haben. Die Kinder des Erzgießers Ferdinand von Miller schenken 1891 eine besonders reich gezierte Kerze der Muttergottes auf dem Heiligen Berg zum Gedächtnis an ihre Eltern. Die älteste erhaltene Kerze aber stammt von Herzog Maximilian I., Bayerns späterem Kurfürsten, der 1602 nach Andechs wallfahrtet, ein Jahr später diesen Bittgang wiederholt und eine Votivkerze stiftet.

Haben sich Gemeinden mit einer Kerze zu einem Gnadenbild verlobt, so ist sie in feierlicher Prozession zur Kirche gebracht worden. Wie so eine Prozession ausgesehen hat, kann man auf einem Holzschnitt des Regensburger Malers und Holzschneiders Michael Ostendorfer sehen. Diese Darstellung aus dem Jahre 1519 zeigt einen Umgang um die hölzerne Kirche zur Schönen Maria in Regensburg, die dort gestanden ist, wo heute die Neupfarrkirche steht. In dichter Prozession ziehen die Wallfahrer um die Gnadenstätte. Prozessionsfahnen wehen im Wind und rechts trägt ein junger Mann, einen Kranz im Haar, eine Kerze, die gut eineinhalbmal so groß ist wie er selber, um sie der Schönen Maria in Regensburg darzubringen.

Nun ist aber Wachs nicht nur in Form von Kerzen zu den Gnadenstätten getragen worden. Im Laufe des Mittelalters werden Votivgaben aus Wachs mehr und mehr Brauch, damit wird aber auch der Wachsbedarf immer größer. Seit dem 15. Jahrhundert findet man Hinweise auf Wachsopfer in den sogenannten Mirakelbüchern, in denen die Wunder eines Gnadenbildes aufgezeichnet worden sind, von denen die Gläubigen berichtet haben. Manche dieser Bücher hat man sogar gedruckt, zum Ruhme und zur Werbung für den Wallfahrtsort. Oftmals hat man dabei die Gaben verzeichnet, die die Gläubigen gebracht haben, und die Wachsopfer sind zum Teil sogar mit Gewichtsangaben verzeichnet. Diese Gaben waren anfangs ungeformtes Wachs, erst im 16. Jahrhundert gibt es Wendungen wie: »Verlobte sich mit einem Pfund Wachs ein Hand daraus zu machen« oder »...ein Fuß daraus zu machen«.

Die älteste bildliche Darstellung von Wachsopfern ist in einem 1497 erschienenen Büchlein von Jakob Issickemer zu finden, *Büchlein der Zuflucht zu Maria zu Altenöding*. Und um 1500 hat ein Dr. Fuchsmagen einen Gobelin nach Heilig Kreuz bei Wien gestiftet, und auf beiden, auf dem Titelholzschnitt des Büchleins sowohl als auf dem Bildteppich, sind wächserne Votivgaben zu sehen. Ursprünglich waren diese Gaben wohl frei geformt worden, erst später hat der Wachszieher, der Lebzelter, die wächsernen Votivfiguren gegossen: kleine Kühe und Rösser, Hände und Füße, Fatschenkindl und die strengen und starren Figuren der betenden Männer und Frauen. Im 16. und

17. Jahrhundert sind Holzmodeln für solche Figuren in großer Menge entstanden; der Modelstecher auf der Stör, auf der Wanderschaft, ist eine Selbstverständlichkeit in jenen Jahren. Aus Nußbaum, Birnbaum und Pflaumenholz sind unter seiner kunstfertigen Hand die köstlichsten Kunstwerke entstanden – viele Formen für Gebäck, für Zelten und für Wassermarzipan, aber auch ebenso für Wachs. Es gibt heute noch Wachszieher, die solche Figuren herstellen, nur werden diese Abgüsse jetzt als Schmuck der Wohnung verwendet.
Sogar lebensgroße Votivfiguren aus Wachs waren noch vor zwei Jahrhunderten keine Seltenheit. Leider haben sich davon nur sehr wenige erhalten. Noch im ausgehenden 17. Jahrhundert waren in Tuntenhausen sechzehn solcher Figuren vorhanden, sieben davon mit Namen und Jahreszahlen beschriftet. Zu jener Zeit sind auf der Galerie dieser Wallfahrtskirche die Wachsbilder sämtlicher bayerischen Herzöge und Regenten des 16. und 17. Jahrhunderts in voller natürlicher Größe gestanden, und zwar im Prunkkleid ihrer Zeit. Aber nicht nur hohe Herrschaften haben sich mit Wachsopfern verlobt, wie in den Mirakelbüchern von Tuntenhausen nachzulesen ist.

Kehren wir noch einmal zurück zum Lichtmeßtag, über den Franziska Hager aus dem Chiemgau um die Zeit 1880/90 berichtet: »Am 2. Februar in der Früh ging der Bauer zum Bienenstock und sagte: ›Imp, Liachtmess'n is da!‹ Der Satz sollte das [Bienen-]Volk an den zu erwartenden Sommer erinnern, weil Wachs in Haus und Hof unentbehrlich war. Die Bäuerin trug an diesem Tag den Jahresbedarf zur Weihe.« Dabei hat die Bäuerin bei dem Kerzenvorrat, den sie zur Weihe in die Kirche getragen hat, genaue Unterschiede gemacht. Da waren »...weiße Kerzen für den Taufgang und für sich selbst zum ›Vürisegna‹, für die Erstkommunion und für die letzte Ölung, für die Muttergottes, für die jeden Samstag ein Licht brannte. Dazu kamen Aufsteckkerzen, Opferkerzen in Kirche oder Kapelle für die ›Armen Seelen‹...« Was erfährt man in solchen Aufzeichnungen allein in Nebensätzen! »...Es gab die schwarzen Kerzen, die bei Gewittern brannten und nach Altötting getragen wurden. Im Korb lagen ›Pfennigliachtln‹ für die Kinder, weiße Wachsstöcke für Engelämter und für den Frauendreißiger, rote Wachsstöcke für die Klag – für die Trauer also –, buntfarbene für die Dienstboten. Der rote Hauswachsstock war wie ein Garnknäuel gewunden. – Das Wachs trug die Tochter oder die Oberdirn zur Weihe. ›De groß Kirzn‹ trug der Bauer. Sie brannte das Jahr über zu allen Gelegenheiten.« Franziska Hager erzählt aber auch aus ihrem Elternhaus: »Als es mit unserem Vater zu Ende ging, mahnte er uns: ›Zündet mir die Hauskerze an‹.«

Was in der *Bavaria. Landes- und Volkskunde* über Lichtmeß in der Oberpfalz zu finden ist, ist mager, im Band Niederbayern steht noch weniger; ergiebiger ist die Schilderung oberbayerischer Bräuche. Von der Osterkerze wird erzählt, die »bei Taufen, zu Ostern, zu Fronleichnam angezündet wird«, oder von der Wetterkerze, die man während des Sommers bei den sogenannten Schauermessen angezündet hat, um Hagelschlag, Unwetter und Blitz abzuhalten; sie hat auch daheim während eines Gewitters gebrannt. Dann wird von roten Wachsstöcken berichtet, deren Schnur man den Wöchnerinnen um die Hand- und Fußgelenke bindet, um Mutter und Kind vor dem Bösen, vor Hexen und Druden zu bewahren. Karl von Leoprechting erzählt 1855 ebenfalls von dieser Sitte in seinem Buch *Aus dem Lechrain*. Im Land beiderseits des Lechs habe man aus den Wachsschnüren eines roten Wachsstockes einen Drudenfuß geformt oder ein Kreuz, das »...auf Bäumen, Hausung und Gerät, ja selbst auf Hüten getragen wurde«. Auch Franziska Hager erzählt von dem fünfzackigen Drudenstern, aus geweihtem Wachs gelegt: Im Chiemgau hat man ihn über die Stalltür gehängt. Einen zweiten solchen Stern aus Wachs hat man unter den eigenen Strohsack getan; auf daß einen die Drud im Schlaf nicht drucken könne. Und dann schreibt Franziska Hager von der Nacht nach dem Lichtmeßtag: »Damit die Hex nicht durchs Stallfenster kann, stand der Drudenfuß mit einem brennenden Kerzl auf der Fensterbank. Das Drudenkreuz vom Vorjahr wurde jetzt verbrannt. Lichtmeßwachs wurde warm geknetet und in die Stallbalken geschmiert.«

In den Tagen vor Lichtmeß hat es hierzuland einstmals beachtliche Wachsmärkte gegeben, vereinzelt noch bis zum Ersten

Weltkrieg: Im Oberbayerischen in Trostberg oder in Wasserburg, in Traunstein; im Niederbayerischen in Massing, Eggenfelden oder Pfarrkirchen. Auf diesen Märkten hat man in vielen Verkaufsständen nichts anderes als Kerzen gesehen, von den kleinen Pfenniglichtln bis zu den gewichtigen Hauskerzen, ferner Wachsstöcke in Hülle und Fülle, von den ganz einfachen kleinen bis zu den ganz reich verzierten, den reich bemalten, mit Wachsornamenten und -blumen beklebten oder gar den Wachsstöcken, in denen eine wächserne Muttergottes gestanden, ein Christkindl gelegen ist. Nicht zu vergessen die vielen Votivgebilde, die Schneckenstöcke, Wachsbücher und Wachsbüchsen, dazu die Salzburger Wachsstöcke mit echtem Blattgold verziert. Auf diesen Märkten haben im vorigen Jahrhundert die Bauern oft genug ihre Einkäufe nicht mit Münze bezahlt, sondern mit Wachs. Viele von ihnen haben Bienen gehalten und in Körben Scheiben gelbes, rohes Bienenwachs gebracht: Es ist aufgewogen und angerechnet worden.
Mit dem Lichtmeßwachs verbinden sich noch andere Bräuche. So hat man es beispielsweise geschluckt. »Drei Tropfen Lichtmeßwachs auf dem Brot galten als Hausmittel gegen Hals- und Kopfweh und jegliches Fieber. Im selben Glauben wurde der Dochtrest der Kerzen verschluckt«, berichtet Kriß in seinem Buch *Sitt und Brauch im Berchtesgadener Land;* und weiter: »Die von den Kerzen übrigbleibende Dochtasche wird häufig eingenommen und soll gegen Halsweh schützen. Sogar dem Vieh wird in manchen Häusern diese Asche, auf ein Stück Brot gelegt, zum Fressen gegeben.«
Am Lichtmeßtag wurde mit den Lichtln nicht gespart: Beim Rosenkranz am Abend in der Stube war es hell wie sonst höchstens noch am Allerseelentag beim Allerseelenrosenkranz. Das war wohl überall gleich. »An Lichtmeß brannten mindestens soviel Lichter als Beter in der Stube waren. Unterm Tisch flackerte das Licht für die ungetauft verstorbenen Kinder. Auf dem Fußschemel stand die Kerze für die Toten, die vergessen waren. Auf dem Weihbrunnkessel an der Tür leuchtete die rote Kerze für den toten Großvater, die weiße für die Großmutter. Auf der Türklinke brannte ein Lichtl für alle, die einmal im Haus gelebt hatten, damit sie zum Rosenkranz an Lichtmeß

wieder zurückfinden konnten. Die Kerze sollte der armen Seele beim Gang über die Türschwelle leuchten. Das Licht an der Tür hatte den Feind vom Haus fernzuhalten. Draußen im Stall pappte die Bäuerin zur Rosenkranzzeit ein Kerzl auf den Rand des Wassergrands. Mit seinem Brennen war die Fürbitte verbunden, ›Herr, laß nix dasauffa‹.« Mit dem Gebet am Abend des Lichtmeßtages war aber noch ein anderer Volksglauben verbunden, ein Omen: Wessen Kerze zuerst erloschen ist, dessen Lebenslicht sollte als erstes in dieser Gemeinschaft erlöschen. Dieser Glaube war weitverbreitet, Kriß erzählt davon aus dem Berchtesgadener Land, und Franziska Hager schreibt dazu: »Der alte Stich von Gollenshausen erinnerte sich noch an eine Frau aus der Halfinger Gegend. Von ihr wurde erzählt, sie sei an diesem Glauben gestorben.«

Von der Fasnacht

Wenn hier über einige Faschingsbräuche erzählt wird, darf man keine Gaudi erwarten; denn alte Fasnachtsbräuche sind in ihrem Kern gar keine Gaudi, sondern weitgehend eine recht ernste Angelegenheit. Das mag daran liegen, daß die Wurzeln der echten Fasnachtsbräuche weit zurückreichen, zurück in Zeiten, in denen niemand etwas aufgeschrieben hat. Die Fasnacht hat ehedem nicht schon am Tag nach Dreikönig angefangen. Sie war auf wenige Tage beschränkt – nämlich auf die eigentliche Fasnachtswoche und in der wiederum nur ganz bestimmte Tage. So war es im Altbairischen der ›Unsinnige Pfinzta‹ (Pfinzta hat man in Altbayern früher zum Donnerstag gesagt) oder ›Gumpater Donnerstag‹; Gumpen muß man mit hüpfen und springen übersetzen. In Schwaben hat man ›Lumpiger Donnerstag‹ gesagt und sagt es in manchen Gegenden noch heute.

Nun darf man nicht vergessen, daß früher der Küchenzettel unterm Jahr recht mager war. Man hat sich auf die wenigen Festtage gefreut, an denen sich dann auch der Tisch gebogen hat – vor allem an den hohen kirchlichen Festtagen; dazu ist noch Lichtmeß (2. Februar) gekommen mit dem Dienstbotenwechsel, und eben die Fasnachtstage. Schon Franz Joseph Bronner schreibt aus der Zeit vor dem Ersten Weltkrieg: »An diesem Tag muß man essen, daß einem der kleine Finger steht; denn wer am Unsinnigen nicht voll wird, wird das ganze Jahr nimmer satt.« Vom Übermut dieses Tages hat sich sogar etwas auf den nachfolgenden Freitag abgefärbt. An diesem bemüht sich nämlich die Jugend, namentlich die Mädchen, mit gerußtem Finger den Burschen unvermerkt eine schwarze Schmarre ins Gesicht zu malen, zu ›pfrannen‹. Leider schreibt Bronner nicht, wo das der Brauch war. Dies wäre insofern interessant, als Mädchen und Frauen bei der Fasnacht alter Ordnung gar nichts zu suchen haben, es sei denn bei der ausgesprochenen Weiberfasnacht. Aber das Rußen, das Anrußen, ist ein alter Brauch. In der Nassereither Fasnacht gibt es die sogenannten ›Ruaßler‹, die beim Schellenlaufen die Zuschauer anrußen, vor allem junge

Frauen und Mädchen, und das ist wohl das Übliche. Der Kasperl beim Münchner Schäfflertanz macht es genauso. Daher auch der Name ›ruaßiger Freitag‹. Er ist heute fast vergessen. Und ganz vergessen sind Vorstellungen, die einmal gang und gäbe waren. Daß zum Beispiel Mädchen nicht haben pfeifen dürfen, weil die Muttergottes darüber hätte weinen müssen. Denn der Freitag war früher ein ganz besonderer Tag: er hat an das Leiden Christi erinnert. An diesem Tag ist nicht gesungen worden, alle ›Lustbarkeiten‹ waren verboten, und so braucht es einen nicht zu wundern, daß der letzte Freitag im Fasching eine Ausnahme darstellt. Da hat man dann entsprechend über die Schnur gehauen. Franziska Hager hat einmal geschrieben: »Wer sich an dem Tag nicht zu maskieren wagte, wurde im Gesicht mit Ruß geschwärzt. Daraus wurde oft eine wilde Jagd auf die Mädchen.« Also genau das Gegenteil von dem, was Bronner in seinem Buch *Von deutscher Sitt und Art* behauptet. Und Franziska Hager schreibt weiter: »Fast alle Faschingsbräuche sind heidnischen Ursprungs, Abwehr gegen Dämonen. Nur in der Maske wurde der Winter ausgetrieben, weil tief drinnen die Angst vor den bösen Mächten nistete. Wer am ruaßigen Freitag angeschwärzt wurde, war, wie die Maschkera selbst, gegen Hex und Kobold gefeit.« Franziska Hager ist also überzeugt, daß fast alle Faschingsbräuche heidnischen Ursprungs sind, aus der Abwehr gegen Dämonen entstanden. Das heißt aber auch, daß Bräuche, bei denen Lärm und Krachmachen die Hauptrolle spielen, ihren Ursprung in einer Zeit haben, in der man mit Kuhglockenscheppern und mit Peitschenknallen nicht nur das Böse vertreiben, sondern zugleich auch das Gute hat wecken wollen. Daran denkt heute kaum mehr jemand, am wenigsten der, der den Brauch ausübt; eher schon der Fremdenverkehrsdirektor, der ihn anpreist.

Einer dieser Bräuche ist das Schellenrühren in Mittenwald. Er ist erst im Lauf der letzten Jahrzehnte bekannt geworden, nicht zuletzt durch den Fremdenverkehr. Vorher konnte man das Schellenrühren in Mittenwald noch miterleben, ohne von Zuschauermassen erdrückt zu werden. Das Schellenrühren beginnt am Unsinnigen Donnerstag um 12 Uhr mittags – aber auch nur dann, wenn er nicht auf den Agathentag, auf den

OHLSTADT
KINDERFASNACHT
PARTENKIRCHEN

5. Februar, fällt. Ist das der Fall, wird das Schellenrühren wie seit eh und je auf den Fasnachtssonntag verschoben. Zweimal, so erzählt man sich, sind die Mittenwalder Schellenrühren gegangen, als der Unsinnige Donnerstag auf den Agathentag gefallen ist, und beide Male ist ein Brand ausgebrochen, ein großes Feuer, das gleich ein ganzes Viertel von Mittenwald in Schutt und Asche gelegt hat.

Die Schellenrührer – lauter junge Burschen, denn ein verheiratetes Mannsbild hat auch ehedem nicht mehr mitmachen dürfen – tragen die Werdenfelser Sommertracht: ein weißes Hemd, die schwarze, grünbestickte kurze Lederhose, dazu den typischen breiten, reich mit Blumen bestickten Hosenträger aus Stoff. Blanke Knie und das auch bei 15 bis 20 Grad Kälte. Vor das Gesicht haben sie geschnitzte Holzlarven mit einem geschnitzten oder gemalten Schnurrbart gebunden; der Nakken ist mit einem weißen Tuch zugebunden, damit niemand an seinem Haarschnitt oder an seinen Ohren erkannt werden kann. Als Kopfbedeckung tragen sie den Werdenfelser Hut aus grünem Velour. Was aber den Schellenrührer ausmacht, das sind die Kuhschellen, kupferne, geschmiedete Kuhglocken, die so schön kollern und scheppern. An einem breiten Ledergurt, um den Bauch geschnallt, tragen die Schellenrührer auf dem Rücken diese geschmiedeten Glocken, drei, vier, fünf auf einmal, und das alles wiegt leicht seine vierzig bis fünfzig Pfund. Die Glocken stehen fast waagrecht vom Rücken ab. Und weil die Bügel von den Glocken dem Schellenrührer immer ins Kreuz fallen und ihm den unteren Teil seines Buckels ganz schön wund schlagen würden, trägt er darunter ein dickes, ledernes Kissen.

Während sich die Schellenrührer im letzten Haus in der alten Häuserzeile rechts an der alten Straße nach Scharnitz versammeln, bringt ein Bub auf einem Hörndlschlitten kleine flache, aus Tannenreisern gebundene Bögen. Nach dem zwölften Glockenschlag der Kirchturmuhr öffnet sich das Tor, und der lange Zug der Schellenrührer kommt heraus, langsam, nicht gegangen, sondern gesprungen, einer hinter dem anderen. Voraus der Vortänzer, in lange, weiße, seidene, gefranste Tücher gehüllt, dazu trägt er eine hohe, spitze Mütze. Meist hat

er eine Mädchenlarve vorgebunden. In den Händen trägt er den mit Seidenpapierbändern geschmückten Bogen. Er tanzt im Wechselschritt, und immer, wenn er den Wechselschritt nach links macht, beugt er sich mit seinem Girlandenbogen aus der Hüfte nach links, und macht er ihn rechts, dann beugt er sich nach rechts. Und jedesmal, wenn er seinen Wechselschritt nach links macht, springt der lange Zug der Schellenrührer mit dem linken Fuß nach vorn; tanzt der Vortänzer den Wechselschritt nach rechts, dann springen sie mit dem rechten Fuß vor. Dabei kollern laut die Kuhschellen in einem Doppelschlag, denn zweimal schlagen die Klöppel der waagrecht abstehenden Schellen an: wenn sie beim Sprung hinauffliegen und wenn sie zurückfallen. So springen sie, verborgen hinter den starr blikkenden Holzmasken, durch Mittenwald – zunächst bis zur ersten Wirtschaft. Übrigens hat nicht nur der Vortänzer einen Bogen aus Tannenreisern, auch jeder der Schellenrührer hält einen solchen Bogen vor sich her. Haben sie sich dann in der Wirtschaft entsprechend gestärkt, tanzt und springt der lange Zug lautstark zur nächsten Wirtschaft.
Das Schellenrühren aber ist nicht auf Mittenwald beschränkt, es ist um die Zugspitze Brauch. In Partenkirchen kann man ab und zu heute noch Schellenrührer sehen, allerdings nicht in einem so langen Zug wie in Mittenwald. In Partenkirchen gehen sie immer zu zweit – ein Vortänzer, der eine dünne, weißblaue Rute vor sich her hält, und ein Nachtänzer, der eigentliche Schellenrührer. Ein verwandter Brauch, allerdings im benachbarten Tirol, ist das Schellenlaufen in Nassereith oder das Schemenlaufen in Imst; auch das sogenannte Schleicherlofen in Telfs im Inntal gehört hier genannt.
Zur gleichen Zeit, in der die Schellenrührer durch den alten Geigenbauerort laufen, machen auch die Jacklschutzer die Straßen unsicher. Es sind Gruppen von vier Burschen in grauen, graubraunen schafwollenen Jankern und den grünbestickten kurzen Lederhosen; dazu aber gehören die grauen oder weißen langen Unterhosen. Anstelle von Holzlarven tragen sie gestrickte Larven vor dem Gesicht und haben ein schwarzes Kopftuch umgebunden. So eine gestrickte Larve ist nichts anderes als der Fliegenschutz, den man früher den Pferden über die Ohren

SCHELLENRÜHRER
PARTENKIRCHEN

gezogen hat, die leeren roten leinenen ›Ohren‹, die den Jacklschutzern rechts und links herunterhängen, zeigen das. Sie tragen ein großes Segeltuch mit, das man früher den Pferden übergeworfen hat. Und mit diesem Tuch schnellen sie den Jackl, eine Strohpuppe, hoch in die Luft. »Jackl hupf auf d'Heach / unten am Boden da freßn di d'Flöach / oans – zwoa – und drei.« Und wild schlegelt dieser Strohjackl mit Armen und Beinen, ehe er wieder in das Tuch plumpst. Gescheite Leute sagen dann, daß diese Strohpuppe den Winter darstellt, den man sozusagen hinausschutzen will.

Auch Fasnachtslieder sind vor dem Ersten Weltkrieg in Mittenwald noch gesungen worden – eines der beliebtesten war das Lied von der »Greana Dax«, vom grünen Fichten- oder Tannenzweig. Ein Holzknecht, der Mühlfelder Gori, soll es um 1800/1820 gemacht haben, und Franz Joseph Bronner hat es in seinem Buch *Von deutscher Sitt und Art* zum Teil abgedruckt:

»Und freuen tuat mi nüachts als mei grasgreane Dax,
Und schea isch sie nit, aber grad so viel wax [rauh, stupfig].
Jatz geh i zum Soala [Seiler] und kafma an Strick,
bind's Deandl an Buckl, trag's überall mit.
Da Soafasiedeseppl hat g'sagt: was tragscht für a War?
Da hab i glei g'sagt: an böhmischen Haar [Werg].
Und da hot er glei g'sagt, soll eahm aa a Pfund geb'n –
und da hob i glei g'sagt: Kanns nöt von anand wäg'n.
Jetzt hab i mei Häusl in d'Höh aufibaut,
inwendig zimmert und auswendig g'mauert;
i hab mir mei Häusl mit Lebzelten deckt
jetzt bring i die g'schleckigen Menscher [Madeln] nimmer weg...«

Übrigens hat sich Bronner sein Wissen nicht nur erwandert, die Bräuche nicht nur erlebt, er ist auch den Quellen nachgegangen. So erzählt er von Larven, um 1900, die man heutzutag so gut wie gar nicht mehr sieht: »Bei vielen Larven ist der Unterkiefer durch Drahtbinden beweglich gemacht.« Oder er findet bei einer seiner Quellensuchen den Hinweis auf einen Brauch, den der werdenfelsische Pfleger Georg Läckhner im Jahr 1605 niederschreibt; er beklagt, »daß sich zu Garmisch am gemeinen Fastnachtstage eine ziemliche Schar zusammenrotte, in Mum-

merei verkleide und also mit Trommeln und Pfeifen wie zu einer Hochzeit in die Kirche ziehe«. Da hat man also tatsächlich an der Fasnacht in der Kirche eine Faschingshochzeit abgehalten! Und weiters erfahren wir, »daß die Garmischer an der Fastnacht und am Aschermittwoch vor, unter und nach dem Gottesdienste vermummter Weise mit dem Spiel herumziehen, die ledigen Dirnen fangen und Bäume, die 8–16 Batzen wert sind, mit Gewalt wegnehmen und die Dirnen im Block die Bäume ziehen lassen«. – Hier bestätigt sich wiederum die Erfahrung, daß wir von manchen Bräuchen über ihren Mißbrauch erfahren. Als die Kirche versucht, dem »Faschingsunwesen« Herr zu werden, stößt sie auf Widerstand: »Trotz ihrer sonstigen Kirchenanhänglichkeit« habe Gericht und Gemeinde zu Garmisch erklärt, »...es sei ein alter Brauch, der schon vor hundert Jahren gewesen und davon sie zu weichen nit gedenken«.
Bleibt noch nachzutragen, daß es in Partenkirchen natürlich auch Jacklschutzer gegeben hat und auch noch gibt, nur sind sie etwas anders gekleidet: Sie tragen holzgeschnitzte Larven, haben schwarze Zipfelkappen über den Kopf gezogen und weiße Hemden übergeworfen wie ein Kittel. – Die schwarze Zipfelmütze und das weiße Hemd über die Hose getragen, das ist übrigens auch die Kostümierung der Hemadlenzen in Dorfen. Ihr Tag ist Jahr für Jahr der Unsinnige Donnerstag. Schon früh am Vormittag ziehen sie durch die Straßen auf den großen Marktplatz, um den Oberhemadlenz, eine gut lebensgroße Strohpuppe, unter viel Geschrei anzuzünden und zu jubeln, wenn er qualmend und stinkend in Flammen und Rauch aufgeht. Und wo man hinschaut – Hemadlenzen. Aus jedem Haus baumeln lebensgroße Hemadlenzpuppen mit ihren Beinen heraus, teilnahmslos glotzen sie herunter auf die Straße, wo die Lebendigen herumlaufen.
Höhepunkt der Fasnacht auf dem Land sind der Faschingssonntag (dem der ›Schmalzige Samstag‹ vorausgeht) und der Faschingsdienstag. Durch unzählige Dörfer ziehen Faschingszüge mit Leiterwagen und Tafelwagen, um 1955 die meisten noch von Ochsen und nur wenige von Traktoren gezogen. Damals hat es auf dem Land noch keinen Faschingsprinzen gegeben und keine Faschingsprinzessin; heute dagegen hat

diese rheinische Sitte auch so manches oberbayerische Dorf erreicht. Zudem war, wie gesagt, die Fasnacht eine reine Mannsbildersache – Maschkera sind nur die Mannsbilder, Burschen und Buben gegangen, nicht Frauen und Mädchen. Die Weiberleut haben in den Tagen vor der unmittelbaren Fasnacht ihr sogenanntes ›Weiberkranzl‹ gehabt. Nachmittags gegen 2 Uhr ist in der Wirtschaft Kaffee und Kuchen aufgetischt worden. Dann hat die Musi aufgespielt. Die Musikanten waren bis zum Abend gegen acht Uhr die einzigen Mannsbilder, und die Frauen haben miteinander getanzt. Erst am Abend sind auch die Herrn der Schöpfung zugelassen worden.

Berühmt ist in der Zeit nach dem Zweiten Weltkrieg der Faschingsdienstag in Benediktbeuern geworden. Seine Besonderheit ist das sogenannte ›Haberfeldtreiben‹ geblieben. Mit dem echten Haberfeldtreiben, das in dieser Gegend nie zu Hause war, hat es allerdings nichts zu tun. In Benediktbeuern ist das Femegericht der echten Haberer in ein Fasnachtsrügegericht gewandelt, bei dem die Fasnachtler in das Gwand der Haberer schlüpfen. Zudem wird es, im Gegensatz zum Haberfeldtreiben, nicht in finsterer Nacht abgehalten, sondern am hellichten Nachmittag. Alles was das Jahr über an Dummheiten, an Ungeschicklichkeiten, an G'schichtln ruchbar geworden ist, das hat der Sindlhauser Peter, seines Zeichens Bauer und begehrter Hochzeitslader, gesammelt, aufnotiert, in Reime gebracht und auf eine lange Papierrolle geschrieben. Von der Veranda über dem Café Lugauer hat er, umgeben von seiner vermummten Begleitung, die Sünder »durchdo«, durchlassen, und zwar mit voller Namensnennung, zum Gaudium der ganzen ›Gmoa‹, die Kopf an Kopf unten stand. Und jedesmal, wenn er dann mit einem fertig gewesen ist, hat er gerufen: »Buam, is des wahr?«, und im Chor haben die ›Haberer‹ neben ihm geantwortet: »Ja! Wahr is!« Dabei haben sie ihre Kuhschellen, ›Hafn‹ sagt man dort, geschüttelt, und drunten auf dem Platz hat alles gelacht, weil jeder jeden gekannt hat. – Besonders zart und zurückhaltend waren die Verserl der ›Haberer‹ nicht. Warum auch? Es war ja Fasnacht.
Der Sindlhauser Peter hat mich, 1951 oder 1952, seine Verserl

abschreiben lassen. Diese Gebrauchsdichtung, Gebrauchsmundartdichtung, stellt vieles in den Schatten, was heute an ›Mundartliteratur‹ so hartnäckig um Anerkennung als Dichtung ringt. Eine halbe bis dreiviertel Stunde hat ein solches Rügegericht schon gedauert, und so eine Zeit will erst gereimt sein. Ein Beispiel von damals:

Ma mechts net glam, was ma ois siegt
und was für Unglücksfälle s'gibt.
Oamoi hot se da Dichtl vom Gschwendt
fast soiba nimma kennt,
denn beim Susser drin in oaner Nacht,
hot er an nettn Servus zsammabracht.
Er derf se heit no glücklich nenna,
daß er überhaupts no hoam is kemma.
Wia er dahoam im Bett drin flackt,
do hotn auf oamoi s'Grima packt,
doch untern Bett war a Haferl drin,
do hot da Dichtl einigschpim,
und hot net gseng in der Dunkelheit,
daß er s'Gebiß mit einischpeipt.
Wia dann stad der Morgen kimmt,
sei guate Frau des Haferl nimmt
und denkt sich voller Graus,
de Sauerei, de larst glei aus,
hat ois an Mühlbach einigschmissn,
des Wasser hats glei owigrissn.
Und wia da Dichtl wieda sicht,
da is so lar da drin im Gsicht.
De Zähn hot er a nimma gfuna,
de san an Mühlbach owischwumma.
Buam, is' des wahr? – Ja – Wahr is!

Die Fasnacht geht mit dem Faschingsdienstag, Schlag Mitternacht, zu Ende. Sie wird ›begraben‹. Und ich erinnere mich einer Erzählung, ich weiß leider nur nicht mehr, wo das Brauch war, ich glaube im Bayerischen Wald, da ist mit dem ersten Glockenschlag um Mitternacht eine als Tod verkleidete Gestalt ins Wirtshaus gekommen, schweigend von Tisch zu Tisch gegangen und hat alles hinunterwischt, was noch drauf gestanden ist. Eine wahrlich eindrucksvolle Einleitung zur Fastenzeit, zum Aschermittwoch, der mit dieser Stunde beginnt. Stunden später wird den Gläubigen Asche auf das Haupt gestreut.

Von Palmeseln und Palmbuschen

Wie viele Bräuche gehen, auch die am Palmsonntag, auf die Berichte der Heiligen Schrift zurück: Was der Prophet Sacharja geweissagt hat, und was die Evangelisten Matthäus und Johannes über den Einzug Christi in Jerusalem aufgeschrieben haben, ist von der Kirche nachvollzogen und von den Gläubigen sozusagen nachgespielt worden; manchmal sogar von Gläubigen für Gläubige. Als im 4. Jahrhundert die christliche Kirche vom Staat anerkannt worden war, konnte sie ohne Verfolgungen weiterwachsen; um diese Zeit ist auch wohl die Palmsonntagfeier eingeführt worden. Das Volk hat ja weitgehend weder lesen noch schreiben können; es war ihm überdies verboten, die Heilige Schrift zu lesen – das war den Priestern vorbehalten. Aber man wollte den Gläubigen doch die Geschehnisse der Heilslehre möglichst anschaulich machen. So ist auch die Palmprozession entstanden, bei der die Geistlichkeit und die Gläubigen, den geweihten Palmzweig in der Hand, um das Gotteshaus ziehen. Mancherorts ist sogar ein lebendiger Esel mitgeführt worden, auf dem ein Ministrant geritten ist – eine Sitte, die noch nach dem letzten Krieg in Spatzenhausen bei Murnau für eine kurze Zeit wieder Brauch war.

Daneben aber sind zweifellos sehr früh hölzerne, geschnitzte und bemalte Esel üblich geworden; auf einem Brett mit Rädern sind sie montiert; auf der Eselsfigur reitend die geschnitzte Figur eines segnenden Heilands. Für diesen Brauch finden wir den ersten Hinweis in Augsburg im 10. Jahrhundert, und zwar in der *Vita sancti udalrici.* Der heilige Bischof Ulrich von Augsburg hat damals bereits die Palmzweige gesegnet, und er ist mit Kreuz, Evangelienbuch, mit Fahne und mit einem Palmesel, auf dem die Figur Christi saß – »et cum effigie sedentis dominis super asinum«, – begleitet von palmtragenden Klerikern und Laien, singend in der Prozession einhergezogen.

Ein sehr gewissenhafter und zuverlässiger Erforscher unserer bayerischen Heimat war Alois Mitterwieser. Er hat viele Randerscheinungen unserer Vergangenheit in den Archiven entdeckt und veröffentlicht, darunter auch, was er über Palmesel gefunden hat. So fand er in den Kirchenrechnungen von St. Martin in Landshut Hinweise auf ein Rößl, das am Palmsonntag herumgeführt worden ist. Die Rechnungen stammen aus den Jahren 1561 und 1569; und 1581 wird das Futter für einen lebendigen Palmesel verrechnet, nämlich 1 Maßl Hafer. 1578 brachten die beiden Landshuter Küster von St. Martin und St. Jobst den lebenden Palmesel auf die Burg Trausnitz, wo sie dann »...das ›jungfreilein‹, die herzogliche Prinzessin, auf ihm herumführten. Hierfür erhielt jeder 20 Kreuzer.« Schon neun Jahre früher ist im Ausgabenbuch von St. Martin von einem »...rößl, am Palmtag umzefiren...« die Rede. Offenbar hat man nicht immer einen Esel im Stall gehabt, so daß als Ersatz kleine Pferde haben herhalten müssen; als aber Wilhelm V., damals noch Erbprinz, in Landshut Hof gehalten hat, gab es im herzoglichen Stall immer Esel – wie in der Futtermeisterrechnung von 1581 nachzulesen ist: »Dem Lienhart, samt Martensknecht auf dem Rösl am Palmtag geben, wie vor geschehen, 1 mesl«, also eine Maß Hafer. Ein anderer Beleg aus der ältesten Rechnung von Sankt Peter in München aus dem Jahre 1560 vermerkt: »dem wagner zalt, so den wagen, darauf der esl steet, gepessert und geflückt hat, 3 Kr. 8 Hl.« Und in der Rechnung von 1568 heißt es dann, »...die vier Rädl zum wagen, darauf der esl steet, pössern lassen«. Eine ganz ähnliche Kirchenrechnung ist im Stadtarchiv von Wasserburg am Inn aus dem Jahr 1589 erhalten: »Jtem von den 2 Exn an dem wagen, darauf unseres Herrn piltnus und der esl zu machen 1 sol [idus] 5 Kr.« – Kehren wir noch einmal zurück nach Landshut, wo in einer Hofkastenrechnung von 1514 steht: »den schuelern, so das ›Pueri‹ am Palmtag zu Hof in der capellen gesungen haben, zu Tringkgelt geben 21 den [are].« Aus diesem Eintrag läßt sich herauslesen, daß eine Palmprozession stattgefunden hat. Im Museum von Landshut steht tatsächlich noch ein Palmesel aus der »zu Hof« zuständigen Pfarrkirche St. Martin. Dieser hölzerne Palmesel dürfte etwa um die gleiche Zeit entstanden sein, in der der Kanzlist mit gespitzter Feder seine Ausgabe verbucht hat.

Daß derartige Bräuche auch entarten können, kann man in einer Beschreibung eben dieser Stadt Landshut aus dem Jahre 1805 nachlesen; sie stammt von dem Landshuter Stadtprokura-

tor Franz Sebastian Meidinger und ist der damaligen Universitätsstadt gewidmet. Er schreibt: »An den meisten Orten wurde schon am Vorabend des Palmsonntags Christus der Herr, reitend auf der Eselin, aus jeder Pfarrkirche mit dem Schlage 12 Uhr gebracht und Kinder, mit dem Schnuller in dem Munde, rück- und vorwärts dem mit sanfter Anmut gebildeten Heiland aufgesetzt, und andere auf die bereitete Brücke gebracht. Hier in Landshut zogen ihn die Ministranten, und sie durchwanderten unter dem unharmonischen Mißklang: Pueri haeprearum (so!) alle Gassen und Straßen der Stadt, Mesner und Kirchendiener besorgten das Ab- und Aufsteigen der kleinen Passagiers, wo für eine Station von 40 bis 50 Schritten schon wieder bezahlt werden mußte, und so ging es am Vorabend, wie am Sonntag selbsten, in einem Tritt fort... Christus der Herr wurde mit Sträußen und Blumen geziert und dann von den Bäckerfrauen mit den besten, schmackhaftesten Eyerkränzen so dicht behängt, daß man wegen Menge dieser Anhängsel, Mädchen und Knaben vor- und rückwärts beladen, den Heiland kaum mehr ansichtig werden konnte...«
Angesichts dieses Berichtes braucht man sich nicht sonderlich zu wundern, daß der Palmeselbrauch seine Kritiker gefunden hat – schon im ausgehenden 18. Jahrhundert und um die Jahrhundertwende war die Ablehnung dieses Brauches recht verbreitet. In den *Statistischen Aufschlüssen über das Herzogtum Baiern*, verfaßt von dem churpfalz-bairischen Landesdirectionsrath Joseph von Hazzi (erschienen zwischen 1801 und 1806), findet sich ebenfalls ein Hinweis auf einen Palmesel. Als überzeugter Aufklärer ist Hazzis Kommentar entsprechend kritisch. Er schreibt über den Bannmarkt Viechtach, dem Sitz des kurfürstlichen Landgerichts, und berichtet von der Pfarrkirche St. Anna: »Höchst auffallend ist es jedem Fremden, beim Eingang in diese Kirche an einem Freitage links einen großen Palmesel ... mit dem darauf reitenden Jesus zu sehen, vor welchem haufenweise das Bauernweibsvolk mit ausgespannten Armen den Rosenkranz bete, und bald auf das Inbrünstigste den von Holz geschnitzten Esel, bald den darauf sitzenden Herrgott küsst...« Der Palmesel ist übrigens gegenüber einer Schädelstätte aufgestellt, wohl um den Weg vom Einzug in

Jerusalem bis nach Golgatha zu symbolisieren; hier sind, schreibt Hazzi weiter, »aufgeschlichtete Todtenköpfe zu erblikken, die mit Lorbeerkränzen geziert und mit Namen bemalt sind«, und er vermerkt befriedigt, daß »zum großen Leidwesen mancher Christgläubigen Seele auf Verfügung des kurfürstlichen Landgerichts-Aktuars zu Viechtach, von Silberbauer« wenigstens der Esel weggeschafft worden ist.

Ein anderer Palmesel hat die Zeiten besser überstanden. Der Palmesel von Thaur bei Innsbruck wird bei der Palmprozession noch immer mitgeführt. Ludwig von Hörmann hat den Zug mit diesem hölzernen Palmesel um die Jahrhundertwende erlebt und beschrieben: »Nachdem am Palmsonntag vormittags die Palmweihe stattgefunden hat, setzt sich der Palmesel mittags Punkt zwölf Uhr in Begleitung einer großen Volksmenge unter Glockengeläute von der Pfarrkirche in Thaur aus in Bewegung. Der Zug sieht merkwürdig genug aus. Zuerst erscheint, gezogen von 26–30 Kindern, die wie an einer Strickleiter paarweise hintereinander angespannt sind, auf vierräderrigem niederen Wagengestelle Christus, auf dem Esel sitzend, fast in Lebensgröße aus Holz geschnitzt. Er ist mit einem wirklichen braunroten Rocke bekleidet, der Mantel darüber ist hochrot. Seine Linke trägt einen Palmzweig, die Rechte hält er segnend erhoben. Hinter dem Palmesel folgen Knaben mit buntgeschmückten Palmen und blühenden Palmweidenzweigen, dahinter kommen die ersten Männer, darauf der Priester mit dem Kreuzpartikel in der Hand. Dieser bunte Zug der Palmträger und Beter ... hat für den Beschauer etwas ungemein Anregendes und Poetisches. Oben unweit des Thaurer Schlosses wird der Palmesel im einsamen St. Romedikirchlein eingestellt, und der Meßner singt mit den zwei Ministranten das Salve regina. Hierauf erteilt der Priester den Segen, und der Zug bewegt sich wieder in der gleichen Ordnung unter lautem Beten der Menge gegen das Dorf Rum hinab. Unten ist schon alles in freudiger Erwartung... Sobald man den Zug erblickt, geht man ihm mit wehenden Palmen in Begleitung des Priesters von Rum entgegen, unter Glockengeläute hält die Prozession ... ihren Einzug.« – Zu diesem Einzug des Palmesels von Thaur im Dorf Rum gehört noch ein anderer Brauch, den Ludwig von Hörmann schildert:

»Während nun in der Kirche ein deutsches geistliches Lied gesungen und der Segen erteilt wird, geht es vor dem Schulhause kunterbunt zu. Darin stehen nämlich zwei große Säcke mit Bretzen, welche nach der Andacht unter die ›Zieher‹ und andere Kinder im Schulzimmer zur Verteilung kommen sollen. Endlich öffnet sich die Tür, und wie ein entfesselter Strom drängt sich der Haufen der ›Eselzieher‹ und der übrigen Dorfrangen in die große Schulstube, wo die Abfütterung vor sich geht. Nach diesem äußerst possierlichen Zwischenspiel ordnet sich der Zug aufs neue und kehrt in der gleichen Weise nach Thaur zurück.« Ludwig von Hörmann hat damals im Dorf Thaur versucht, etwas über den Ursprung dieser ›Bretzenspende‹ zu erfahren. Viel ist dabei allerdings nicht herausgekommen – nur so viel, daß sie auf einen Baron Sternbach (der das Pfandgericht Thaur besessen hat), auf einen Bauern namens Faistenberger und auf die Gemeinde Rum zurückgehe. Ein alter Thaurer hat damals Hörmann auch noch erzählt, er erinnere sich gut daran, wie der Knecht des Faistenberger in der sogenannten Klause unterhalb des Schlosses mit dem Bretzensack gestanden sei, um die ›Palmzieher‹ zu stärken. Aber dieser Brauch sei abgekommen. Hörmann bedauert abschließend: »Ebenso hat die Beteiligung der Mädchen an der Zugtätigkeit, was sich allerliebst ausnahm, angeblich wegen Streitigkeiten zwischen den beiden Geschlechtern aufgehört. So bröckelt Steinchen um Steinchen von diesem schönen Brauch …«

In unserer Zeit, in den Jahren nach dem Zweiten Weltkrieg, ist der Palmesel in so manchen Orten noch immer – oder wieder – in hohen Ehren gestanden. In Weilheim zum Beispiel ist der Palmesel für einige Jahre wieder bei der Palmprozession mitgeführt worden, in Landsberg am Lech auch, und in Kühbach bei Aichach hat man ihn im Triumphzug alle Jahre in die Kirche gezogen. Nicht vergessen sei auch der Palmesel von Kößlarn im Niederbayerischen: Im Jahre 1481 ist er erstmals in Kirchenrechnungen erwähnt, und bis in unsere Tage, also über 500 Jahre, hat er ununterbrochen seinen Dienst getan.

Macht man vom Rottalerland einen Sprung hinüber nach Winzer an der Donau, dann kann man auch hier noch die Heilandsfigur finden, der dazugehörige Palmesel ist allerdings verloren-

gegangen. Um die Jahrhundertwende haben nämlich die Ministranten von Winzer am gegenüberliegenden rechten Donauufer einen Einschichthof mit dem Palmesel besucht. Beim Übersetzen haben die Buben den Palmesel neben der Zille in der Donau mitschwimmen lassen. Ist ihnen dabei der Strick ausgekommen oder hat den Palmesel die Gewalt der Strömung mitgerissen – jedenfalls ist er davongeschwommen auf Nimmerwiedersehen. Grad die Christusfigur haben sie gerade noch fassen können. Seitdem fehlt der fast 90 Zentimeter hohen spätgotischen Heilandsfigur das Reittier. Alle Jahre aber, in der Karwoche, zogen oder ziehen immer noch die Ministranten, kleine Palmzweige in den Händen, mit dieser Figur im ganzen Pfarrbezirk von Haus zu Haus und sprechen die Palmsonntag-Antiphon ›Pueri Hebraeorum‹, die von den Buben der Hebräer erzählt, die, Ölzweige in den Händen tragend, dem Herrn entgegengegangen sind und gerufen haben: »Hosanna in der Höhe!« Aber in den Stuben von Winzer stellt die Figur nicht mehr den umjubelten siegreichen Erlöser dar – hier ist er zum Schmerzensmanne der Karwoche geworden, zum Leidenden, der vom Purpurmantel der Schmach umhüllt ist und der auf dem Haupt die Dornenkrone des Spottes trägt.
Auch von Neukirchen-Heiligblut ist uns der Brauch überliefert, daß der Palmesel von Haus zu Haus gefahren wird; dann wird die Christusfigur vom Esel heruntergehoben und in die Schlafzimmer getragen. Und Max Peinkofer erzählt von einer Christusfigur in Otzing bei Plattling; den dazugehörigen Esel gibt es längst nicht mehr, aber am Nachmittag des Palmsonntag haben die Ministranten die Christusfigur von Haus zu Haus getragen. Dann sind sie zu den Rössern in den Stall gegangen und haben jedem Pferd die Christusfigur auf den Hals gesetzt. Die Ministranten haben kleine geweihte Palmzweige mitgetragen, jeder Bauer hat einen solchen Zweig überreicht bekommen, und die Ministranten haben dafür Eier gekriegt. Dazu haben sie bei jedem Bauern einen ganz alten Spruch gesagt:

O Tochter Zion, merken Sie
Es kommt ein König sanft mit hie!
Auf einer Eselin reitet er,
Herr Jesu, unser Gott und Herr.

Die ganze Stadt Jerusalem
Läuft zusamm on ein großes Gedräng.

Der große Schilderer altbairischer, niederbayerischer Bräuche ist Joseph Schlicht, am Ende seines Lebens Schloßbenefiziat von Steinach bei Straubing. Er stammt aus Geroldshausen bei Wolnzach in der Holledau. Dort ist er 1831 auf einem kleinen Sach zur Welt gekommen, 1917 ist er in Steinach gestorben. Er ist nach Joseph von Hazzi (um 1800) der erste – und er bleibt weitgehend auch der einzige –, der über niederbayerische Bauernleute geschrieben hat, über ihr Leben und über ihre Bräuche. Zudem war er nicht nur Zuschauer und Berichterstatter, sondern als Geistlicher auch unmittelbar Beteiligter. Seinen Beitrag über den Palmbaum beginnt er ganz im Stil seiner Zeit: »Ein anmutig Stück bayrisch-katholisches Volksleben ist's, das aus dem jährlichen Palmtag quillt. Von allen Richtungen der Windrose kommen sie, die Helden des Tages: die Buben mit ihren Palmbäumen.« Wenig später beschreibt er einen niederbayerischen Palmbaum: »Der Palmbaum ist ein armdicker Ast der großkatzigen Sumpfweide, so kunstsinnig wie möglich ausgefertigt. Nachdem er nämlich von unten auf glatt abgeästet worden, läßt man ihm nach oben eine Zweigkrone, die von ... Palmkätzlein strotzt. Der nackte Stamm ist in der Weise geschält, daß zwei Zirkel rechte Linien holzweiß und rindegrün sich die halbe Strecke hinaufschlängeln. Der Rest ist durch Anplätzen getüpfelt.« Das heißt, kleine Rindenstückchen sind herausgeschnitten. »Da wo Schaft und Zweigkrone ineinander gehen, fesselt uns etwas wie ein Säulenknauf, nämlich dicht herumgelagerte Sträußchen des immergrünen sogenannten Segensbaumes, mit blendender Weide um den Schaft geschnürt«, also mit geschälter Weide umwunden. Schlicht überliefert auch, daß damals nicht die Buben den Palmbaum geschmückt haben, sondern der Oberknecht – es sei denn, »...es bringt der Bauer den Palmbaum schon fix und fertig vom Markt heim. Der Gäuboden zum Beispiel ist stellenweise so wasserarm, daß die Sumpfweide nicht wächst, daraus hat sich seit alten Zeiten eine artige Kleinindustrie entfaltet: viele Buben bieten alljährlich auf der Straubinger Palmsamstags-Schranne eine Auswahl von fer-

tigen Palmbäumen aus, das Stück zu 12, 15, 18, 24 Kreuzern. Besondere Liebhaber von schmucken Palmbäumen aber sind die Waldler, die staffieren die ihrigen auch noch mit bunt flatternden Seidenbändern aus!«
Bei uns nennt man die Weide ›Palm‹, und zwar deshalb, weil der Zweig oder Buschen der Weide am Palmsonntag mitgetragen worden ist (oder immer noch oder schon wieder mitgetragen wird). Die Palmprozession soll an den Einzug Christi in Jerusalem erinnern, und so geht auch die Prozession um die Kirche, die Jerusalem, die Hohe Stadt, symbolisiert. Folgerichtig wird das Kirchenportal auch zum Stadttor. Das Evangelium berichtet von den Bewohnern Jerusalems, die Christus mit Palmzweigen entgegenziehen. Und da bei uns keine Palmen wachsen, hat man sich nach einem Ersatz umgesehen. In der Osterzeit gibt es aber bei uns keinen Baum oder Strauch, der bereits Laub tragen würde, und so sind die Weidenkatzl zum sogenannten Palm geworden.
In den Orten, in denen die Palmstecken heute noch Brauch sind, hat sich auch der Wettstreit um den schönsten Palm gehalten: »Da die Palmbaumträger«, schreibt Schlicht, »sich stets aus dem frischen kecken Völklein der aufknospenden Kampfhähne rekrutierten, so geht es in der Regel nicht ohne jugendliche Ehrgeizhändel ab: ›Da mei is da längst!‹ – ›Da mei ist da schönst!‹ – ›Nix habts ös, da moast is da mei!‹ – Nicht selten wird die brennende Streitfrage zur Stelle ausgefochten, daß die Palmkatzen herumfliegen. Ein Glück noch, wenn sich der Bubenkampf von der Gasse nicht in die Kirche verpflanzt; denn alsdann wird es selbst für die Heiligen unsicher.« So ist es sehr gut, wenn gesetzte Hausväter in der brodelnden Schar stehen; sie sind Ordnungssäulen bereits während der Weihe und besonders hernach beim malerischen Umzug mit den Palmen.
Der Palmtag weckt sogar verborgene Bildschnitzertalente: »Man erblickt in den bayerischen Bauernhäusern mitunter eigenartige, urwüchsige Kunstschöpfungen. Es sind das zumeist Kreuze, aber auch Heilande, Liebfrauen und Heilige, aufgeheftet an die Stubendecke, am liebsten an die ebenholzglänzenden Balken in langen Zeilen. Die bayerischen Knechte verewigen sich auf diesem Wege. Eben aus dem geweihten

Palmbaum schneiden sie ihre Kunstsachen, die sie nicht selten ganz erstaunlich reich ausschnörkeln. – Es sind das ferner Deckengalerien, und man sagt: das ist von dem Baumann, das von dem Knecht, das von dem Stallbuben.«

Es gibt vielerlei Bräuche um den Palmbuschen; Franz Joseph Bronner, ein etwas jüngerer Zeitgenosse des Joseph Schlicht, hat in seinem 1908 erschienenen Buch *Von Deutscher Sitt und Art* berichtet, wie solche Palmbuschen in den Volksbrauch miteinbezogen waren. So war es üblich, daß die Hausmutter von geweihten Palmbuschen kleine Katzl heruntergepflückt und jedem der Familie zum Schlucken gegeben hat, damit er von Halsweh und Fieber verschont bleibe. Das Vieh hat ein paar Katzl in den Futtertrog bekommen zum Schutz gegen Viehseuchen. Und weiter: »Je ein Zweig kommt in den Stall, auf den Getreideboden und in den Garten. Hernach wird der Büschl hinter das Kruzifix in der Herrgottsecke oder hinter den Spiegel gesteckt und dort aufbewahrt. Bei Gewitter wird ein Stücklein vom geweihten Palmbüschel ins Feuer geworfen; bei Vieherkrankung gibt man dem betreffenden Stück ein Kätzchen ins Futter. Mancherorts macht der Hausvater, wenn zum erstenmal auf die Weide ausgetrieben wird, dem Vieh mit der Palmstange ein Kreuz auf den Rücken. All das deutet auf die Weihekraft der Kirche, zu der vertraut wird, aber auch auf die außerordentliche Heil- und Blütekraft, welche der Weide innewohnt und dem Volk schon immer bekannt war.« Und an anderer Stelle schreibt Bronner: »Wer in aller Herrgottsfrühe vor das Schlafzimmer der Bäuerin den Palmbaum stellt, wird mit Eierschmalz ausgezeichnet. Im Allgäu nimmt man als Palmstange eine kräftige Haselrute. Dort schneidet man am Palmsonntag auch die Stecken für den ersten Viehaustrieb. In der Geiselhöringer Gegend in Niederbayern stellt der Oberknecht den Palmbaum am Palmsonntag auf den Giebel des Hauses und läßt ihn droben bis zum Ostersonntag morgen. Da holt er ihn dann herunter, denn er würde sonst seines Lohnes an roten Eiern verlustig gehen. Für das Zieren des Palmbaumes erhält der Oberknecht vom Bauern zwei Mark, früher gab es einen Gulden!«

Bei den Palmbuschen gibt es auch heute noch eine unwahr-

scheinliche Vielfalt. So tragen zum Beispiel in der Umgebung von Tölz die Bauernbuben drei bis vier Meter hohe Stangen mit Reisiggirlanden umwickelt, auf die rund herum, wie abgeschnittene Äste, auf der ganzen Höhe kleine gebundene Palmbuschen aufgesteckt werden. Dann hängen noch Bildpostkarten daran, die wie ein ›Rahmen‹ mit Palmkätzchen umklebt werden. Ausgeblasene Eier werden auch darangehängt. Dann findet man im Bayerischen Wald noch Palmstangen, oben zu Kronen gebunden, mit bunten Bändern geschmückt (ähnlich kennt man sie an der oberen Donau im Württembergischen) oder sie sind zu langen hohen Kronen gebunden, wie in der Gegend um Krumbach im Schwäbischen. (Dort habe ich sogar um 1970 einen sehr zeitgenössischen Palmbaum gesehen: Die Stange war aus Bambus, die hochgestreckte Krone aber war aus Palmbuschen gebunden, wie seit jeher.) Dann gibt es noch ganz lange, rutenartige dünne Stangen, die bis unters Kirchendach reichen, wie sie beispielsweise in Kohlgrub üblich sind.
Für das östliche Gebiet Altbayerns, für den Chiemgau und das Berchtesgadener Land, stellt Hans Heyn um 1975 resignierend fest: »Mit der Erinnerung an die Palmsonntage, angefangen von den zwanziger Jahren bis heute, ist die Vorstellung verbunden, daß die ›Buschen‹ Jahr für Jahr kleiner geworden sind.« Heyn hat die Aufzeichnungen von Franziska Hager herausgegeben, aus denen wir erfahren, daß es im Chiemgau zwei Arten von Palmbäumen gegeben hat: Die einen waren richtige Bäume, so wie sie gewachsen waren, mit allem Astwerk und den ›Palmkatzerln‹ dran. Nach dem Zweiten Weltkrieg hat man solche Bäume am Samerberg, in dem Gebiet nördlich des Chiemsees, in Eggstätt oder in Seeon noch sehen können. Und Heyn schreibt: »Mittlerweile sind diese Bäume den Sträuchern gewichen. Um einen glatten Stamm wird mit Weidengerten der Palmbuschen gebunden und geschmückt. Es war ein ungeschriebenes Gesetz der Repräsentation, daß die größten Bauern die größten Palmbäume in die Kirche brachten. Über dieser Prahlsucht ging oft der fromme Sinn des Brauches verloren. Die Rivalenkämpfe wurden und werden vereinzelt noch immer vor, in und nach der Kirche ausgetragen. In Reit im Winkl und Wössen durften um die Jahrhundertwende die Buben mit ihren

Palmbäumen nicht mehr in die Kirche. Sie hatten die Bäume samt den Wurzelstöcken ausgegraben und zur Kirche geschleift. Mit den buschigen Kronen fegten sie die Heiligen von den Podesten... Zu dieser Zeit, als noch die großen, ausgegabelten Weidenstämme Brauch waren, wurden, wenn Ostern sehr früh war, die Bäume in den Misthaufen gesteckt. Die Wärme des Stallmistes ließ die Kätzchen, die Mulln und Maunzerln, austreiben. Der ›Palm‹ selbst wird noch heute am Palmsamstag geschmückt. Ein Kätzchenstrauß wird um den Stamm gebunden und mit Buchs, Zeder oder Lebensbaum, zuweilen auch mit Latschen und der Stechpalme umwunden. Wer am Palmsonntag in der Berchtesgadener Stiftskirche oder in einer Gnotschaft das Hochamt erlebt, wird an den Palmbäumen ›Gschabertbandeln‹ und da und dort noch ausgeblasene, farbige Eier entdecken.«

Vom ›Palm‹ im Berchtesgadener Land erzählt auch Rudolf Kriß in seinem Buch *Sitt und Brauch im Berchtesgadener Land:* »Fällt Ostern spät, so ist er [der Palmbaum] schon lange vorher abgeschnitten, damit die Kätzchen nicht austreiben, sondern noch ihren wolligen Samtpelz zeigen. Der Palmbaum ist ein größerer, möglichst stark verästelter Weidenzweig, der bis zu 1,50 m hoch sein kann. Aber natürlich gibt es auch kleinere. Er wird, da man in Berchtesgaden eine auffallende Vorliebe für alles Bunte hat, mit farbigen ›Gschabert-Bandln‹ geschmückt.«

Unter diesen ›Bandln‹ versteht man dünn abgehobelte Späne; sie sind ungefähr ein Meter lang, zwei Zentimeter breit. Weil sich diese abgehobelten Fichtenholzbänder aber aufrollen, werden sie gebügelt. Das ist die Arbeit der Bäuerin; dann werden sie mit Holzbeize blau, rot, gelb, grün eingefärbt. In Bündeln werden diese Gschabertbandl zum Verkauf angeboten. Mit ihnen wird der Palmbaum geschmückt – entweder indem man diese Bänder einfach hinhängt, wie sie sind, oder indem man sie faltet in der Art einer Ziehharmonika, immer zwei Farben zueinander; man wickelt sie aber auch zu Spiralen, legt sie zu Sternen, bindet sie oval wie ein Ei. (Sie sind übrigens auch das Material für die Sterne der ›Fuikeln‹ beim Almabtrieb: s.S. 261.)

Bei Kriß heißt es weiter: »Die dünnen oberen Äste des Palmbuschens sind geschlitzt und darin je ein Zweiglein Buchs, Zeder

PALMSTANGEN
KOHLGRUB

oder Segenbaum hineingesteckt. Manche zieren die Äste auch mit ausgeblasenen bunten Ostereiern. Mitunter werden auch Körner daran gehängt, damit die Hühner dann geweihte Körner fressen. Um die unterste Astgabel am Ende des Stieles wird gleichfalls ein Büschel aus Buchs, Zeder oder Segenbaum gewunden. Ein solcher Segenbaumstrauch befand sich früher fast vor jedem Bauernhaus, da er den Blitz abhalten soll.«

Im Berchtesgadener Land war und ist es zum Teil immer noch Brauch, daß ein Bauer zwei Palmbuschen weihen läßt. Der eine kommt aufs Feld, der andere unter den Dachfirst. Dort bleibt er bis zum nächsten Jahr. Nach dem Ersten Weltkrieg ist es auch üblich geworden, Palmbuschen auf die Gräber zu tragen. Ein Zweig des Palmbaums wird auch hinter das Kreuz in dem Herrgottswinkel gesteckt. Dafür macht man in der letzten Zeit eigene kleine Buschen, bei denen man natürlich die Gschabertbandl halbiert. Kriß berichtet weiter: »Der Palmbaum wird am Palmsonntag während des Mittagsläutens auf das Feld gesteckt, was der Bauer zusammen mit dem Palmträgerbuben besorgt und wozu er den Englischen Gruß betet. Das Zurweihetragen des Buschens ist ein Vorrecht der Jugend, manche Buben kommen gleich mit einem ganzen Dutzend auf der Schulter daher, denn sie erhalten für jeden Baum von dem betreffenden Haus, für das sie ihn zur Weihe bringen, ein paar gefärbte Ostereier als Geschenk. Hat der Bauer eigene Kinder im entsprechenden Alter, so besorgen es natürlich diese selbst. Bei diesem Anlaß legen die Buben gewöhnlich zum erstenmal im Jahr die ›kurz Hosen‹ an, der Frühling hat sozusagen begonnen…«

Über den mit dem Palm verbundenen Volksglauben äußert sich auch Franziska Hager: »Erika und der Segenbaum, der die Hexen austreibt, Palm, Wacholder, Eichenlaub, Buchs, Seidelbast, Mistel und drei Zweige von der Blitz- und Hexenbannenden Haselstaude« wurden verwendet; aber: »Dieser Brauch ist vergessen. Die Buben aber kerben noch immer in die Rinde Ornamente oder die Initialen ihres Namens. Die in den Palmstock geschnittenen Schlangenlinien sind in Inntaler und Chiemgauer Pfarreien noch vereinzelt Brauch. Kein Palmträger kennt jedoch mehr ihre Bedeutung. Denn schon die Großeltern glaubten in ihrer Jugendzeit nicht mehr daran, daß zwischen Rinde und Holz Hexen sitzen, die in den Spiralgängen ausfahren würden.«

Im Chiemgau hat man ehedem die Palmbäume aber noch ganz besonders geschmückt – mit Fastenbrezen, Papierrosen, sogar rotbackigen Äpfeln, wenn sie gut überwintert haben; vereinzelt soll auch ein Stück Selchfleisch an den Palmbaum gehängt worden sein. Von all dem wäre das meiste vergessen, hätte es Franziska Hager nicht aufgeschrieben: »Fünf blutrote Wollfäden hing die Bäuerin zuletzt in die Zweige. Sie waren Sinnbild der fünf Wundmale [Christi]. Ein rotes Band sollte gegen Kopfweh schützen, grüne Bänder hüteten nach der Weihe junge Frauen. Sie wurden zur Entbindung hervorgeholt und unter das Bett der Kreißenden gelegt. Von ihnen versprach man sich eine leichte Geburt. Außerdem schützen sie die Wöchnerin vor dem Kindbettfieber. Ein roter Faden oder eine rote Masche blieben am Baum hängen, damit ›nix verneidt wird‹, weil das Rot Dämonen bannt... Der Knecht band für die Bäuerin ein Kornsackerl an einen Zweig. Nach der Weihe wurden – und werden noch heute im Rupertiwinkel – mit Körnern die Hühner gefüttert, damit sie gefeit sind gegen Fuchs und Habicht.« Die schützende Kraft des geweihten Palm wurde von unseren Vorfahren sehr hoch eingeschätzt: Kinder haben ein Palmkatzl gegen Halsweh schlucken müssen, und Franziska Hager weiß noch viel über die Kräfte des Palm zu berichten: »Die schönsten Palmzweige wurden in den Herrgottswinkel gesteckt. Andere kamen hinter die Heiligentafel in der Schlafkammer, auf den Troadboden, in den Stall zur Abwehr der Drud. Drei Palmkatzl wurden in den Hofbrunnen geworfen, drei in das Feuer. Palmkatzl waren Geldhüter. Der Bauer trug sie als Amulett im Gilet-Taschl und steckte sie in den Geldbeutel. Wenn während des Jahres der Knecht einspannte, um's schiache Weib, die Hebamme für die Bäuerin, zu holen, ging er erst auf den Dachboden und holte sich vom Palmbaum ein paar Katzerl... Die Wöchnerin trug sie nach der Niederkunft beim ersten Ausgang im Schuh. Die Mutter steckte sie der Tochter zu, wenn die zum Tanzen ging, die Mutter nähte ihr auch vier in die Zipfel des Brautbettes. Wenn die Almerin auftrieb oder die

Kühe zum erstenmal auf die Weide kamen, wurde jedem Tier mit einem Palmzweig das Kreuz auf den Rücken gezeichnet. Die Dirn stand neben der Bäuerin und sprengte ein paar Tropfen Dreikönigswasser. Wenn eine neue Kuh in den Stall kam, schritt sie über ein Palmzweigl.«

Abschließend sei vom Palm in Bad Kohlgrub berichtet: dort habe ich in den ersten fünfziger Jahren die höchsten Palmgerten gesehen. Auf dem Platz vor der Kirche sind eine Menge Schulbuben gestanden, große und kleinere, und jeder hat eine lange Stange getragen, die mit Stoffbändern und kleinen Palmbuschen geschmückt war. Und weil jeder nicht nur die schönste, sondern auch längste hat haben wollen, um bei der Prozession vorauszugehen, waren manche Stangen so groß, daß die Buben sie kaum aufrecht haben tragen können – sieben, acht Meter hoch. Als dann die Glocken zum Hauptgottesdienst geläutet haben, ist eine Palmgerte nach der andern langsam hinter der Tür verschwunden, und man hat den Buben dabei helfen müssen, die Stangen vorsichtig ums Eck des Kirchenportals zu biegen.
In der dichtgefüllten Kirche sind die Buben mit ihren Stangen im Mittelgang Spalier gestanden, und die Mitglieder des Gemeinderats haben vorn rechts in den Bänken Platz genommen. Nachdem die Zeremonie der Palmweihe vollzogen war, legte der Geistliche den Rauchmantel an und erwartete am Hochaltar den Bürgermeister und die Gemeinderäte. Einzeln sind sie vorgetreten, und mit einer Verbeugung haben sie die geweihten Palmzweige empfangen. Dann ist es zur Aufstellung der Palmprozession gegangen. Genauso geschäftig und heftig wie vorher beim Einzug zwängten sich die Lausbuben mit ihren Stangen wieder zur Kirche hinaus. Im Eifer war alle Würde vergessen. Als aber der geistliche Herr im vollen Ornat unterm Türrahmen erschienen ist, hat die Prozession um die Kirche ihren geordneten Verlauf genommen: voran die Buben mit den Stangen, deren größte bis an das Kirchendach gereicht hat, dann der Geistliche mit fünf Ministranten, hinter ihm die Gemeinderäte, jeder einen geweihten Zweig in den gefalteten Händen.

Wenn man darüber nachdenkt, wie vielfältig der Volksglaube die Bräuche um den Palm ausgestattet hat, wird man feststellen müssen, daß unser rationalistisches Denken diesem Aberglauben (wenn man so will) nicht gerecht wird. In der höchstgelegenen Einöde wird heute kein Mensch mehr an die Heilkraft eines Palmkatzls glauben; auch ein Blitzableiter ist sicherer als ein Palmzweig unterm First. Und dennoch werden manche Handlungen ausgeführt, weil sie ›Brauch sind‹; einen gleichsam höheren Sinn aber erhalten sie, wenn sie in den sakralen Bereich der Kirche eingebunden werden – dann ist der Palmzweig auf dem Grab Ausdruck der Verbundenheit der Lebenden mit den Toten. Und wenn die Palmkatzl zu Asche verbrannt werden, mit der am Aschermittwoch des kommenden Jahres das Zeichen der Buße auf die Stirn gezeichnet wird, so ist die Kraft der Palmkatzl in eine andere Sphäre übertragen.

Gründonnerstag. Von Antlaßeiern und Kräutln

Woher der Gründonnerstag seinen Namen hat, weiß man nicht ganz genau; er heißt seit ungefähr achthundert Jahren so. Die einen glauben, er leite sich von den grünen Meßgewändern der Kirche ab, die anderen meinen, der Name komme »von den in den ersten Tagen der Karwoche aus der Kirche Ausgeschlossenen, die zur Zeit der Gottesdienste vor den Kirchenthüren stehen mußten, bis man ihnen am Donnerstag, zu dem sie sich mit jungem Grün schmückten, erneut den Zulaß gewährte«. So steht es jedenfalls im *Handbuch der deutschen Volkskunde.* Eine dritte Auslegung meint, daß ›Grün‹ nichts mit der Farbe zu tun hätte, sondern von ›Greinen‹ sich herleiten lasse – vom Weinen aus Trauer um das Leiden Christi. Deshalb schweigen vom Abend des Gründonnerstags an die Glocken, und der Volksmund sagt, sie seien nach Rom geflogen. Und die Ministranten klappern mit ihren Ratschen.

Im Altbayerischen hat der Gründonnerstag ›Antlaßpfinzta‹ geheißen: ›Pfinzta‹ ist das alte Wort für Donnerstag, und das Wort Antlaß leitet sich aus dem mittelhochdeutschen ›Antlâz‹ ab, das mit Entlassung, Ablaß, Lossprechung zu übersetzen ist. An diesem Tag sind in den frühen Jahrhunderten der christlichen Kirche tatsächlich die öffentlichen Kirchenbüßer losgesprochen, ›entlassen‹ worden.

Besonders gesucht waren die Eier, die von den Hühnern am Gründonnerstag gelegt worden sind, und eine gute Bäuerin im katholischen Bayern achtet heute noch darauf, denn den ›Antlaßeiern‹ hat man seit eh und je eine ganz besondere Kraft zugesprochen: Sie wurden und werden noch heute zur Speisenweihe am Ostersonntag getragen. Damit die ausgesuchten Antlaßeier nicht mit den gewöhnlichen verwechselt werden, hat man ihre Schale oben und unten eingedrückt. Allerdings war damit auch noch eine besondere Vorstellung verbunden: Man hat geglaubt, in ein angeschlagenes Ei dringe die Weihe besser ein.

Vom Antlaßei berichtet auch der niederbayerische Benefiziat Joseph Schlicht: »Von bestimmungswegen gehören die Gründonnerstagseier der männlichen Bevölkerung des Bauernhauses; denn sie haben das gesamte Mannsvolk zu feien gegen die Schäden, welche es allenfalls im Tragen und Heben das Jahr über nehmen könnte. Und nur wenn die kostbaren Antlaßeier auf die ganze Hausbevölkerung ausreichen, erhält jedes Familienglied ein solches Ei. In streng altväterlichen Familien behilft man sich sogar mit Zerstückelung der hochwichtigen Gründonnerstagseier. Auf alle Fälle müssen Bayerns Bauern und Bäuerinnen jedes sein Antlaß haben. – Aber nicht bloß der Familie, auch dem Besitztum gewährt das Gründonnerstagsei einen geheimnisvollen Schutz. Darum vergräbt der Bayer ein geweihtes Antlaßei in seine größte Weizenbreite und steckt rund herum vier Holzkreuzlein aus der Scheitelweih.«
Diese kleinen Kreuze waren aus dem Holz gemacht, das man im Osterfeuer hat anbrennen, ankohlen lassen. Bis zur Einführung der neuen Liturgie hat man das Osterfeuer am Karsamstag, früh sieben Uhr, angezündet. Das eingegrabene Antlaßei aber und diese vier kleinen Holzkreuze sollten den »Goldenen Hofweizen«, wie es bei Schlicht heißt, gegen den »räuberischen Ruß und Getreidebrand« abschirmen. Schlicht schreibt weiter: »Ein Gründonnerstagsei wird ferner ins Speicherviertel geborgen, und zwar in die Erstlingsgarbe; damit ist nun der Stadel auf ein Jahr geschützt gegen Blitz, Wasserstrom und Feuer. Ein Antlaßei wird noch in der Stallung aufgehängt, es hat das liebe Nutzvieh zu feien wider Pest, Seuchen und Schädlichkeiten.«
Zum Gründonnerstag aber gibt es noch zu ergänzen: Heutzutage hat sich ein Brauch recht ausgebreitet, der in einem altbayerischen Bauernhaus früher weniger bekannt war. Das vermerkt auch Bronner eigens, wenn er um 1900 schreibt: »In vielen Gegenden Norddeutschlands genießt das Landvolk am Gründonnerstag eine Speise aus neun Kräutern.« In Bayern hat man diesen Brauch zwar auch gekannt, doch eher in den Städten, in den bürgerlichen Familien, und hier ist er noch heute verbreitet. Auch Kräutlsuppen werden am Gründonnerstag gekocht, aber auch grüne Speisen werden gegessen – junger Salat oder Spinat mit ›Ochsenaugen‹, also mit Spiegelei. Man

würde dann das ganze Jahr über gesund bleiben. Aus dem Glauben an die lebenerweckende Kraft des Gründonnerstag ist die Ansicht verständlich, daß man an diesem Tag gut daran täte, Grünes, Grünzeug, anzubauen.

Bräuche um das Abendmahl und die Fußwaschung

In dem berühmten steirischen Wallfahrtsort Mariazell gibt es die Bäckerei Engelbert Feischl, den sogenannten ›Herrgottsbäck‹. In der Obhut dieses Hauses befindet sich, wenigstens seit dem Jahr 1848, die Gestalt des ›Brotsegnenden Heilands‹, die in einer kleinen Hauskapelle, in der Familie ›das Herrgottskammerl‹ geheißen, aufbewahrt wird. Es handelt sich um eine etwas überlebensgroße Gliederpuppe; geschnitzt sind das Haupt, die Füße, die segnende Rechte und die Hand, die das Brot hält. Alle Jahre wird diese Figur für den Gründonnerstagabend neu eingekleidet. Und weil man beim Herrgottsbäck ist, wird der rohe Holzkörper der Gliederfigur zunächst in das weiße Arbeitsgewand eines Bäckers gekleidet. Über diese Kleidung wird ein weites, langes Hemd gezogen. Wie die priesterliche Alba wird es mit einer roten Kordel umgürtet, darüber wird ein roter, blaugefütterter und mit Goldborten eingefaßter Umhang gelegt und mit einer Filigranschließe verschlossen.
Die Familientradition weiß zu berichten, daß die lebensgroße Christus-Holzstatue im Jahre 1848 vom bürgerlichen Bäckermeister Peregrin Feischl geschnitzt worden ist. Und es wird erzählt, daß dieser Peregrin nur diese Statue geschnitzt hat und sonst nichts, nicht die kleinste Figur, und angeblich habe er sich zuerst ein Modell aus Brotteig gemacht. Und weiter wird erzählt, daß noch vor dem Zweiten Weltkrieg gerade ungarische Wallfahrer, die zur Muttergottes von Mariazell gekommen sind, sich um die Ausstattung dieser Christusfigur gekümmert haben, und daß nach dem Krieg, als diese Wallfahrer nicht mehr haben kommen dürfen, die Schwester Gertrudis von den Barmherzigen Schwestern in Mariazell für das unansehnlich gewordene Hemd ein neues genäht und gestickt hat, auf daß die Heilandsgestalt so, wie es der Würde dieses Augenblicks entspricht, am Tisch der Apostel sitzen kann.
Diese Christusfigur kommt nun am Gründonnerstag zu großen Ehren. In Mariazell hat sich über die Zeiten hinweg der Brauch der Fußwaschung und der des Abendmahls erhalten, vollzogen

an den ältesten Männern der Stadt und der nahen Umgebung. Sie werden zunächst vom Prior, dem ranghöchsten Geistlichen des Benediktinerstiftes, eingeladen. Die Reihenfolge des Geschehens ist aber, entgegen dem tatsächlichen Ablauf im Evangelium, umgedreht: zuerst die Fußwaschung, dann das Abendmahl. Es ist bereits Nacht geworden, da zieht die Prozession der ›Apostel‹, von der Fußwaschung kommend, zu dem Gasthaus, in dem das Abendmahl bereitet ist. Ein Kreuzträger voraus, dann die zwölf Führer, jeder rechts am Arm einen der Apostel, jeder von ihnen in einer blauen, grobleinernen Kutte. Die meisten tragen dazu den schwarzen Ausseer Hut mit dem breiten grünen Band. Im Gasthaus sind in einem Nebenzimmer Tische zu einer Tafel zusammengestellt, ein breites weißes Tischtuch darübergedeckt. In der Mitte der einen langen Seite sitzt die Gestalt des geschnitzten, segnenden Heilands aus dem Haus des Herrgottsbäck, um den Tisch an den beiden langen Seiten, dem Alter nach, die zwölf Apostel, an der einen kurzen Seite als Vierzehnter am Tisch der Pater Prior. Vierzehn Gedecke stehen auf dem Tisch, in der Mitte ein Tafelaufsatz, aus Holz geschnitzt und gefaßt: das Lamm Gottes auf dem Buch mit den sieben Siegeln. Die Apostel gehen zu ihren Plätzen. Jeder der Apostelführer steht hinter ›seinem‹ Apostel, und alle beten zusammen mit dem Prior das Vaterunser und den Englischen Gruß. Dann erst setzen sie sich zu Tisch. Neben jedem Gedeck liegt ein Briefumschlag mit 30 Schillingen, den jeder von seinem Apostelführer zum Geschenk erhält, wohl in Erinnerung an die 30 Silberlinge des Judas. Daneben liegt ein kleines Blumensträußl und ein ›Herrgottslaiberl‹, ein kleines Brot, vom Herrgottsbäck gebacken. Alle sind sie gleich groß, nur eines ist größer, das, das die Christusgestalt in der linken Hand hält. Die kurze Zeitspanne, in der die Apostel auf das Essen warten, neben der steifstarren Heilandsfigur, das Brot in den Händen, ist wohl der Höhepunkt des Brauches. Es ist der Augenblick, von dem es in der Heiligen Schrift heißt: »Der Herr Jesus, in der Nacht, da er verraten ward, nahm er das Brot, dankte und brach's und gab's den Jüngern und sprach: Nehmet hin und esset, das ist mein Leib, der für Euch gegeben wird, das tuet zu meinem Gedächtnis.«

Im Johannes-Evangelium (und nur dort) wird davon berichtet, daß Jesus seinen Jüngern nach dem gemeinsamen Abendmahl die Füße gewaschen hat. Aber der heilige Johannes ist nicht der erste, der von der Zeremonie der Fußwaschung zu berichten weiß; denn schon die mosaische Überlieferung erzählt uns, daß Abraham und Loth den Engeln die Füße gewaschen haben. In Erinnerung an die Fußwaschung, die Christus seinen Jüngern erwiesen hat, ist sie seither immer wieder feierlich nachvollzogen worden. Es ist überliefert, daß im Morgenland der Großmeister des Hospitals vom Berge Sion diesen Brauch geübt hat, auch der Patriarch zu Jerusalem und der von Konstantinopel, der Erzbischof von Moskau und der Heilige Vater in Rom. Sie alle feiern den Gründonnerstag in der gleichen Weise. Von Papst Gregor dem Großen ist überliefert, er habe jeden Tag zwölf arme Pilger zu Tisch geladen, Tag für Tag habe er seinen Gästen Hände und Füße gewaschen und sie anschließend eigenhändig bedient. Auch der Kaiser von Österreich und König von Ungarn und Böhmen hat, begleitet vom Hof, von Prinzen und Marschällen, an zwölf bedürftigen alten Männern das Amt des Truchsessen verrichtet. Genauso hat es die Kaiserin gehalten mit zwölf fürstlichen Damen an zwölf alten Frauen. Und wie in der Heiligen Schrift beschrieben, haben der Kaiser und die Kaiserin in ein Becken Wasser gegossen, und sie haben vor jedem der greisen Pfründner das Knie gebeugt.
Der erste König, der in Frankreich den Brauch der Fußwaschung vollzogen hat, war Robert der Fromme. Nach der Überlieferung war dies am Gründonnerstag des Jahres 1029, der auf den 4. April fiel. Und rund fünfhundert Jahre später hat Herzog Wilhelm V. von Bayern diese Sitte übernommen; obwohl er ein Fürst der späten Renaissance war, war er asketisch, streng, mönchisch, ein Mann voll christlicher Demut. Er hat, so wird berichtet, Tag für Tag zwölf arme Männer zu sich in die Residenz geladen, und Tag für Tag hat er ihnen die Füße gewaschen, sie zur Tafel geleitet und bewirtet. Die Herzogin, Renata von Lothringen, habe das gleiche tagtäglich an zwölf alten Frauen getan. Unter den bayerischen Kurfüsten hat sich dieser Brauch in der Weise vererbt, daß an den Quatembertagen die zwölf ältesten Spitaler des Heiliggeistspitals zur Andacht

in die Frauenkirche gegangen sind; anschließend haben sie sich zur Fußwaschung durch den Landesherrn in die Residenz begeben.

In der Bayerischen Staatsbibliothek wird ein Verzeichnis verwahrt, in dem diejenigen zwölf alten Männer aufgeführt, »welche zu Ehren der heiligen zwölf Apostel am Grünen Donnerstag in der churfürstlichen Haupt- und Residenzstadt München zur gewöhnlichen Fußwaschung bei Hof gnädigst aufgenommen, höchst löblichem Gebrauch nach von Fuß auf gekleidet, und anstatt der vorhin bey Hof gewöhnlichen Ausspeisung mit Geld gnädigst beschenkt worden. Im Jahr 1783.« Aus demselben Jahr findet sich auch ein Verzeichnis von zwölf Mädchen, die am Gründonnerstag anstatt der vorher bei Hof üblichen Ausspeisung mit herkömmlich blauer Kleidung und mit Geld allergnädigst beschenkt wurden. Als diese Tradition in den letzten Jahren des 18. Jahrhunderts der Aufklärung zum Opfer fiel, hat man sich in München folgende geheimnisumwitterte Geschichte erzählt: Immer an den Quatembertagen, wenn die Turmuhr von Heiliggeist die Mitternachtsstunde schlug, öffnete sich beim zwölften Schlag lautlos das Tor des Heiliggeistspitals und heraus kamen, gebeugt, zwölf uralte Männer, in der Tracht ihres frommen Herzogs Wilhelm V. Sie trugen schwarze breitkrempige Hüte mit spitzem Gupf und waren in schwarze Pelerinen gehüllt. Schwarz waren die kurzen gepufften Hosen, schwarz die langen Strümpfe, schwarz die Schuh. Sie gingen paarweise mühsam auf Stöcke gestützt über den Marienplatz, durch die Kaufingergasse, hinüber zur Pfarrkirche Unserer Lieben Frau. Nichts war zu hören, keine Stimme, keine Schritte, nicht das Aufstoßen der Stöcke. Sie schritten über den Domplatz, stiegen die Treppe zur Frauenkirche hinauf, und die Türflügel des Domportals, sonst fest verschlossen, taten sich vor ihnen auf. Der Zug der zwölf schwarzen Männer verschwand im Dunkel des Portals, und die Flügeltore schlossen sich so lautlos, wie sie sich geöffnet hatten. Mancher Münchner behauptete, er hätte diesen gespenstischen Zug selbst gesehen, und er sei zum Domportal, hätte am Schloß gerüttelt, aber es sei fest verschlossen gewesen wie jede Nacht. In der ganzen Stadt, auch in Kreisen des Hofes, sprach man von dieser seltsamen Erscheinung.

König Max I. Joseph hat jenen Brauch wieder zu neuem Leben erweckt: Von da an lud der König, und später der Prinzregent, die zwölf ältesten und ärmsten Männer Bayerns, soweit sie reisefähig waren, in die Residenz ein. Im großen Cortège, in großer Prozession, ist der König oder der Prinzregent durch die Gänge und Zimmerfluchten der Residenz in den alten Herkulessaal gegangen, wo ihn die ›Zwölf Apostel‹ erwartet haben. Der 1970 verstorbene Prinz Adalbert hat die Fußwaschung am Hof der Münchner Residenz miterlebt und in seinem Buch *Als die Residenz noch Residenz war* davon erzählt: »Zwölf arme Greise in langen, dunkelroten Gewändern mit gleichfarbiger Kappe und zwölf arme Mädchen in Gewändern in Dunkelgrau wurden nach einer Messe in St. Peter zu einem Frühstück in die Residenz geführt. Dann ging es in den alten Herkulessaal, wo ein Altar, rot ausgeschlagene Stühle für die armen Gäste und Tribünen für Hof und diplomatisches Corps aufgestellt waren. Hartschiere umstanden den Saal und achteten darauf, daß beim Durchgang des Publikums keine Stockung eintrat. Zuerst wurde das Evangelium gesungen. Dann gab der Regent Säbel und Generalshut an einen Kämmerer ab und goß aus einer silbernen Kanne den Alten gewärmtes Wasser über den rechten Fuß. Sein Sohn Ludwig begleitete ihn und trocknete die Füße. Dann hing der Regent jedem einen weiß-blauen Lederbeutel mit vierzig Mark in neuen Zwei-Mark-Stücken um den Hals.«

Viele haben diesen Brauch geübt, der Kaiser in Wien genauso wie Bischöfe und Äbte, die den Mitgliedern des Domkapitels und des Konvents die Fußwaschung erwiesen. Mit der neuen Liturgie ist sie in jeder Dorfkirche möglich, und in mancher Gemeinde ist sie fester Bestandteil des Gründonnerstages, ein Brauch getreu der Heiligen Schrift.

Von Ölbergandachten, Heiligen Stiegen und dem gegeißelten Heiland

Nach dem Abendmahl gingen Jesus und seine Jünger hinaus an den Ölberg; er kam mit ihnen zu einem Hof namens Gethsemane. Er ließ sie zurück, um zu beten; aber es ergriff ihn Todesangst, und »es erschien ihm aber ein Engel vom Himmel und stärkte ihn«, berichtet der heilige Lukas.

Um das Geschehen am Ölberg hat sich ein Brauch entwickelt, der an vielen Orten eine Selbstverständlichkeit war, so daß sich niemand hätte vorstellen können, er wäre anderswo nicht bekannt. Es sind die Ölbergandachten, die während der ganzen vorösterlichen Fastenzeit an das Geschehen im Garten Gethsemane erinnern. Im Zeichen der Gegenreformation mögen sie ihre Verbreitung gefunden und im Barock ihren Höhepunkt erlebt haben. Die Aufklärung hat ihnen, im allgemeinen jedenfalls, ein Ende gesetzt. Vereinzelt aber konnte man ihnen noch nach dem Zweiten Weltkrieg begegnen, heutzutage aber sind sie noch seltener geworden.

Es gibt Hochaltäre, deren Altarblatt man herausnehmen kann. Dahinter ist eine Bühne, auf der das Geschehen jener Nacht vom Gründonnerstag auf den Karfreitag jedem Gläubigen sichtbar gemacht wird oder zumindest gemacht worden ist. Christus kniet im Garten Gethsemane, starr und unbeweglich zum Beispiel in Reichersbeuern bei Tölz oder in Tölz selbst in der Stadtpfarrkirche. Diese starre Form ist wohl jüngeren Datums; daneben aber gibt es auch eine ältere Art, nämlich die des richtigen Spiels. Auch in diesem Fall ist die Heilandsgestalt eine gekleidete, meist lebensgroße Figur, beweglich in ihren Gliedern – sie kann den Kopf senken, die Hände heben und falten und kann nach vorne geneigt werden zum Gebet. Dreimal senkt im Lauf der Andacht diese Figur das Haupt, dreimal hebt sie die Hände zum Gebet und dreimal neigt sie sich nach vorn. Beim dritten Mal aber erscheint von oben der Engel mit Kreuz und Kelch. So war es einmal in vielen Kirchen – in Laufen an der Salzach, in der Ramsau bei Berchtesgaden, in Gmund am

Tegernsee oder in Waakirchen. Auch im Niederbayerischen, zum Beispiel in Hohenegglkofen östlich von Landshut, ist das Geschehen am Ölberg szenisch dargestellt worden.
In der Reihe dieser Ölbergdarstellungen gibt es zwei, die in ihrer Art Ausnahmen sind. Das ist die ›Todesangst Christi am Ölberg‹, wie sie in der Franziskanerkirche in Dietfurt feierlich begangen wird, und es ist die Ölbergandacht in Berching. Die Andacht in Dietfurt läßt sich gut dreihundert Jahre zurückverfolgen, bis 1680; dagegen erzählt die Chronik von Berching, daß der Vikar Leonhard Gössel schon im Jahre 1516 eine Andacht zur Angst Christi in der Lorenzkirche gestiftet hat. Die gleiche Chronik erzählt von einem Bürger namens Hans Bauer, einem geborenen Berchinger, seines Zeichens Verwalter der Eisenniederlage in Salzburg, der die Angst Christi in der Liebfrauenkirche 1595 eingeführt habe: Jeden Donnerstag in der Fastenzeit ist sie vom Schulmeister, vom Kantor und dessen Schülern gesungen worden, und es heißt, dazu sei eine Tafel, eine Ölbergdarstellung, auf den Leonhardsaltar gestellt worden. Als 1806 die Franziskaner nach Berching berufen werden, wollen sie diese Ölbergandacht, die von der Aufklärung bedroht ist, in ihrer Klosterkirche erhalten, und zwar an den sechs Donnerstagen der Fastenzeit. 1880 wird die Kirche restauriert, und da die Öllämpchen, die zur Illuminierung der Szene gehören, stark rußen, wird die lebendige Darstellung der drei Fälle Jesu am Ölberg abgeschafft. August Haberland trauert ihr in seiner Chronik von Berching sehr nach: »Wer dieses Hinsinken des blutschwitzenden Heilands zum ersten Mal sah, konnte sich der Tränen nicht erwehren.« Erst 1929 wird die Andacht erneuert, während und nach dem Zweiten Weltkrieg fällt sie aus, aber seit 1952 wird sie wieder begangen. Bei dieser Wiederbelebung hat man sich an die Dietfurter Fassung gehalten, zu einem guten Teil wurde sie wörtlich übernommen. Die Bühne allerdings hat man hier nazarenisch-naturalistisch gestaltet; folgerichtig wird auch Christus nicht von einer lebensgroßen Figur wie in Dietfurt dargestellt, sondern von einem Bürger der Stadt. Auch er wirft sich nieder unter das Kreuz, das sich vom Himmel herabsenkt, auch er singt die alte Weise von Kaspar Ett: »Vater ja, es sei entschieden! / Für die Menschen Heil und Frieden /

bring ich mich zum Opfer dar. / Wirst den Sündern du vergeben, / leg ich willig Blut und Leben / auf den heiligen Sühnealtar.« Dabei reicht ein Bub, vor einem dichten goldenen Strahlenkranz, in weißgoldglitzerndem Gewand, die goldene Krone auf dem Kopf, das Kreuz in der linken Hand, mit der Rechten der lebensgroßen Heilandsgestalt den Kelch. Die Bühne des Dietfurter Spiels liegt auch hier im Hochaltar über dem Tabernakel, auch hier kann man das Altarblatt herausnehmen. Die Kirchenfenster sind mit schwarzen Tüchern verhängt, in der Kirche ist es düster, nur die Bühne ist schwach beleuchtet. In diese Düsternis hinein erklingt die Weise: »Heilge Andacht, senk dich nieder / in der Christen frommes Herz, / denn wir sehn im Bilde wieder / unseres Heilands Angst und Schmerz.« Während die Sänger der Stadt und die Novizen des Franziskanerklosters dieses Lied singen, schwebt von oben ein großes, beleuchtetes Kreuz herab. Es senkt sich auf die Figur des Erlösers, die den Kopf neigt, die Hände zum Gebet faltet und mit dem Antlitz zu Boden fällt. Und der Bassist des Chors singt an Christi statt: »Fern von meiner Jünger Kreise / lieg ich hier im blutgen Schweiße«, und der Chor antwortet: »Vater, o hör ihn beten, / laß den Engel zu ihm treten!« Da wird es mit einem Mal strahlend hell, und im dichten goldenen Strahlenkranz schwebt, auf Wolken stehend, ein Engel hernieder und singt mit heller klarer Bubenstimme: »Du, Jesus, bist das Lamm, das immer der Hoffnungsstern der Menschheit war. / Dich bildeten die Heiligtümer stets vor, jetzt bringst du selbst dich dar.« Dann fährt der Engel wieder in den Himmel – mit Hilfe eines eigens für dieses Spiel konstruierten Fahrstuhls, den ein Franziskanerbruder herunterläßt und wieder hinaufkurbelt. Auch das Kreuz wird wieder hinaufgezogen, die Heilandsgestalt richtet sich wieder auf, und es wird wieder düster über dem Ölberg.

Dreimal neigt sich in diesem Spiel in der Franziskanerkirche zu Dietfurt die Christusgestalt zu Boden; dreimal schwebt das Kreuz vom Himmel und legt sich auf ihre Schulter, und dreimal wird es strahlend hell, wenn der Engel erscheint. Beim dritten Mal singt der Chor: »Uns Vergeben zu erwerben / willst, o Jesus, für uns sterben. / Laß uns Deine Todespein / Quell des neuen Lebens sein!« Der Engel singt ins Volk: »Du bist bereit, dich hinzugeben, / in Geißeln, Dornen, Schmach und Spott, / zu opfern an dem Kreuz dein Leben, / du Weltversöhner, Herr und Gott!« Dann reicht der Engel Christus den Kelch, dreimal: ein Kind und eine lebensgroße, bewegliche Puppe nebeneinander im geistlichen Spiel, in *einer* Szene, und niemand unter den vielen Gläubigen, die in der oft überfüllten Kirche stehen, empfindet dies als Widerspruch. Der Bub und die Puppe werden zu einer selbstverständlichen Einheit, und jedermann ist einbezogen in das Geschehen im Garten Gethsemane.

Ein altes Volkslied schildert die Verurteilung Christi:

O Sünder, mach dich auf und geh mit mir spazieren.
Im Geist der Demut lauf, will dich zum Kreuzweg führen.
Betracht' die Station, was sie uns zeiget an:
Die größte Pein und Schmerzen hat g'littn Gottes Sohn.

Sieh nur den Heiland an, wie hart wird er geschlagen.
In der ersten Station, da tut man ihn verklagen,
Daß ein vermenschter Gott muß leiden Schand und Spott
Pilatus spricht das Urteil aus, verdammet ihn zum Tod.

Christus ist vor Pontius Pilatus geführt worden, und er steigt die 28 Stufen hinauf am Palast zu Jerusalem. Die fromme Überlieferung berichtet, daß eben diese Treppe aus dem Palast des römischen Landpflegers vor langer Zeit abgebrochen, mit Schiffen übers Meer gebracht und in der Ewigen Stadt nach dem Vorbild in Jerusalem wieder errichtet worden ist: Es ist die Heilige Stiege im Lateran zu Rom.

Diese ›Scala Santa‹ hat so manche getreue und so manche abgewandelte Nachbildung erfahren, und sie wurde meist bei ›Kalvarienbergen‹ errichtet. Man denke nur an Tölz, an Hohenburg bei Lenggries oder an Altomünster. Selbst in der Wallfahrtskirche auf dem Kreuzberg in Bonn ist eine solche Nachbildung zu finden: Clemens August, Fürstbischof von Köln, ein Sohn des Kurfürsten Max Emanuel von Bayern und ein Bruder des unglücklichen Kaisers Karl VII., hat sie erbauen lassen. Auch bei St. Jakob am Anger in München und bei St. Kajetan, der Kirche zu den Theatinern in München, hat es eine Heilige Stiege gegeben. Über sie erzählt Keyßler in seiner

Reise durch Teütschland: »Hier ist linker Hand das heilige Grab angelegt und zur rechten eine Scala santa von 28 Tritten oder Staffeln wie zu Rom. Es ist niemand erlaubet hinaufzugehen, sondern man kniet von einer Stufe zur andern, nachdem man auf jeder eine gewisse Anzahl Vater unser und Ave Maria gebetet hat. Es muß dieses, sonderlich denjenigen, mühsam vorkommen, welche, wie ich gesehen, mit ausgestreckten Armen die ganze Andacht verrichten, auf welche sie beinahe eine halbe Stunde verwenden. Ehe ich dergleichen Gebete sah, wußte ich nicht, was die Betteljungen wollten, wenn sie sich erboten, für etliche Pfennige das Pater noster zu beten.«

Auf dieser Treppe hat Pilatus dem aufgebrachten Volk den gegeißelten und mit Dornen gekrönten Jesus vorgeführt. Die Volksfrömmigkeit hat sich dem geschundenen Heiland besonders zugewandt – ihm hat das Mitleid und die ganz besondere Verehrung unseres Volkes gegolten. Überall im Land hat man ihm zu Ehren Kirchen und Kapellen errichtet, ›Wieskirchen‹ hat man sie genannt, wie zum Beispiel die am nördlichen Stadtrand von Freising. Sie alle aber haben den Gegeißelten Heiland in der Wies zum Vorbild.

Man schreibt das Jahr 1730. Der Prämonstratenser-Abt Hyazint Gassner führt in der Hofmark Steingaden die Karfreitagsprozession ein. Dazu benötigt er unter anderen Darstellungen auch ein Bild von der Geißelung Christi, die zum Anlaß der Wallfahrt werden sollte. Sechzehn Jahre später erscheint in Augsburg ein Büchlein, das von der »neuentsprossenen Gnadenblum auf der Wies« erzählt, von der Figur des Gegeißelten, den das Volk sehr bald das »Wiesherrle« nennt. »Zu diesem End ist ein zwischen staubvollen Geraffel und Bildhauerkunst wohl ausgearbeiteter Kopf wieder hervorgezogen worden. Diesem Haupt dann die übrige Theil eines Bildnis zu geben, suchte und fand man einen von Holz schlecht gearbeiteten obern Leib, Arm und Fuß, aber weil diese Theil sich nit wohl zusammenschickten, wurde der ganze Leib mit Leinwand überzogen, hin und wieder mit Werg und Tüchlein ausgefüllt, das Haupt mit gemachten Haaren bedeckt und letztlich durch Frater Lucas, einen erfahrenen Maler, mit Ölfarben gefasset. Auf diese Weise wurde dieser Bildnus die Gestalt des gegeisselten Jesus gegeben und in solcher Vorstellung ist selbe drei Jahre nacheinander, von 1732 bis 1734, in öffentlicher Prozession am Karfreitag herumgetragen worden. Anno 1735 wurde diese Bildnus wegen ihres geringen Anschauns nit mehr gebraucht, sondern in der Kleiderkammer des Klosters unter anderen theatralischen Sachen aufbehalten.« Dort ist die Figur kurze Zeit geblieben, ehe man sie auf seine wiederholten Bitten schließlich dem Tafernwirt in Steingaden geschenkt hat; von ihm hat sie die ›Bäuerin auf der Wies‹ erhalten. »Allda verspürte sie den 14. Brachmonath als an dem Samstag Abends, und darauf folgenden Sonntag frühe einige Tropfen in dem Angesicht der Bildnus, welche sie vor Zäher haltete.« Diese Begebenheit hat sich in Windeseile herumgesprochen, Neugierige und Gläubige sind in Scharen gekommen, es beginnen wunderbare Heilungen, oder wie es in einer alten Schrift heißt, »die Gutthaten des gegeisselten Heilands in der Wies«.

Die kirchlichen Behörden sahen diesem Strom von Wallfahrern abwartend zu. Man zweifelte, ob dieser Zulauf von Dauer sein würde; man bestimmte eine Kommission, die das Gnadenbild auf seine Besonderheit hin genau untersuchte. Die Kommission verhörte die Eheleute Lory und verzeichnete innerhalb von drei bis vier Jahren beim Gnadenbild 790 Votivtafeln, unter denen über 130 von purem Silber waren.

Zwei Jahre später, im Sommer 1749, wird das Gnadenbild in einer barockfeierlichen Prozession in den Chor der neuentstehenden Wallfahrtskirche überführt. Acht Jahre später, 1757, ist die Kirche vollendet. Der Ruf des wundertätigen Herrgotts in der Wies reicht weit ins Land, und der Wunder waren so viele, daß sie, alle genau verzeichnet, weitere Folianten füllten. Es erscheint ein neuer Band mit Gebeterhörungen. In ihm finden wir einen Kupferstich, auf dem der gegeißelte Herr zu den Kranken spricht: »Ich bin auf der Wies Allen / alles worden, und gibe denen / Blinden das Gesicht, / Stummen die Red, / Tauben das Gehör, / Krummen die Geraden Glieder, / Hart Gebährenden die glückliche Entbindung, / Kranken die Gesundheit, / In Gefahr Flehenden Drost und Hülff, / Dem Tod gehaltenen das Leben.«

Karfreitagsprozessionen und Heilige Gräber

Man führt ihn aus der Stadt wohl durch ein große Pforten.
Der Heiland wird ganz matt, fällt mit dem Kreuz alldorten.
Er fällt auf einen Stein. Die Juden schlagen drein.
Er will uns durch das Fallen die Demut gießen ein.

Endlich tut Gottes Sohn den Berg Kalvarä grüßen
In der neunten Station hat er noch fallen müßen.
Er fällt auf sein Angesicht, daß Mund und Herz zerbricht.
O Sünder, nimm's zu Herzen von wegen deiner Sünd.

Zwischen zwei Mördern groß muß Jesus drei Stund hangen,
ganz nackend und ganz bloß, kein Gnad konnt er verlangen.
Vollbracht ist alles schon, er ruft den Vater an,
und hat sein Geist aufgeben in der zwölften Station.

So erzählt das fromme Volkslied auf seine Art den Opfergang Christi, der uns im Neuen Testament überliefert ist. In der Anlage von ›Kalvarienbergen‹ wird dieser Opfergang nachvollzogen. Auf einer Anhöhe gelegen, führt der Weg bergauf zur Kreuzigungsgruppe – manchmal, wie in Berchtesgaden, an vier Kapellen vorbei, in denen die ›Geheimnisse des Schmerzhaften Rosenkranzes‹ dargestellt sind; häufiger jedoch sind es Bildsäulen, die dem Wallfahrer den bitteren Weg des Herrn aufzeigen. Miterleben soll der Gläubige diesen Weg, Station für Station. Eine dieser Stationen zeigt Veronika, die dem Heiland ein Tuch reicht, damit er sich den blutigen Schweiß aus dem Gesicht wischen kann. Als sie nach Hause kommt, ist das Antlitz Christi zu sehen. So berichtet die Legende, nicht die Heilige Schrift. Aber die Phantasie der Gläubigen hat das Leiden und Sterben des Heilands mit viel mitleidendem Gedenken umgeben – und manche haben sich im Brauchtum niedergeschlagen. So berichtet die Legende, daß auf dem Weg nach Golgatha, als Christus unter der Last des Kreuzes erschöpft zusammenbrechen wollte, ein Jude das Kreuz ein wenig in die Höhe hob, so, als wollte er den Herrn von der Last befreien. Aber plötzlich ließ er das

Kreuz mit ganzer Wucht auf den Heiland niederfallen und höhnte ihn. So wurde Jesus die Schulterwunde zugefügt, die in der Verehrung des Volkes einen besonderen Platz eingenommen hat: Die Andacht zur Schulterwunde Christi reicht wohl zurück in die Zeit des Mittelalters, aber erst in der Mitte des 17. Jahrhunderts ist sie ein Volkskult geworden, der hauptsächlich auf Süddeutschland beschränkt war; er hat sich allerdings nur etwa ein Jahrhundert gehalten. Das älteste Zeugnis finden wir im Gebetbuch der heiligen Gertrud von Helfta (2. Hälfte des 13. Jh.), und zwar im fünften Teil, der die Leiden Christi zum Gegenstand hat. Da steht zur Erklärung eines Gebetes die Frage des heiligen Bernhard von Clairvaux an Christus: »Welches sind die größten Schmerzen, die du hast erleiden müssen?« Und Christus ist ihm erschienen und hat gesagt: »Die Wunde der Schulter, auf der ich das Kreuz getragen habe.«

Dann soll er den Heiligen aufgefordert haben, die Wunde zu verehren mit dem Versprechen, er werde ihm alles geben, was er um dieser Wunde willen erbitte. – In Gebetbüchern stoßen wir immer wieder auf die Verehrung dieser Wunde. 1639 ist zu Innsbruck ein Gebetbuch erschienen mit einem Gebet »zu der Wunden Christi, so er auff seiner Achsel in Tragung des H. Creutzes empfangen«. 1712 erscheint in Augsburg »das Gebet zu der H. Schulter-Wund, des andächtigen Gebett-Büchlein von dem Hoch-heiligsten Gnaden-Heil- und Wunderwirckenden H. Creutz zu Thonauwörth«.

Gegen Ende des 17. Jahrhunderts entsteht ein neues Bildmotiv: an die Stelle des ›Herrn in der Rast‹ tritt der Heiland im Kerker. Vor allem an Wallfahrtskirchen werden kleine Kerker angebaut oder in Nischen eingefügt, meist in Form einer Grotte. Darinnen ist eine oft lebensgroße Figur des Heilands aufgestellt, gebeugt von Schmerzen und gefesselt an die Geißelsäule; der Rock ist über die Achsel geglitten, so daß man die schreckliche Wunde auf der Schulter deutlich sehen kann.

Außer plastischen Darstellungen entstehen auch Gemälde mit der Schulterwunde Christi. Von vielen hunderten seien hier nur jene in der Stadtpfarrkirche von Schärding oder in der Kirche der Jesuiten Sankt Michael zu München erwähnt. Wegkapellen mit diesen Darstellungen sind errichtet worden. Und als man im Friedhof neben der Marien-Wallfahrtskirche über dem Markt Dorfen eine Gruppe kleiner Passionskapellen baute, wurde die größte davon der Schulterwunde des Gottessohnes geweiht. Die vielen Votivtafeln, die bis zum Ende des Ersten Weltkrieges dort hingen, lassen die große Verehrung dieses Passionsbildes ermessen.

Zur Erinnerung an den schweren Gang Christi hin nach Golgatha sind hierzulande Karfreitagsprozessionen entstanden. Wohl im Zeichen der Gegenreformation waren sie seit dem 16. Jahrhundert üblich geworden. Anno 1587 beteiligt sich, in Bruderschaftskutten gehüllt, auch Herzog Wilhelm V. mit seinem Vetter, dem jungen Markgrafen von Baden, an einem solchen Bußgang. Manchen Gläubigen genügt es aber nicht, nur an der Prozession teilzunehmen. Vielmehr nehmen sie das Wort von der Nachfolge Christi wörtlich und schleppen (wie in Spanien heute noch Brauch) schwere Kreuze mit sich. Darüber hinaus gesellen sich zur Prozession auch noch Flagellanten, die sich mit Ruten und scharfen Haken den bloßen Rücken wundpeitschen.
Bei diesen Bußprozessionen werden vor allem unter dem Einfluß der Jesuiten die Leiden des Erlösers dargestellt, ergänzt durch entsprechende Motive aus dem Alten Testament. Die Anzahl der Mitwirkenden für diese lebenden Bilder ist manchmal so groß, daß die Einwohnerschaft eines Ortes, hauptsächlich auf dem Land, nicht ausreicht, so daß man Darsteller aus den Nachbarorten holen muß.
Weitum berühmt war die Prozession in Mindelheim, über die eine Beschreibung aus dem Jahr 1756 berichtet. Ähnlich wie im Passionstheater wurden Vergleiche zwischen Altem und Neuem Bund angestellt und die besonders gern gesehenen symbolischen Darstellungen in die Prozession aufgenommen. Da war zu sehen, wie Jonas und David voneinander Abschied nehmen, wie sich Christus und Maria verabschieden; oder wie David mit dem Riesen Goliath kämpft und Christus am Ölberg mit dem Ungeheuer der Sünde ringt; oder Saul begehrt von seinem Sohn und dessen Knechten den Tod Davids, eine Entsprechung sind die Pharisäer, die den Tod Jesu Christi fordern;

schließlich triumphiert David über den riesigen Goliath, und Christus siegt über die Welt, über das Fleisch und über den Teufel.

Gegen diese bildhaft-theatralischen Darstellungen christlicher Glaubenswahrheiten kämpfte die Aufklärung an; sie bediente sich dazu der Machtmittel des Staats, weil das Volk seine Gebräuche nicht freiwillig aufgeben wollte. So wurde am 31. März 1770 verfügt: »Nachdem wir uns gnädigst entschloßen haben, in unser sammentlichen Churlanden in Stadt und Märkten sowohl, als durchgehents auch auf dem Land die Passionstragoedien gänzlich abzuschaffen, und in anbetracht, das die gröste geheimnis unserer geheiligten Religion keineswegs auf die bühne gehört, weder in der fasten, am mindesten aber in der heiligen Charwoche mehr zu gedulten, also habt ihr gleich heuer, was die Charwoch belangt, auf diesen unsern ernst gemesnen, und unabänderlichen befehl nach aller strenge zu halten, und die hiefür sich deßwegen meldende Supplicanten gleich auf der Stelle abzuweisen, was die Charfreytags Processionen betrifft, so sollen sie in Zukunft nur in einen andächtigen Umgang ohne Sprüch, herumreissungen, und dergleichen unformblichkeiten gehalten werden, worauf ihr eben hierfür aufs genaueste zu sechen habt, wie euch dann auch unverhalten bleibt, das die besorgung dieser, und dergleichen geistlichen Pollicey-sachen von höchster Stelle unserm geistlichen rath gnädigst auferlegt worden, sind auch anbey mit gnaden.«

Nur wenige Passionsspiele haben sich erhalten können, wie das berühmteste in Oberammergau, ein anderes in Waal im Schwäbischen oder das in Erl im nahen Tirol; andere fanden einen neuen Anfang, wie das von Neumarkt in der Oberpfalz. Vieles aber mußte dem neuen Zeitgeist weichen.

Einen schwachen Abglanz jener Prozessionen alten Stils vermittelt am Sonntag nach Mariae Himmelfahrt die ›Stumme Prozession‹ in Vilgertshofen (s. S. 247): Um die Wallfahrtskirche ziehen in der Prozession die Gestalten des Alten und des Neuen Bundes – Abraham und Isaac, Melchisedek, Judith mit dem Kopf des Holofernes, Moses mit den Gesetzestafeln und der Ehernen Schlange sowie der König David mit der Harfe. Judas mit brennrotem Bart und Perücke schüttelt gierig den Beutel voller Silberlinge; ihm folgen die beiden Schächer, schließlich die Heilandsgestalt, gebeugt unter der Last des Kreuzes.

Kreuzigung und Kreuzestod Christi sind der Höhepunkt der Passion – noch ist der Sieg des Erlösers über den Tod nicht offenbar. Noch hängt der Gottessohn am Kreuz, seine verschüchterten Jünger wagen nicht, den Leichnam abzunehmen und ins Grab zu legen. Joseph von Arimathia erbittet sich von Pilatus die Erlaubnis, Christus zu bestatten. Und das Volkslied schildert:

Maria wird ganz bleich mit Zähren überschwemmet,
bis daß man nun die Leich vom Kreuz herunternehmet.
Man legt ihn in ihr'n Schoß, ganz nackend und ganz bloß.
Da hat sie erst gesehen seine Wunden all so groß.

Den Heiland salbet man, da er so hart geschlagen.
In der letzten Station wird er zu Grab getragen.
O Sünder, geh in dich, reumütig wein um mich
von wegen deinen Sünden, Gott um Verzeihung bitt.

Auch im Brauch hat die Grablegung Christi Eingang gefunden. In alten bayerischen Klöstern hat man die Grablegung feierlich vollzogen. Eine lateinische Handschrift aus dem 15. Jahrhundert, die in der Bayerischen Staatsbibliothek verwahrt wird, berichtet davon. In ihr ist die gottesdienstliche Funktion für die Grablegungsfeier im alten Augustiner-Chorherrnstift zu Polling genau festgelegt: »Die zwei mit roten Meßgewändern bekleideten Priester nehmen eine Tragbahre mit dem Bilde Christi, das mit einem reinen Linnentuche bedeckt ist, und heben die Bahre ehrfurchtsvoll auf ihre Schultern. Dann ziehen sie in Prozession voran; der Konvent folgt mit brennenden Kerzen und singt mit klagender Stimme die Responsorien ›Siehe wie er stirbt‹ / ›Als der Herr begraben war‹ / ›Der Hirt hat uns verlassen‹. Sind sie am Apostelaltar angelangt, so legt der Prälat das Allerheiligste in ein Gefäß. Die Prozession bewegt sich durch den Kreuzgang mit großer Feierlichkeit und langsamem Schritte. Am heiligen Grabe angelangt, teilt sich der Konvent, und steht ein Chor gegenüber dem andern vor dem Grab. Der Prälat stellt das Allerheiligste in den oberen Teil des Grabes, während die beiden Priester das Bild des Gekreuzigten halten. Dieses nimmt dann der Prälat und legt es in das Grab, bedeckts mit einem Leintuche. Dann wird vor dem Grab die Vesper gebetet. Das Bild aber hat am Hals ein Agnus Dei mit Reliquien. Ehe die Brüder vom heiligen Grabe sich entfernen, küssen sie andächtig das Bild des Herrn.«

Keine zwei Wegstunden vom alten Kloster Polling entfernt liegt das Dorf Habach. In der alten Kollegiatsstiftskirche der Augustiner Chorherrn – heute ist sie Pfarrkirche – gab es ein Heiliges Grab, das Opfer der Liturgiereform geworden ist: man hat es abgeschafft, weil es kluge Leute für künstlerisch unbedeutend gehalten haben. Schließlich war es aus den verpönten achtziger Jahren des vorigen Jahrhunderts. Zudem war es mühsam aufzubauen – und so hat man es kurzerhand abgeschafft.

In derselben Kirche aber stand noch eine alte Beweinung Christi aus dem Jahre 1609 etwas unbeachtet in der letzten linken Seitenkapelle – prächtige Figuren, die man dem Bartholomäus Steinle zuschreibt: Ein lebensgroßer holzgeschnitzter Corpus Christi, dahinter die Halbfiguren der Muttergottes, der heiligen Magdalena, des heiligen Johannes, der Maria Salome, der Maria Cleophe. Diese Figuren hatte der alte Pfarrer Job in den Karfreitagsgottesdienst miteinbezogen: Die Halbfiguren waren schon bei seinem Beginn auf der Mensa des Hochaltares aufgestellt worden. Nach der Kreuzverehrung sind Ministranten in einer Prozession durch die Kirche zum Hochaltar gezogen. Ihre weißen weiten Umhänge waren mit roten Kreuzen benäht wie die der Ritter des Heiligen Grabes in Jerusalem. Auf einer mit einem großen leinenen Tuch überdeckten Bahre ist der lebensgroße Corpus Christi in das mit Blumen reichgeschmückte Heilige Grab getragen worden.

Die Heiligen Gräber, die eigens aufgeschlagen und abgebrochen werden müssen – was Privileg und Pflicht vom Zimmermann und Schreiner im Ort gewesen ist –, sind typische Kinder der Barockzeit. Der Grabkult selbst aber reicht weiter zurück. So ist das älteste Heilige Grab im bayerischen Raum jenes im Kapuzinerkloster in Eichstätt, eine romanische Nachbildung des Heiligen Grabes in Jerusalem. Im 14. Jahrhundert ist ein Heiliges Grab im Kloster der Dominikanerinnen in Bamberg

RATSCHENBUBEN
KOHLGRUB

bezeugt, 1492 wird eines aus Holz im Dom zu Freising aufgestellt, während ein anderes in Rechnungen des Stiftes Moosburg im Jahre 1475 erwähnt wird. Es ist kein Zufall, daß die Sitte der Heiligen Gräber im ausgehenden Mittelalter aufkommt. In dieser Zeit der Spätgotik haben die Künstler mit besonderer Liebe die Gestalt des Erlösers am Kreuz gestaltet – vorbereitet durch eine Reihe großer Heiliger wie Bernhard von Clairvaux oder Franz von Assisi, durch Mystiker und durch die Bettelorden mit ihren Predigern. Sie alle haben die Christenheit an ein tieferes Verständnis für den leidenden Heiland herangeführt: Erst mit der ›Vermenschlichung‹ des Königs am Kreuzbalken konnte neben dem Schmerzensmann und dem Gekreuzigten auch der Heiland im Grabe besondere Verehrung finden.

Die weltlichen Höfe sind den Domen, Stiftskirchen und Klöstern nicht nachgestanden: sie haben in ihren Hofkirchen und -kapellen aufwendige Heilige Gräber mit großen Trauergerüsten aufgestellt. So wurden um 1700 für ein Heiliges Grab in der kurfürstlichen Residenz zu München 370 weiße und 800 gelbe Tafelkerzen, acht Holzfackeln und so weiter im Gewicht von fast zweieinhalb Zentnern verrechnet und dazu noch 170 Pfund Unschlittkerzen.

Vor und nach dem Dreißigjährigen Krieg haben allmählich die kleineren Städte und ländlichen Pfarrkirchen ebenfalls Heilige Gräber aufgerichtet. Bei ihrer Gestaltung war der Phantasie des Volkes viel Raum gegeben – bis hin zu den mit gefärbtem Wasser gefüllten Glaskugeln, hinter denen Öllämpchen brennen. Aber auch Grabwachen wurden aufgestellt. So haben bis in die Jahre nach dem Zweiten Weltkrieg Bauern in Aschau im Chiemgau, verkleidet als römische Soldaten in Rüstung mit Helm und Spieß, am Grab Wache gehalten, während die Gläubigen, wie überall, vor dem ausgesetzten Allerheiligsten beteten.

In der alten Klosterkirche St. Georgen in Dießen am Ammersee besteht noch ein Heiliges Grab aus dem 18. Jahrhundert, der Bauzeit der Kirche. Das riesige Altarblatt ist zu versenken wie ein eiserner Vorhang in einem eigens zu diesem Zweck gebauten Schacht. Auf der Bühne hinter dem Altar sind die Kulissen, gemalte Architektur, wie bei einer alten Guckkastenbühne

gestaffelt, eine hinter der anderen: Oben in den Wolken schwebt Gott-Vater, von Engeln umgeben, und unten ruht Christus im Grab – die Figuren sind, wie die Kulissen, bemalt. Bis zum Gloria in der Osternacht bleibt die Christusgestalt im Grabe liegen, und wenn dann die Glocken läuten und das Licht wieder aufleuchtet, wird der Grablegungs-Christus versenkt, und der Auferstehungs-Christus steigt empor.
Es mag sein, daß uns das allzu Barocke, Theatralische nicht mehr unmittelbar entspricht – vielleicht sind wir etwas nüchterner geworden. Aber es spricht für die ›Vitalität‹ eines Brauchs, wenn er heute nach recht nüchternen Jahren wieder auflebt. Und das nicht so sehr auf dem Land, sondern vielmehr in den Städten – in München, Augsburg, Passau, Landshut, wo man am Karfreitag oder am Karsamstag jene Kirchen besucht, in denen wieder Heilige Gräber aufgebaut sind.

Vom g'weichten Feuer, von der Speisenweihe und vom Emmaus-Gehen

Mit der neuen Liturgie ist so mancher alte Brauch verschwunden. Die Kreuzverehrung hat eine neue Form, sie ist einbezogen in den Gottesdienst am Karfreitag. Es ist auch nicht mehr Brauch, das Kruzifix den ganzen Tag über zum ›Kreuzküssen‹ auf die Stufen zum Presbyterium zu legen. Bis zur Liturgiereform war es auch üblich, das Feuer schon am Karsamstag früh zu weihen. Meist waren nur wenige Erwachsene dabei, denn der Karsamstagvormittag galt noch als Arbeitstag. Dafür haben es die Ministranten um so wichtiger gehabt, denn an diesem Tag haben sie geweihtes Feuer austragen und Ostereier dafür bekommen. Das Feuer ist geweiht worden, wie das seit den Zeiten des heiligen Bonifatius üblich ist. »Judas verbrennen« hat man in der Gegend von Fürstenfeldbruck dazu gesagt, und eigens aufgerichtete Holzscheitl hat man dabei anbrennen, ankohlen lassen. In Habach sind die Ministranten auf dem Friedhof um das Feuer gestanden, in dem auch die einfachen hölzernen Vortragskreuze von den Beerdigungen des vergangenen Jahres verbrannt worden sind. Kleine Eimer und blecherne Schöpfer haben sie dabei gehabt: Mit den Schöpfern haben sie die glühende Holzkohle aus dem Feuer geholt, dann sind sie zu zweit losgerannt – der eine mit dem Kübel und der Kohle, der andere mit einem Körbl oder einem weißleinen Sackl. Schließlich war das Austragen der geweihten Kohle ein ganz reeller Handel: Geweihte Kohle gegen Ostereier. Und da hat es dann schon pressiert, damit einem die andern Ministranten nicht den Rang ablaufen. In manchen Gegenden haben die Ministranten alle Eier behalten dürfen, in anderen wiederum nur die bunten, während die weißen für den Mesner bestimmt waren. Das war von Dorf zu Dorf verschieden.

Das Austragen des geweihten Feuers hat nicht überall in der gleichen Form stattgefunden. An anderen Orten, zum Beispiel in Mauthausen bei Piding, entzündeten die Ministranten einen großen grauen Baumschwamm, wie er an Buchenstämmen

wächst. Ihn haben sie auf ein Schüreisen gesteckt und wie ein Weihrauchfaß geschwungen, damit die Glut erhalten bleibt. Und an diesem Schwamm brannten sie kleingeschnittene Schwammstückerl an, um sie in den Herd zu legen. Man hat in den Häusern auf den Besuch der Ministranten schon gewartet, denn es war der Volksglaube damit verbunden, daß in dem Haus, in dem ein Stück des geweihten Feuers in den Herd kommt, kein Blitz einschlägt, zumindest nicht in diesem Jahr.
Heutzutage finden Feuer- und Wasserweihe am späten Abend des Ostersamstags, also in der eigentlichen Osternacht, oder am Ostersonntag in aller Früh statt, und die Gläubigen nehmen mancherorts nach dem Gottesdienst in Laternen und Windlichtern ihre Osterfeuer selbst mit nach Haus. Kein Mensch denkt mehr daran, daß einmal in den Bauernhäusern am Gründonnerstag abend das Feuer ausgelöscht und erst am Samstag früh mit dem geweihten Feuer neu entzündet worden ist.

Der Ostersonntag ist ein langersehnter Tag, vor allem von den Kindern, die das Ende des Hauptgottesdienstes kaum erwarten können, um ihr Körberl mit den geweihten Speisen nach Haus zu tragen. Dort wird dann der Inhalt verteilt an die Familie; auf dem Land, so es sie noch gibt, auch an die Dienstboten: der Speck, die bunten Eier, das Salz, das Brot, der Apfel, der Meerrettich (der an die bitteren Leiden unseres Herrn erinnern soll) und das Osterlampel in der Mitte. Dieses ist meistens aus Biskuit gebacken und mit Zucker überstäubt, manchmal aus Zucker gespritzt, nur noch ganz selten aus Butter geformt (wobei das Fell aus feinen ›Butterhaaren‹ durch das Sieb gedrückt und übertragen wird). In manchen Gegenden hat man die Ostereier nicht nur gefärbt, man hat sie für die Speisenweihe leicht eingedrückt, damit ›d'Weich‹ besser eindringt. Und es hat kein Haus gegeben, in dem die Schalen eines geweihten Eies weggeworfen worden waren: man hat sie verbrannt oder im Bauerngarten, auch draußen an den Ecken eines Ackers, vergraben.
Die liebenswürdige Sitte der Speisenweihe findet schon vor gut zweihundert Jahren in den besserwisserischen Aufklärern ihre erbitterten Gegner. Da wettert ein Herr Obermayr, alias Joseph

HÄBACH
OBERSÖCHERING
KOHLGRUB
FEUERAUSTRAG.

Richter, 1784, in seinem Buch *Bildgallerie katholischer Mißbräuche,* »wie am Palmsonntag, die Oelzweige und Palmbuschen geweiht werden, so pflegt die Kirche am Ostertag Eyer, Lammfleisch, Kalbsschlegeln, und weil sie nun schon einmal im Korbe liegen, auch Schweinschinken zu weihen, bey welcher Zeremonie sich vorzüglich die Hunde einzufinden pflegen. Wir wollen nicht untersuchen, ob es anständig sey, dem Fleisch von Lämmern, Schweinen und angehenden Ochsen die Weihe zu ertheilen, sondern nur beym Aberglauben, dem diese Art von Weihe Nahrung giebt, stehen bleiben. Der gemeine Mann ist nun einmal der Meynung, daß alles, was geweiht ist, nicht schaden könne. – Daher verschluckt er ohne Skrupel Lukaszettel, hartes Fieberbrod, Palmkätzchen usw., was wird er nicht in Ansehung eines geweihten Kälberschlegels oder einer Osterschünke thun, die ihm schon ungeweiht so gut schmeckt, und die er gegen 40 Täge entbehren mußte? – Es erscheint also kaum der sehnlich gewünschte Ostertag, so muß die Magd (die bey dieser Gelegenheit wohl auch mit geweiht wird) die Leckerspeise, in reinliches Tuch gehüllet, in einem Korbe zur Weihe tragen... Ist nun die Magd zurück, so geht die Zergliederung vor sich, und da muß vom größten bis zum kleinesten (oft sogar die unmündigen Kinder) von dem Geweihten ein Frühstück nehmen; welches aber gemeinlich in so grosser Portion genommen wird, daß für das Mittagsmahl kein Raum übrig bleibt. – Es giebt aber dann auch wenige Familien, aus denen an diesem Tag der Herr, die Frau, die Kinder oder die Bedienten nicht kleine Unverdaulichkeitsaccidenzien bekämen, ja wenn wir den Aerzten glauben dürfen, so sind schon viele deswegen so frühzeitig eingesegnet worden, weil sie zu viel der Weihe zu sich nahmen. – Doch eine Reformation der Fasten könnte diese Misbräuche bald verschwinden machen«. – Mit den Reformen hat man es also damals auch schon gehabt – und es sind auch ganz neuzeitliche Gedanken ausgesprochen worden, etwa: »Auch im politischen Gesichtspunkte betrachtet, ist dieser Misbrauch schädlich; denn er verursachet besonders der arbeitenden Klasse unnöthige Ausgaben, die für viele zu gleich drückend sind.«
Wenn man von Ostern erzählt, muß man auch vom Osterei und von Eierspielen berichten. Bei uns war es früher nicht Brauch,

Eier besonders reich zu schmücken, wie das in Osteuropa – in der Tschechoslowakei, in Polen, in Rußland – Brauch war und heute noch ist. Aber auf rote Eier mit Scheidewasser ein paar Blumen zeichnen, ein Lamm etwa, dann Sprüche draufzuschreiben – das hat man schon gekannt. Diese roten Eier mit Sprüchen haben vor allem bei den jungen Leuten eine große Rolle gespielt, denn bei ihnen wurde das Osterei sozusagen Mittel zum Zweck: Mit einem entsprechenden Spruch drauf hat man dem anderen die eigene Gesinnung, die eigenen Gefühle kundtun können. Erste Annäherung bis richtiges Verliebtsein konnte mit dem Osterei ausgedrückt werden, aber genausogut eine Ablehnung. Hier ein paar Beispiele von solchen Ostereiersprüchen:

Ich wünsch gute Ostern
und viel der guten Zeiten,
ein leicht's Gmüat,
ein frisch Geblüat
und Glück von allen Seiten.

Rosen, Tulpen, Nelken,
alle Blumen welken.
Nur dein Glück allein,
soll stets blühend sein.

Hier gieb ich dir ein Osterei;
unser Henn hat zweierlei:
ein solches für den guten Freund,
eins dem, der's nicht ehrlich meint.

Waren sich zwei über die Ehrlichkeit ihrer Zuneigung klar, hat man das am Spruch auf dem Osterei auch ablesen können:

Freundschaft hab ich dir versprochen
und noch nie mein Wort gebrochen;
zum Zeichen meiner Treu
schenk ich dir ein Osterey.

Oder:

Mein Herz, das brennt wie eine Glut,
möcht wissen, was das deine tut.

Hat aber einer gar nicht recht gewußt, wie er es anstellen soll, dann hat es schon sein können, daß er von einem Dirndl ein Ei geschenkt bekam, auf dem er weiß auf rot hat lesen können:

Du dalkater Bua,
kommst vor frag'n net dazua.
Wenn's d'a Bussl willst hab'n,
derfst mi net so lang frag'n.

Haben zwei junge Leute dann endlich gewußt, daß sie zusammengehören, ist auf dem roten Osterei wohl gestanden:

Lieben und geliebt zu werden,
ist die größte Freud auf Erden.

Verliebt sein, sich gern haben, heiraten wollen hat früher einmal nicht auch bedeutet, daß zwei heiraten konnten. Dann war auf dem Osterei zu lesen: »Lieben und nichts haben, / ist härter als Steingraben«. Das mag so manche Magd ihrem Schatz, einem Knecht, mit ungelenker Hand und im Streit mit der Orthographie auf das rote Ei geschrieben haben.

Wenn es mit der Liebe zwischen zwei jungen Menschen nimmer so recht gestimmt hat, hat das beileibe nicht geheißen, daß sie sich kein Osterei mehr schenken. Nur ist halt dann jeweils der entsprechende Spruch draufgestanden. Hat er es mit der Liebe nicht so ernst genommen, hat sie auf das Ei geschrieben:

Männertreu und Rosenblätter
gleichen dem Aprilwetter.

Hat sie es nicht so ernst genommen, dann hat er draufgeschrieben:

Daß ich dich gern hab,
das ist kein Zweifel;
daß du oft andere hast,
das ist der Teufel.

Ein anderer hat wütend auf das Ei geschrieben:

Ich bin verliebt bis in den Tod,
aber nicht in dich, du schwarze Krot.

War es aber aus mit der Liab, dann geht es noch höflich glimpflich ab, wenn auf dem Ei steht:

Ich liebe dich in der Beständigkeit,
von 11 Uhr, bis es 12 Uhr leit.

Oder etwas vornehmer:

Die Freundschaft ist ewig, die Liebe vergeht,
drum laß mich wählen, was ewig besteht.

Immer noch kann man in den Tagen nach Ostern, vor allem am Ostersonntag nachmittag und am Ostermontag, Kinder beim ›Oarscheibn‹ beobachten. Es werden zwei Holzstangen – auch zwei Rechen überkreuz – so nahe zusammengestellt, daß diese beiden Stangen eine kleine schräge Rinne bilden, in der die Ostereier hinunter auf die Wiese rollen können. Die Kinder kommen mit ihren Eiern, lassen sie runterkugeln und versuchen, jeweils das Ei eines Mitspielers, das unten liegt, anzuschlagen, denn jedes Ei, das herunterrollt und kein anderes berührt, bleibt in der Wiese liegen. Die Möglichkeit, ein Ei zu treffen, wird also immer größer, je länger man scheibt. Im übrigen kann man die Eier schon ein bißl lenken. Der alte Emmerich Heiß, Mesner von Habach, hat das auch gewußt und es deutlich erklärt: »Da muaß ma um an Vortl wiss'n. Bal ma as Oa mi'm Arsch nach rechts legt, rollts unten links, und bal ma's Oa mi'm Arsch links legt, rollts in da Wies'n rechts.« Hat man mit seinem Ei ein anderes getroffen, so hat einem das Ei gehört. Nach einer anderen Regel hat derjenige, dessen Ei getroffen worden ist, einen Pfennig zahlen müssen. In den Dörfern, in denen das ›Oarscheibn‹ auf diese Weise gespielt wird, sind die Pfennige an den Ostertagen rar, die Kinder haben sie seit Tagen gesammelt. – Übrigens: Was den Kindern das Oarscheibn, das ist den Mannsbildern das Stöckeln gewesen. Vereinzelt hat man dieses Spiel noch nach dem Zweiten Weltkrieg sehen können. Blei- oder Eisenplatten hat man nach einem Holzstock geworfen.
Von einem ganz besonderen Eierspiel in der Tiroler Nachbarschaft erzählt Ludwig von Hörmann; ›Eierklauben‹ heißt dieses Spiel, und im Oberinntal, nahe bei dem Dorf Zams, war es üblich: »Die Dorfburschen betteln schon am Tage zuvor von allen Bäuerinnen eine tüchtige Anzahl Eier zusammen. Diese tragen sie am Osterdienstag, an dem gewöhnlich das Spiel abgehalten wird, in einem Korbe auf eine weite freie Wiese unfern des Dorfes. Dort werden auf einem runden, mit einer Schicht Sand bedeckten Platze die Eier, 170–175 an der Zahl,

derart hingelegt, daß jedes fünf Schuh [ca. 1,50 m] vom andern entfernt ist und auf je zehn ein gefärbtes kommt... Endlich kommt die Spielgesellschaft..., welche oft aus einigen achtzig Köpfen besteht. Sie ist in zwei Heerlager geteilt, an deren Spitzen sich einerseits zwei Schnell-Läufer, andererseits der ›Eierklauber‹ befinden. Die übrigen erscheinen in einem Aufzuge, als gelte es noch einmal Fasnacht zu halten. Türken, Mohren, Zigeuner, Dörcher, Hexen, wilde Männer usw. in den seltsamsten Verkleidungen... Den Hauptgegenstand der Aufmerksamkeit bilden jedoch die Schnell-Läufer und der Eierklauber. Alle drei sind sehr leicht gekleidet, mit Blumen und Bändern geschmückt und um die Mitte fest geschnürt, um sich, wie sie sagen, vor Rücken- und Seitenstechen zu bewahren.« Ist alles bereit, verkündet der Herold den Beginn des Spiels: »Während der Eierklauber jedes Ei einzeln auflesen und in den Korb legen muß, wobei er nur drei Eier zerbrechen darf, eilen die Läufer über die Zamser Innbrücke nach Lötz, Perjen (Ortschaften im Oberinntale) über die Purschler Brücke nach Landeck und von da wieder nach Zams zurück zum Eierkorbe. Auf der Hälfte des Weges rasten sie einen Augenblick, um eine ›Halbe‹ Wein zu trinken... Langt ein Läufer eher, als das letzte Ei im Korbe liegt, auf dem Kampfplatze an, so hat seine Partei gewonnen, und die andere muß die Kosten des Spiels und des darauf folgenden Festmahles bestreiten; wird aber der Eierklauber früher fertig, so tritt der entgegengesetzte Fall ein.« Damit war aber das Spiel noch nicht zu Ende. Eigentlich ist es erst richtig angegangen: Unter denen, die wie Türken gekleidet waren, ist einer in einem abenteuerlichen Anzug als ›Sultan‹ vorgetreten und hat laut über den Platz gerufen: »Sagt an, was gibt es Neues in Zams, Landeck, Fliess, Grins, Stanz und Schönwies?« Auf diese Frage, so schreibt Hörmann, »... treten die ›Spieler‹ einer nach dem andern vor und erzählen. Wer nun das Jahr hindurch einen dummen oder boshaften Streich gemacht, jemanden betrogen oder eine heimliche Liebschaft ›angebandelt‹ hat, dem wird die Hölle heiß gemacht... Schließlich aber marschiert die spielende Gesellschaft mit zahlreichem Gefolge ins Wirtshaus. Dort bäckt die Frau Wirtin aus den 175 Eiern einen riesigen Pfannkuchen, der gemeinschaftlich verzehrt wird.«

Nicht vergessen aber sei hier auch ein Brauch, der ganz allgemein verbreitet war und der durch Goethes *Faust* gar in die Literatur eingegangen ist, nämlich der Osterspaziergang, im Volksmund das ›Emmaus-Gehn‹ geheißen – eben-naus-gehn, eben-hinaus-gehen hat man auch gesagt. Dieser Brauch hat aber seinen Namen nach einem Bericht aus dem Lukas-Evangelium, in dem erzählt wird, daß zwei von den Aposteln nach Emmaus hinausgingen und daß sich ihnen Christus zugesellte, den sie aber nicht erkannten. Sie luden ihn zu Tisch – »Bleibe bei uns, denn es will Abend werden«, Christus ging mit, setzte sich zu ihnen, »und es geschah«, heißt es in der Heiligen Schrift, »da er mit ihnen zu Tische saß, nahm er das Brot, dankte, brach's und gab's ihnen. Da wurden ihre Augen geöffnet, und sie erkannten ihn. Und er verschwand vor ihnen.« An diese Überlieferung nun schließt der Brauch des Emmaus-Gehens an.

Auch Joseph Schlicht erzählt davon: »Nach dem Mittagstische geht die ganze Familie zur Felderweih. Der Bauer voraus. Er und jeder Knecht und jeder Knabe mit einem Arm voll geweihte Palmbaumkreuzlein, die Bäuerin mit einer Krugel voll geweichtes Karsamstagswasser.« Er erzählt weiter, daß jede Dirn und jedes Mädel die Schürze voll Antlaßeier und geweihter Schalen mitträgt. »Der Ritus dieses alten, bayrischen, österlichen Saatsegens ist folgender. Man gräbt in den Acker ein Loch und legt geweihte Eierschalen darein, gießt noch ›Karsamstagstauf‹ darüber und ebnet dann die Erde, segnet in Kreuzesform das Feld und steckt ein geweihtes Palmkreuzchen darauf unter Gebet und Gottvertrauen. So von Acker zu Acker. Hernach führt der Hausvater seine sämtlichen Leute in die Tafern und hält sie zechfrei mit Bier und Eierweckeln.«

Zu der Zeit von Joseph Schlicht hat man am Ostermontag eine zuverlässige Dirn, meist die Oberdirn, losgeschickt: Sie hat den kleinen Patenkindern des Bauern und der Bäuerin die Ostergeschenke bringen müssen. So ein Gang war, zum Teil wenigstens, recht beschwerlich, denn der Korb war schwer beladen, weil jeder einzelne ›Död‹ (Patenkind) fünfzehn Eier bekommen hat, rote und weiße, dazu einen beachtlichen Eierfladen und einen riesigen zuckersüßen Lebkuchen. – Der Gang war für die Ober-

dirn aber nicht nur beschwerlich, sondern auch einträglich, denn Trinkgeld ist für sie abgefallen.
Die jungen Leute sind natürlich auch ›Emmaus gegangen‹; nur war dieses Emmaus im allgemeinen ein Wirtshaus. Dorthin hat der Bursch sein Dirndl geführt und nobel, wie er war, eingeladen zu Würsteln, zum Bier oder gar zum Wein; auch Met hat es damals gegeben. Da durfte er sich nicht lumpen lassen.
Wer sich an diesem Tag aber ebenfalls nicht hat lumpen lassen, das war die Wirtin. Sie hat sich entsprechend mit roten Eiern eingedeckt und ihren Gästen geschenkt. Nicht willkürlich natürlich. Der Stammtischler hat drei gekriegt, ein anderer zwei oder eines, die reine Laufkundschaft gar keines.
Am Emmaustag hat es noch einen anderen Brauch mit Ostereiern gegeben: Ein bayerisches Dirndl, das was auf sich und auf's Herkommen gehalten hat, hat seinem Schatz am Abend durch's Kammerfensterl hinaus rote Eier geschenkt. Nicht zu wenig, wenn sie ihn sehr gern gemocht hat. Aber mit den Eiern allein, weiß Schlicht zu berichten, war es nicht getan – ein niederbayerisches Dirndl war ihrem Schatz noch mehr schuldig. Also zunächst einmal die Eier, einundzwanzig Eier, Prachteier, vielfarbig bemalt und deshalb ›Scheckln‹ geheißen. Dazu aber dann noch dreierlei Tüchel: »Eines von Engelspers, eines mit Spitzen in die Spensertasche, lediglich bestimmt zum Windmachen und ein seidens Halstuch. Ein minniglicher Gegenwert, der sie bare fünf Gulden leicht kostet. Aber ein Doppelgeschenk muß es sein, falls die Tüchlein fehlen, spießt der zornige Bursch die sämtlichen Ostereier seiner Liebsten ohne Federlesen auf die Stacketen des Nachbarzauns, und die geizige Schöne verfällt mit Tagesanbruch dem Spott des Dorfes.« Aber auch ein Dirndl hat sich wehren können – gerade an diesem Tag. Mit den roten Eiern nämlich hat sie ihre Gnade, Huld und Liebe kundgetan, oder eine gnadenlose Abfuhr verabreicht. Hat ein Mädel seinen Burschen gern gehabt und hat sie ihm das zeigen wollen, dann hat sie ihm die roten Eier ›unpaar‹ schenken müssen, also in ungerader Zahl – dann haben sie nämlich Glück bedeutet und eben Zuneigung. Paarweise aber bedeutete abweisen und verschmähen. Gar mancher habe in so einer Emmausnacht fieberhaft seine Eier gezählt und sie dann – so wird erzählt – zornig

und wütend seiner Angebeteten zurück in die Kammer geschleudert. Manches Fenster habe so eine Emmausnacht nicht heil überstanden.
Schlicht überliefert aber auch, daß selbst die ernsten, gesetzten, sitten- und regierungsstrengen Hausfrauen am Emmaustag nicht ungeschoren blieben. Ehe es nämlich dunkel geworden ist, haben die Burschen an das Küchenfenster geklopft, und ist es dann endlich aufgemacht worden, haben sie mit gar frommem Augenaufschlag und fast glaubhaft rührender Einfalt gesagt: »Jaa – schaug Bäuerin, mir saan halt viel z'christli und geh mar an koa Kammafenster. Drum kriang ma heit aa nix g'schenkt. Geh, gib uns halt du rote Oar.« Und was bleibt ihr dann schon übrig – da sind halt dann auch rote Oar fällig geworden, auch wenn sie diesen Brüdern zehnmal nicht geglaubt und den Burschen am Nasenspitzel angekannt hat, daß sie schwindeln.
Dann erzählt Schlicht noch von einem anderen ›Eierbrauch‹: »Die drei Ostertage bringen für die bayerischen Dirnen eine eigentümliche Fülle von Erwartungen und Freuden. Die sämtlichen Eier, welche die Hofhennen am Ostersonntage legen, gehören der Oberdirn; die Ostermontagseier der Anderdirn; die Osterdienstagseier der Dritteldirn. Beim Ulmer zu Attenhofen legten die hundert Hühner der Oberdirn 90 Eier. Hat sie nun keinen Schatz an der Seite, so verkauft sie ihren Eiervorrat an die Bäuerin, an den Eiermann, an die Nachbarin und vergrößert mit dem Geld ihre Ersparnisse. Hat sie indessen insgeheim einen Hochzeiter, so trägt sie ihre Eier zur ›Ortskünstlerin‹ und läßt sie von ihr auserlesen färben und malen für den Emmaustag.« Wie die ›Oarmalerin‹ aber so viele Eier so schnell hat färben und vor allem hat bemalen können, das erzählt uns Schlicht allerdings nicht.

Vom heiligen Georg und den Ritten zu seinen Ehren

Schaut man in alten Büchern oder Kalendern nach, so kann man feststellen, daß sich die Gelehrten nicht ganz einig sind, wann das Fest des heiligen Georg eigentlich gefeiert worden ist – am 23. oder am 24. April. Fest steht aber, daß man seit dem 5. Jahrhundert den Tag des heiligen Märtyrers Georg in Rom festlich begangen hat. Noch vor dem 10. Jahrhundert ist er ganz allgemein von der Kirche gefeiert worden. Und seit dem 15. Jahrhundert zählt man Georg zu den Vierzehn heiligen Nothelfern.

Der heilige Georg sollte vor gar nicht so langer Zeit, sozusagen durch einen kirchlichen Verwaltungsakt, abgeschafft werden, weil er historisch nicht nachweisbar und damit auch gar kein Heiliger sei. Einem so populären Patron kann aber der Verwaltungsweg wenig anhaben, denn es gibt wohl nur wenige Heilige, die eine verbreitetere Verehrung gefunden haben als er. Überall in der Christenheit, in der Ostkirche genauso wie in Rom, im Vorderen Orient, in Äthiopien, in Rußland verehrte man ihn, und die Legenden um den Drachentöter kennt man in lateinischer, griechischer, russischer, sogar in koptischer und arabischer Sprache.

Die älteste überlieferte Legende wird ins 5. Jahrhundert zurückverlegt und stammt von einem Pasikrates, der eine *Passio sancti georgi* verfaßt hat; diese Geschichte des Martyriums des heiligen Georg hat Jakobus de Voragine im 13. Jahrundert in seine berühmte *Legenda aurea* aufgenommen.

Wenn man hierzuland vom heiligen Georg erzählt, muß man auch von Rössern erzählen, vor allem von Schimmeln, die seit alters her eine große Verehrung genießen. Dafür ist Tacitus Zeuge, der im 10. Kapitel seiner *Germania* überliefert: »Zu den Eigentümlichkeiten des germanischen Volkes gehört es, die Ahnungen und Mahnungen der Pferde zu erkunden. Sie werden öffentlich, das ist von Staats- oder Gemeinde wegen in heiligen Waldgebieten und Hainen gehalten...« Schimmel, ›equi candidi‹, sind es, »...die durch keinerlei Arbeit im Dienste der Sterblichen entweiht sind. Sie werden an den heiligen Wagen der ›sacerdos ac rex vel princeps civitatis‹ gespannt. Der Geistliche und der König, beziehungsweise das Gemeindeoberhaupt, geleiten sie, und sie achten auf ihr Wiehern und Schnauben. Keinem Vorzeichen schenkt man mehr Glauben, nicht nur beim einfachen Volk, selbst in den oberen Schichten und bei den Priestern. Dem Volksglauben nach sind die Priester nämlich nur Diener der Götter, die Pferde dagegen sind Mitwisser der Götter.«

Man mag einwenden, daß Germania nicht Bayern ist; doch die Beschreibung des Tacitus bezieht sich auf jene Gebiete, die damals von den Römern besetzt waren – und das sind Westdeutschland und Süddeutschland. Ungefähr zweihundert Jahre nach Tacitus wird der heilige Georg, der Legende nach, während der Christenverfolgung des Kaisers Diokletian gefoltert und hingerichtet, vermutlich enthauptet; er wird begraben zu Diospolis, das ist Lydda, das heutige Ludd bei Jaffa in Palästina. Dieser heilige Georg ist der Überlieferung nach römischer Offizier gewesen. »Seit Konstantin der Große 324 den Sieg über den im Osten herrschenden Heiden Licinius erfocht, wird Georg im Orient, wo er als ›Megalo-Märtyrer‹ (Großmärtyrer) und Bannerträger gilt, überall als der bewaffnete Verteidiger der Kirche, als ›Tropaiophóros‹ (der mit den Siegeszeichen geschmückte, jugendliche und unbesiegbare Glaubenshelfer) gefeiert, ähnlich wie in Rom Laurentius und Sebastian. An dieses allgemeine Motiv des Kampfes zwischen Gut und Böse knüpft die Legende vom Kampf mit dem Drachen und der Befreiung der Königstochter an. Das Land zwischen dem Großen und Kleinen Kaukasus wurde nach ihm Georgien benannt.« So steht es im *Handbuch der Namen und Heiligen.* Wie geehrt und geachtet der heilige Georg bei uns im Bayerischen immer war und noch ist, läßt sich an den vielen Georgen ermessen, die es bei uns gibt – an Georg, Gergla, Girgl oder Schorsch. Eng verbunden mit seinem Namen sind die Georgiritte.

Einer der ersten, der sich mit der Geschichte der Pferdeumritte befaßt und der zusammengetragen hat, welche Bräuche dabei entstanden sind, war Georg Schierghofer, ursprünglich Apotheker in Oberaudorf, später dann Besitzer der Badapotheke in Tölz. Er hat über seine Forschungen kurz vor dem Ersten Weltkrieg ein Buch herausgegeben; er teilt darin über Georgiritte mit: »Am Sonntag nach Georgi ist auf dem weithin sichtbaren Georgenberg bei Mühldorf nachmittags nach dem Rosenkranz dreimaliger Umritt um das höhekrönende gotische Georgskirchlein innerhalb der ›Freithofmauer‹. Hernach reitet man um die Felder zum Wald, kehrt zurück und empfängt bei der Kirche den Weihwassersegen. Den Schluß bildet das sogenannte ›Hahnrennen‹, wobei ein Gockel, eine Henne und eine Taube, meist zur Kirche geopfert, – daß die Bäuerin wieder mehr Glück habe – als Preise dienen. Zu Geld ausgespielt wandert dieses Opfer alsbald wieder in den Besitz der Kirche zurück. Der am weitesten Hergerittene erhält einen Weitpreis.« Leider erzählt Schierghofer nicht, wie dieser Weitpreis ausgesehen hat. Aber er berichtet auch von »...den Georgiritten in Pöttmes, bei Aichach, in Obereching, einer Filiale von St. Georgen bei Oberdorf an der Salzach, zur St. Georgskirche auf dem Georgenberg bei Pleiskirchen, bei den Georgskirchen in St. Georgen bei Obernberg im Innviertel, in Tüßling bei Altötting sowie bei der Georgikirche in Sonnheim, Gemeinde Taufkirchen.« Auch nennt er noch Ritte, die es damals bereits (1912/13) nicht mehr gegeben hat – einen von Tittmoning zur St. Georgskirche von Kirchheim, einen anderen von Friedolfing nach St. Johann. Besonders aber lobt er den Georgiritt von Stein an der Traun, hin zur Pfarrkirche St. Georgen.

In den Jahren 1803/04 hat man nicht nur eifrig säkularisiert, Kirchen und Klöster ausgeräumt, dabei große Schätze zerstört, man hat dem ach so dummen abergläubigen Volk auch klar gemacht, daß es bis jetzt eigentlich alles falsch gemacht hat und daß seine Bräuche, vor allem die kirchlichen Bräuche, ein Zeichen für Volksverdummung sind. So ist der Georgiritt in der Pfarrei St. Georgen, wie so viele andere und ähnliche Feste auch, kurzerhand verboten worden. Als man dann sogar bei der hohen Obrigkeit erkannt hat, daß man dem Volk nicht etwas nehmen kann, wenn man ihm nicht gleichzeitig Gleichwertiges gibt, besinnt man sich wieder auf die alten Bräuche. So ist der

Georgiritt von Stein an der Traun 1833 durch ein königliches Reskript zu neuem Leben erweckt worden. Die Bauern haben ihre Rösser zu Ehren des heiligen Georg wieder festlich schmücken und ihm zu Ehren und den Rössern zum Nutzen reiten können.

Von diesem Georgiritt gibt es eine Schilderung des jungen Felix Dahn, geschrieben um 1858 für die *Bavaria. Landes- und Volkskunde des Königreiches Bayern:* »Besonders feierlich wird dieser Georgiritt gehalten … im alten Gericht Stain, Pfarrei St. Georgen… Um 6 Uhr morgens versammeln sich nach dem Frühgottesdienst die Reiter aus allen umliegenden Dörfern, mehr als hundert an der Zahl, im Schloßhof zu Stain, jeder mit zwei Rossen; um 7 Uhr bricht der Zug auf, geführt von zwei berittenen Postillonen, sechs blasenden Trompetern und ebenso vielen Engeln, d.h. kleinen Bauernbuben in weißen Jacken mit fleischfarbenen Strümpfen und roten Schuhen, auf schneeweißen Rossen, in ihrer Mitte der heilige Ritter Georg selbst, in Gestalt eines Burschen aus St. Georg, der sich zu diesem Zweck besonders den Schnurrbart hat wachsen lassen; sein Schimmel trägt das Sattelzeug des 17. Jahrhunderts, er selbst den Blechharnisch, den Helm mit wallenden Federn, einen roten Mantel, hohe Reiterstiefel mit Sporen, in der Linken hält er die rot- und weiß gekreuzte Fahne, in der Rechten das Schwert. An diesem Vortrab schloß sich früher die Gutsherrschaft von Stain sammt dem Burgkaplan in Chorrock und Stola hoch zu Roß, jetzt ersetzt durch ein Mitglied des Landgerichts; darauf folgen … zwei Vorsteher der Georgibruderschaft mit großen kranzgeschmückten Kerzen und nun endlich die Reiter paarweise nach Pfarreien geordnet, vor jeder Schar ein Fähnrich.« Der Zug der Reiter, so erzählt Dahn weiter, reitet über Weisham zur St.Georgenkirche in Weisbrunn. Von dort kommt dieser Prozession der Geistliche mit dem Allerheiligsten entgegen, begleitet von der Klerisei, von den Pilgern, begleitet auch von den Männern der St. Georgsbruderschaft, jeder im weißen Talar, besetzt mit einem roten Kragen, jeder einen Stab in der Rechten mit dem Bild des heiligen Georg. »Darauf wendet dieser Zug von Fußgehern und macht Halt vor einer uralten Linde in der Nähe der Kirche, woselbst der Pfarrer zuerst allen Versammelten den Segen gibt und dann die Reiter, welche einer nach dem anderen im Galopp an ihm vorüberjagen, mit Weihwasser besprengt. Nach einer Predigt und einem Hochamt in der Kirche des Heiligen zecht man oder treibt man Roßhandel, da alles auf den schönsten Pferden erschienen ist...« Dann setzt Dahn noch hinzu: »Am Georgsabend wird in manchen Gegenden, so im Traungau, junges Gras mit blanker Sichel geschnitten und mit geweihtem Salz bestreut dem Vieh gegeben.«

Im Gebiet an der Traun, in der *Bavaria* ›Traungau‹ genannt, war noch ein anderer Brauch mit dem Georgitag verbunden – eher aber schon ein Mißbrauch. Wie die Nacht zum 1. Mai wurde auch die Nacht zum Georgitag als eine sogenannte ›Freinacht‹ betrachtet; in ihr dürfen die ledigen Burschen »...allerhand Muthwillen und Uebermuth ungeahndet begehen, und diese Freiheit wird denn gehörig ausgebeutet. So schleppen sie das Ackergeräth weit hinaus ins Feld und thürmen es hoch auf, häufig am Stamm eines wilden Birnbaumes, ja, wenn es das niedere Dach eines Hauses irgend gestattet, wird wohl gar ein Leiterwagen auf den First gesetzt«.

Im Band Niederbayern der *Bavaria* ist ebenfalls recht Interessantes über Ritte am Tag des heiligen Georg zu finden: Wer um den Volksbrauch weiß, hat auch schon einmal etwas von dem einst berühmten Leonhardiritt in Aigen am Inn gehört. Dorthin sind die Bauern aus dem Rottal gekommen, aus dem Inn- und dem Hausruckviertel. Sie sind aber nicht nur am Leonhardstag dorthin gezogen, sondern auch am Tag des heiligen Georg. Felix Dahn berichtet davon: Sie kommen »...in großer Anzahl, zu Wagen oder beritten, wohnen den zahlreichen festlichen Gottesdiensten bei und umfahren oder umreiten hierauf dreimal die Kirche. Ein Hauptgewicht wird dabei auf die Opfer gelegt, die man dem Heiligen bringt, häufig kommen dabei, ganz in altheidnischem Styl, lebendige Gänse und Schweine vor.« Die eigenartigsten und häufigsten Opfer aber sind die sogenannten ›Rösselopfer‹, »bestehend in aus dickem Eisenblech geschnittenen Figuren, denen man die Gestalt eines Roßes nur mit etwas Gutmütigkeit und Phantasie bemerkt. An den Kirchthüren werden diese Eisenrösslein in Körben feilgeboten.« Es hat also neben den geschmiedeten

Eisenvotivfiguren bereits aus Blech geschnittene gegeben. »Jeder Bauer kauft daselbst so viele, als er Rosse im Stall hat, und trägt sie während des Hochamts zum Opfer, wo er sie in einem am Altar bereitstehenden Korbe niederlegt; solch ein Rößlein wird mit sieben, neun oder elf Pfennigen bezahlt [um 1860]; niemals darf der Preis eine gerade Zahl ausmachen...«

Auch heute noch gibt es Roßprozessionen, wie zum Beispiel den Georgiritt in Traunstein. Er muß schon sehr früh auf den Ostermontag verlegt worden sein, aber wann das geschah, ist unbekannt; vielleicht hat er immer schon an diesem Tag stattgefunden? Den Namen Georgiritt scheint er auch erst recht spät bekommen zu haben. Jedenfalls hat der Stadtpfarrmesner Permaneder in seinem Kirchenkalender anno 1785 eingetragen, daß der Ritt um sieben Uhr stattfindet »nach einem von den Bauern bezahlten Amt, welches gemeiniglich Herr Pfarrer selbst haltet«. Er nennt ihn auch nicht Georgiritt, sondern »den gewöhnlichen Ritt«. Der Brauch war schon fast abgekommen, nur noch der Lohnkutscherverein von Traunstein hat ihn ausgeübt – einige Lohnkutscher, ein paar Bauern, das war alles. Da hat ihn der alte Apotheker Georg Schierghofer zu neuen Höhen geführt, und bis heute hat er nichts an Glanz eingebüßt. Nach wie vor reitet der heilige Georg mit, im goldglänzenden Helm, mit schimmernder Rüstung und purpurnem Umhang und mit einer reichbestickten Standarte; er wird begleitet von römischen Soldaten und Engeln zu Pferd. Von den umliegenden Gemeinden reiten sie an: von Siegsdorf und von Nußdorf, voraus immer der Geistliche im Chorhemd, dann der Standartenträger, hinter ihm die Bauern. Und so reiten sie hinaus nach Ettendorf. – Wenigstens so bekannt wie der Traunsteiner Georgiritt ist der am Auerberg an der oberbayerisch-schwäbischen Grenze. Auf diesem Berg steht eine Kirche, die dem heiligen Georg geweiht ist. Vom Bau dieses Gotteshauses gibt es eine seltsame Geschichte, die das Kapitel über den heiligen Georg und die Verehrung, die er genießt, beschließen soll:
In grauer Vorzeit, niemand weiß zu sagen, wie lang das her ist, sei eines Tages ein gewaltiger, großer, stattlicher Rittersmann auf einem blendend weißen Schimmel angeritten gekommen.

Ein so großes Roß hat man bis zu diesem Tag hier noch nie gesehen. Einen goldenen Helm hat dieser Ritter getragen, einen goldenen Schild, ein goldenes Schwert an der Seite, eine goldgleißende Rüstung, einen weiten purpurnen Umhang. Er ist immer allein durch das Land geritten, von niemand begleitet, keiner hat gewußt, woher er kommt, wo er haust und lebt, denn auf den Burgen der nahen und weiten Umgebung war er nicht zu Haus. Man hat ihn nie jagen sehen, hat nie von ausgelassenen ritterlichen Gelagen gehört. Aber wo es darum gegangen ist, Gutes zu tun und zu helfen, da war er da, ohne daß man eine Bitte um Hilfe auch nur ausgesprochen hat. Als das Land von einem ganz grauslichen Ungeheuer, einem giftgrünen feuer- und schwefelspeienden Drachen, bedroht war, als man nicht gewußt hat, wie man sich gegen dieses Scheusal wehren soll, da war auf einmal dieser gewaltige Rittersmann mit seiner goldgleißenden Rüstung da. Das Ungeheuer hat ihn gesehen, laut aufgebrüllt und ist im Nu verschwunden. – In jener Zeit wollen die Bewohner vom Auerberg, lauter Bauern, auf dem Berg eine kleine Kirche bauen, wohl zum Dank für die Errettung vor dem Ungeheuer. Sie beginnen ihr Werk, aber es geht um vieles langsamer vorwärts als sie glauben. So bitten sie Gott, er möge ihnen doch helfen, denn sie hätten ihre Kräfte überschätzt. Und Gott hilft, er schickt ihnen diesen großen, mächtigen Ritter. Nachts, während sie schlafen, kommt er angeritten, steigt von seinem Schimmel und schleppt auf seinen gewaltigen Schultern die Steine den Berg hinauf. Aber nicht nur das, er baut auch an dem Gotteshaus, und jeden Tag, wenn die Bauern in der Frühe kommen, ist die Kirche größer geworden. Doch auch sie bauen fleißig weiter, und so steht das Gotteshaus bald vollendet da. Von der Stunde an aber, in der das Gotteshaus vollendet war, ward der Rittersmann mit der goldgleißenden Rüstung nie mehr gesehen. Alle Auerberger aber waren fest überzeugt, daß dieser Ritter der heilige Georg selbst gewesen ist.

Über Hexen
und die Walpurgisnacht

Die Nacht vom 30. April zum 1. Mai war einmal eine sehr geheimnisumwitterte Nacht – die Walpurgisnacht, die im Volksglauben einst die Nacht der Hexen war:

Ein Nebel verdichtet die Nacht,
Höre, wie's durch die Wälder kracht!
Aufgescheucht fliegen die Eulen.
Hör! es splittern die Säulen.
Und durch die übertrümmerten Klüfte
Zischen und heulen die Lüfte.

So schildert Goethe im *Faust* die unheimliche Walpurgisnacht, in der, so will es der Volksglaube, die Hexen durch die Nacht jagen, »auf Besen und Stöcken – auf Gabeln und Böcken«, hin zum berühmt-berüchtigten Blocksberg.
Hexen! Sagt man zu einem Mädchen »du kleine Hexe«, dann mag das ja noch gehen; »Hexerl« ist schon fast ein Kosewort, eine Schmeichelei. Nur wird dabei vergessen, daß mit einem solchen Wort einmal Gefahren verbunden waren, daß es lebensgefährlich werden konnte, wenn man in den Verdacht kam, eine Hexe zu sein. Alles mögliche, aber auch alles unmögliche hat man den Hexen angedichtet. Man war davon überzeugt, daß eine Hex' Menschen bannen und wehrlos machen kann – und der ›Hexenschuß‹, den einem eine Hexe anhängt, ist wahrlich das geringste Übel. Was hat man einer Hexe nicht alles zugetraut – sie konnte den Tau wegstreifen und damit Wiesen verderben; man hat sie für fähig gehalten, Wetter zu machen, denn sie hat in der Nacht die Wasser so lange gepeitscht, bis grausige Gewitter entstanden sind: Deshalb der Glaube, daß Nachtgewitter nie von Gott kommen, sondern von Hexen. Man hat sie beschuldigt, dem Vieh Krankheiten anzuzaubern, den Pferden zum Beispiel Lungenfäule; sie konnten den Gänsen und Hühnern den Kragen umdrehen, neugeborene Kinder austauschen und Wechselbälge in die Wiegen legen; und man hat ihnen sogar die Kraft zugeschrieben, sich unsichtbar machen, sich in jedes beliebige Tier verwandeln zu können,

besonders in Kröten oder Katzen. Eine ihrer besonderen Begabungen war, den Kühen die Milch wegzuzaubern, sie auszumelken, ohne daß es jemand sehen kann, oder gar Milch in Blut zu verwandeln. Dann natürlich Kinder behexen, daß sie nicht mehr wachsen. Jegliches Ungeziefer, Mäuse und Raupen auf die Felder und in die Häuser, in Keller und auf Speicher zu zaubern, hat man ihnen ebenfalls zugetraut. Man hat es auch für möglich gehalten, daß sich eine Hexe in einem Baum oder Strauch verstecken hat können, und zwar unter der Rinde, zwischen Rinde und Holz. In manchen Gegenden hat man deshalb den Maibaum ›geschäpst‹, also geschält, die Palmstange übrigens auch; manchmal hat man die Rinde auch nur geringelt.
Der Nürnberger Schuhmacher und ›Poët dazu‹, Hans Sachs, erwähnt diesen Brauch in einem seiner Fastnachtsspiele, in *Der Teufel mit dem alten Weib*. Da läßt er eine als Hexe verdächtige Bärentreiberin fragen: »Was schältest du den Stab vor mir?« – Und sie erhält die Antwort: »Wenn ungeschält der Stab hier wär', / so könntest du kriechen zu mir her / hindurch gar zwischen Holz und Rinden / und fangen mich sodann und binden.«
Früher einmal haben die Kinder im Frühjahr ihre Pfeiferl selber gemacht, Weidenpfeiferl, Sahlpfeiferl; dabei haben sie Verserl gesagt. Joseph Bronner hat welche aufgeschrieben, und so haben die Buben in der Dreisesselgegend gerufen:

Pfeifei, Pfeifei geh o (ab),
geh mit mir in Klee no (hinunter),
geh mit mir ins Sommerhaus,
schaut die Hex zum Fenster 'raus.

Im schwäbischen Donautal drüben haben die Kinder gerufen:

Pfeifle, i mai di,
Pfeifle, i schneid di,
daß di die Hex nit reit',
wirst jetzt g'weiht.

Und der Bub hat, damit er die Hexe nicht ›verschreit‹, dreimal kräftig auf sein Pfeiferl gespuckt.

Eine Hexe hat man aber nicht so ohne weiteres werden können, und die Meisterschaft ist so einer jungen Hexe auch nicht einfach zugeflogen. Dreimal sieben Jahre hat sie bei einer alten Hexe in die Lehre gehen und selbstverständlich ihre Seele dem Teufel verschreiben müssen. Hat sie ihre Meisterprüfung abgelegt, war ihr der Meisterbrief sicher: ein schwarzer Bocksfuß vom Leibhaftigen höchstpersönlich aufs Kreuz gebrannt.

Es wäre aber ein Irrtum anzunehmen, den alten Hexen-Aberglauben gäbe es in unserer Zeit nicht mehr: Blättert man in den Zeitungsbänden der letzten Jahre, so stellt man fest, daß kaum ein Jahr vergeht, in dem nicht von diesem kaum faßbaren Aberglauben berichtet wird. Nur ist der Hexenwahn heutzutag nicht mehr so lebensgefährlich wie im Mittelalter. Damals hat man Frauen, die als Hexen verdächtig waren, kurzerhand den Prozeß gemacht und auf den Scheiterhaufen geschickt. Auf diese Art und Weise sind Tausende und Abertausende von Frauen und Mädchen grauenhaft gefoltert worden und elend umgekommen.

Damals waren die Menschen nicht nur davon überzeugt, daß es Hexen gibt, sondern auch, daß sie sich in der Walpurgisnacht treffen. Sie müssen sich in der Nacht vom 30. April auf den 1. Mai nur mit einer Zaubersalbe bestreichen, und schon können sie durch die Luft zu ihrem Versammlungsort reiten. Man hatte natürlich auch eine sehr genaue Vorstellung, auf was diese Hexen reiten: Auf dem Bockhorn oder Teufelszwirn und auf dem berüchtigten Hexenbesen. Einer der berühmtesten sogenannten ›Böt‹- oder ›Opferberge‹ war der Brocken oder Blocksberg im Harz. Aber es gibt kaum eine deutsche Landschaft, die nicht ihren eigenen Hexen-Hausberg gehabt hätte, im Schwarzwald und in Hessen, in Thüringen und im Elsaß; vom Schlern in Südtirol hat man das erzählt und vom Pilatus in der Schweiz auch. In Bayern waren die beliebtesten Treffpunkte der Hexen das Walberla bei Forchheim im Fränkischen gewesen, die Scharnitzer Klause an der Tiroler Grenze bei Mittenwald und der Ringberg über Rottach-Egern am Tegernsee. Die Stellen, an denen die Hexen in der Walpurgisnacht getanzt haben, habe man daran erkennen können, daß man noch am Tag darauf einen großen ausgebrannten Ring im Boden habe sehen können.

Das Volk hat natürlich auch genau gewußt, wie es in einer

Walpurgisnacht zugegangen ist: In einem mächtigen rußschwarzen Kessel haben die Hexen ihre Lieblings- und Hochfeiertagsmahlzeit gekocht: eigenartigerweise Pferdefleisch, dann Aas, Schnecken, dazu gesottene Kinderherzen. Als Zaubersalat zu diesem Menü die langen schmalen Blätter der giftigen Herbstzeitlose. Auf silbernen und goldenen Platten ist dieses stinkende Festessen aufgetragen worden. Durch diesen Fraß hätten die Hexen besondere Kräfte erlangt, vor allem die Kraft, sich unsichtbar zu machen. Und die Zaubersalbe für die geheimnisvollen Nachtritte durch die Luft hätten sie »...deuffelisch von der Geistigkeit der Kinder, die gebradten und gesodten sein, und mit anderen vergifften Dingen als schlangen, eidessen, krotten und spinnen...« bereitet.
Zum Glück aber haben die Abergläubischen auch gleich das Rezept gewußt, wie man sich vor Hexen und ihren Helfershelfern schützen kann. Sie und der Teufel, der in der Walpurgisnacht als feuriger Drache über das Land fliegt, können einem nichts anhaben, wenn man vor die Türe einen Zweig des Donar- oder Donnerkrautes hängt. Auch darüber berichtet Bronner: »Wer einen Kranz von Tausendguldenkraut ... oder Gundermannkraut ... auf dem Haupte trug, oder sich über und über mit Dost und Baldrian umwand, oder wer Bärlapp oder eine Johanniswurzel in die Tasche steckte, der durfte es sogar wagen, sich in der Walpurgisnacht auf einen Kreuzweg zu stellen. Da konnte er die Hexen auf Ofen- und Mistgabeln, auf Besen, auch auf Böcken, Katzen, Ebern, Enten ... daherfahren sehen, ohne daß sie ihm schaden konnten. Wenn ein Rind nicht fressen wollte und recht wütete, also offenbar behext schien, so hat man wohl es zu ›würzeln‹, d.h. ein Löchlein in das eine oder andere Ohr des Tieres zu machen und ein Würzelchen hindurchzustecken. Sobald dies trocknete und abfiel, war die Hexe tot.« Nur in der Walpurgisnacht hat man keine Gegenmittel gebraucht – zumindest um Mitternacht nicht: zu dieser Stunde feiern die Hexen ihren Jahrtag, und so haben sie keine Zeit für anderen Unfug.
Da gibt es aber noch einige andere probate Mittelchen, um sich eine Hexe vom Hals zu halten. Das bekannteste ist der ›Drudenfuß‹, ein fünfzackiger Stern, der ohne Abzusetzen durchge-

zeichnet wird. Ein Hufeisen über der Stalltür tut auch seine Wirkung. Oder man lehnt jeden Abend einen Kehrbesen verkehrt an die Stalltüre. Ist ein Pferd durch eine Hexe gefährdet, so braucht der Roßknecht nur sein feststehendes Messer aus der Tasche ziehen und mit der Schneide nach oben in die Mauer stecken und einen Spiegel dran hängen. So etwas mögen Hexen nämlich gar nicht. Noch um die Jahrhundertwende hat im Bayerischen Wald der Spruch gegolten: Wenn einem eine Hexe begegnet, dann muß man ihr das Messer mit der Schneide entgegenhalten, dann stirbt sie am dritten Tag – und daran erkenne man auch, daß sie eine Hex gewesen ist.
Noch manches andere Mittel gegen das Hexenvolk hat es gegeben. In der Rhön war es Brauch, daß ein Bauer beim Einkauf einer Kuh einen Pfennig über den Preis gezahlt hat, den sogenannten Milchpfennig, zum Schutz gegen die Hexe. In der Gegend von Lichtenfels und in den Haßbergen sind bis zur Jahrhundertwende die Burschen in der Walpurgisnacht nach dem Gebetläuten mit Peitschen auf die Felder, um die Hexen zu vertreiben, bis nach Mitternacht, und in der nördlichen Oberpfalz hat man die Hexen in dieser Nacht mit kreuzweisen Peitschen ›hinausgetuscht‹, hinausgepeitscht oder durch Schießen, dem sogenannten ›Hexenpleschen‹, verjagt. In die Peitschen hat man übrigens Schweifhaare vom Rindvieh eingeflochten und mit der Geißel selbst am Frauentag, an Mariae Himmelfahrt, den ›Kräuterbüschl‹ gebunden.

Rund um den Maibaum

Wohl der erste, der bei uns von einem Maibaum erzählt, der so ausgesehen haben müßte, wie wir uns – im allgemeinen jedenfalls – Maibäume vorstellen, mit Figuren geschmückt nämlich, war der königliche wirkliche Centralrat und Archivar der Ständeversammlung Felix Joseph von Lipowsky. Er hält den Maibaum, auch den Figurenbaum, für uralt; für ihn ist der Dorfmaibaum so alt wie das Dorf selbst. Solche Meinungen muß man aus einer Zeit verstehen – um 1810/20 –, als es große Mode war, auf Entdeckungen im eigenen Land auszuziehen, um festzustellen, daß all das noch Wirklichkeit ist, was der alte Tacitus einst über Land und Leute geschrieben hat. Deshalb sieht auch Lipowsky gern und überall antike Überlieferung, römisches Erbe. So schreibt er 1815: »Meistens veranlaßte die Auferbauung einer Kirche die Entstehung eines Ortes, und wenn sich dann in demselben ein Wirt, ein Bader, ein Schmied und Müller, nothwendige Gewerbe für daselbst zahlreich wohnende Menschen ansässig gemacht hatten, so erhielt der Ort den Namen Dorf, daher denn auch auf den in demselben gesetzten sogenannten Maibäumen, Erfindung der Römer, eine Kirche, eine Badwanne, ein Rad, ein Haus und ein Hufeisen sich befanden, um anzuzeigen, daß dieses Dorf mit einer Kirche und mit den sogenannten Ehehaften begabet seye.« Lipowsky hat sicher keinen Beleg für diese Vorstellung; sie hält auch keiner Nachforschung stand.
Es ist eigenartig – so häufig der Maibaum heute zu sehen ist, so selten war er es vor zweihundertfünfzig Jahren. In Michael Wenings um 1700 geschaffener *Topographie des Herzogtums Bayern* finden sich im Band über das Rentamt München ganze acht Maibäume – zumindest Bäume, die wie Maibäume aussehen, die aber auch Hochzeitsbäume oder Schützenbäume sein können: Sechs davon sind so, wie sie heute noch im Land um Dachau üblich sind. Zwei aber haben unregelmäßig angesteckte Verzierungen unter dem Wipfel: der eine zeigt zwei winzige Fähnchen wie Bäume zum Teil im Bayerischen Wald heute noch, dazu zwei Pfeile und ein Doppelbalkenkreuz. Und

der zweite Baum zeigt drei kleine Fahnen, einen Pfeil, eine Art Stern und – so kann man jedenfalls bei der Kleinheit nur vermuten – ein Figurenpaar. Wenn man bei dem Pfeil an den heiligen Sebastian denkt (dessen Attribut der Pfeil ist), dann ist man an die Schützen erinnert. Und so wieder liegt die Vermutung nahe, daß es sich hier um einen Schützenbaum handelt. Man sieht also, der Maibaum, den Lipowsky um 1815 beschreibt, ist auf altbayerischen Dorfansichten, gut hundert Jahre früher, so gut wie nicht zu finden.

Wohl den ersten Maibaum, mit Figuren besteckt, zeigt ein Bild des Münchner Malers Peter Jacob Horemann aus der Zeit des Kurfürsten Max III. Joseph, gut ein halbes Jahrhundert nach Wening: Das Porträt einer Dame bei offenem Fenster, durch das man im Hintergrund einen mit Figuren geschmückten Baum erblickt.

Sucht man weiter nach frühen Ansichten von Maibäumen, so gibt es ein Votivbild aus dem 18. Jahrhundert. Hans Moser, dem wir eine umfangreiche Arbeit über den Maibaum verdanken, hat in der Bildersammlung des Instituts für Volkskunde in München ein Bild entdeckt, auf dem ein Maibaum zu sehen ist, und zwar, wie er schreibt, »auf einem Votivbild der Kirchtracht Kleinhelfendorf (Landkreis Rosenheim) vom Jahre 1743. Er ist ... trotz der gedunkelten Farben unverkennbar; was aber seine zweimal vier Figurengruppen darstellen, läßt sich leider nicht feststellen. Daß er überhaupt – ohne jeden Bezug zum Stiftungsanlaß – in das Bild eingefügt wurde, daraus möchte man schließen, daß die auftretende Gemeinde oder auch der Taferlmaler, der möglicherweise selbst daran gearbeitet hatte, ihn als etwas Besonderes, den Ort Auszeichnendes mit festgehalten haben wollte. Er durfte damals noch etwas ziemlich Neues gewesen sein.«

Im allgemeinen hat man früher unter Maibaum sicher nicht einen hohen Stamm verstanden, wie wir ihn heute kennen, sondern eher den sogenannten ›Maien‹, den man mit den grünen Birken am Fronleichnamstag vergleichen könnte. Trotzdem gibt es einige wenige Hinweise aus früherer Zeit, aus denen man herauslesen kann, daß es eben den großen Maibaum auch schon gegeben hat. Da schreibt Sebastian Franck aus

MAIBAUM
STARNBERG
R

Donauwörth in seinem *Weltbuch* in einem Kapitel ›Von der Francken Sitten und Gewohnheit‹: »Zuo diser zeit stecken die Beurenknecht grosse hohe tannenbeum biß auff den Gipffel außgeschnitten, in die dörffer, mit spiegeln und krantzen geziert, und in die Gipffel oben gehenckt, und lassen den mit grosser müe eingegrabnen Baum yrer metzen zuo err, den gantzen summer steen.« Das war 1534, und wenn man den Baum den Sommer über stehen läßt, dann muß er ja im Frühjahr gesetzt worden sein. Also kann es eigentlich noch nicht der fränkische Kirchweihbaum sein – obwohl ohne Frage im Fränkischen aus dem Maibaum früh schon der Kirchweihbaum wird –, dafür gibt es frühe Belege.
Als Hans Moser der Geschichte des Maibaums nachgeht, stößt er auch auf Predigtliteratur des frühen 18. Jahrhunderts und hier auf Andreas Strobl: »Dieser im bayerischen Anteil des Bistums Salzburg tätige Prediger hatte, wie es scheint, als einziger die Form des einzelnen, hochragenden Maibaums vor Augen, wenngleich auch er von einer Mehrzahl von Bäumen spricht, die am Vorabend des 1. Mai vor die Häuser aufgesetzt wurden. Von ihrer Zurichtung hat er, sicher aus eigener Kenntnis, mehr als seine Zeit- und Berufsgenossen zu sagen: Dieser Andreas Strobl schreibt damals: ›Die May-Bäum, ehe daß sie gesetzt und aufgestellt werden, thut man zuvor schelen, man ziehet ihnen die rauhe Haut und Rinden ab, damit sie schön glatt und weiß seynd. Sie müssen auch schon grad und hoch seyn, obenher werden sie mit einem grünen Büschlein, gleichsam mit einer Cron geziert, mit seidenen Bändern, Cräntzen, Blumen und Früchten, von Lemonien und Pomerantzen-Aepffel behenget‹.« Und durch die moralische Nutzanwendung des Predigers erfahren wir, daß im Chiemgau das Maibaumklettern Brauch war: »Lasset us hinaufsteigen auf dise Maybaum und abbrechen die heylsame Frucht.« Auch der Kapuziner Dionysius aus Innsbruck predigt: »Es ist nit genug…, daß man … zu diser frölichen Frühlings-Zeit einen schönen Mayenbaum für die Thür stelle und auffrichte, sondern man thut den hohen Gipffel desselbigen mit rothen Bändern, Fähnlein, Kräntzen, Citronen, Lemonien und anderen Galanterien zieren und behängen, damit die jungen Gesellen ein lust bekommen,

hinauff zu kommen, und die Schanckungen herab zunehmen.« Für Moser sind bei seinen Forschungen alte Gerichtsprotokolle eine Hauptquelle. Dabei stößt er aber auf sehr deutlich-handfeste Spuren. Da ist beispielsweise ein ansehnlicher Maibaum in Rottach am Tegernsee, der 1669 Unheil anrichtete. Im Gerichtsprotokoll heißt es: »Balthasar Öttl zu Rottach und Georg Schmitt zum Löxen alda, haben sich wegen des umbgehackten Maypaumbs, wellicher dem Öttl auf das Haußdach gefahlen und die Rinnen verletzt hat, entzwait, der Löx den Öttl einen Schölmen injurirt und mit dem glieenden Eisen yber den Khopff geschlagen, das er den Pader gebrauchen miessen; seindt verglichen worden, daß Löx 3 und Öttl den 4ten Thail der Straff bezahlen solle...«. Noch ein anderer Fall hat sich in Akten der Gerichtsbarkeit des Jahres 1790 erhalten: In diesem Jahr verlangt der Pfleggerichtskommissar von Neuötting bei der Regierung in Burghausen die Bestrafung von zwölf Bauern im Dorf Teising bei Altötting, weil sie Maibäume gesteckt haben, aber vor allem, weil sie dabei das schönste Holz geschlagen haben, ja weil sie dabei sogar abergläubische Mißbräuche getrieben hätten. Die Bauern haben sich einen Advokaten genommen, der hat dann an den kurfürstlichen Hof in München geschrieben und protestiert. Diese ganze Sache berühre die kurfürstlichen Belange überhaupt nicht, die hohe Obrigkeit habe wirklich keinen Schaden, denn die Maibäume stammten aus dem eigenen von vier Bauern verwalteten Gemeindewald. Im übrigen würden diese Maibäume später sehr wohl und nützlich »als Wies- und Leiterbäume« verwendet. (Der Wiesbaum ist eine Stange, die auf das vollbeladene Heu- oder Getreidefuhrwerk gelegt und vorne und hinten mit Seilen festgezogen und festgebunden worden ist.) Das heißt aber, daß diese Bäume auch nur ein paar Meter hoch waren, unvergleichlich kleiner also als der uns heute vertraute Maibaum. Wegen der zwölf Bauern aus Teising aber verlangt der kurfürstliche Hof auch vom Pflegkommissar von Neuötting eine Stellungnahme. Und er schreibt: »Der Bauer hält sich viel darauf zu gut, den höchsten Maibaum zu haben; die Bäuerin regaliert die Überbringer mit schönen und guten Kücheln und hat die Ehre des Besuches von jenen, die keinen so hohen Baum haben.

Ledige Burschen setzten ihren Mädchen nach gepflogener nächtlicher Zusammenkunft einen schönen jungen Baum, den sie manchmal mit verschiedenen, auch ungebührlichen Verzierungen schmücken. Die Angabe wegen der späteren Verwendung sei nicht wahr, denn warum müßten sie ihre Wiesbäume und Wäschestangen gerade im ersten Mai holen? Das geschehe aber, weil sie darin eine Versicherung gegen Wetter, Hexerei und Zauberei erblicken.«
Daß der Kommissar den Hexenglauben nennt, hängt vielleicht damit zusammen, daß ja die Nacht auf den 1. Mai die Walpurgisnacht, die Nacht der Hexen, ist. Nun, auf der einen Seite schreibt der Pfleggerichtskommissar zwar von Maibäumen, die nicht hoch genug sein können, auf der anderen aber von Wiesbäumen und Wäschestangen. So hoch können diese Bäume also gar nicht gewesen sein. Aber wie dem auch sei, Genaueres weiß der Herr Kommissar nicht zu sagen, und so weist Kurfürst Carl Theodor die Regierung in Burghausen an, die Bestrafung der Bauern aufzuheben. Und Hans Moser schreibt zum Ende: »Im Jahr danach wurden die Maibäume erneut gesetzt, der Pflegkommissar beschwerte sich nochmals und bekam auch diesmal nicht recht.«

Auch Johann Andreas Schmeller erzählt in seinem *Bayerischen Wörterbuch* von Maibräuchen. Vorzugsweise habe man als ›Maien‹ eine mehr oder weniger hohe Fichte oder Tanne verwendet, »welche mit allerley Emblemen geziert, durch gemeinschaftliches Zuthun des lebenslustigen Theils einer Landgemeinde, gewöhnlich am ersten Sonntag im May, bey Sang und Klang und Tanz auf dem Dorfplatz oder vor dem Wirtshause, oder auch vor dem Hause, wo das schönste Mädchen wohnt, errichtet, ›gesteckt‹ wird. Zum Mayenbaum gab jede Jungfrauschaft ein seiden Band.«
Schmeller führt dann eine Reihe älterer Zeugnisse an. Er weiß zum Beispiel von einem Stadtmaien 1561 im alten Nürnberg zu erzählen; er zitiert eine oberpfälzische Polizei-Ordnung von 1657, ein Verbot des »Mayensteckens der jungen Gesellen und Mägde, als eines unflätigen, unchristlichen Dings«. Das gleiche Verbot gibt es übrigens bereits 1590 in einer kurpfälzischen

Landesordnung. Aus annähernd derselben Zeit ist uns eine Rechnung aus dem Stift St. Zeno in Reichenhall für das Jahr 1675 erhalten: »Den 1. May haben die Soldaten von Reichenhall zwen May-Paumb vor dem Chlosterthor aufgesetzt, dafür ich ihnen 1 fl 30 kr. verehret.« Es hat also ohne Frage auch eine Art Ehrenmaibaum gegeben: Wie es Maien, Maibäume gegeben hat, die einem Mädchen gesetzt worden sind, so hat es auch ›Kirchenmaien‹ gegeben; hier aber waren es nun keine Nadelbäume, sondern ohne Frage kleine Birken.

Im Jahre 1760 ergeht für ganz Altbayern der aufklärerische Befehl, daß dem zwar uralten, aber »zu nichts als zum bloßen Burger- und Bauernlust dienenden Gebrauch des Maibaumschlags Einhalt gethan werde«. Bewirkt hat der Befehl anscheinend nicht viel – denn er ist unter König Ludwig I. wieder aufgehoben worden.

Wie so oft, wenn man nach Bräuchen sucht, findet man die erste Schilderung, die sich mit dem Maibaum befaßt, in der *Bavaria. Landes- und Volkskunde* des Königreiches Bayern um 1860: »Von den vielen reichen Feiergebräuchen, mit denen noch das späte Mittelalter den ersten Tag des Mayen begrüßt, hat sich nur mehr das Setzen der Maibäume erhalten. Zunächst des großen Maibaums für das ganze Dorf, der in feierlichem Umzug aus dem Wald geholt, mit allerhand Zierrath behangen und öffentlich und festlich vor dem Wirtshaus aufgepflanzt wird, ehedem der Versammlungsplatz der fröhlichen Jugend zu Spiel und Tanz, aber auch das Ehrenzeichen der ganzen Gemeinde; getanzt wird freilich selten mehr um den grünen Mayen ... Aber noch immer hält durch das ganze oberbayerische Land ein ehrlich Dorf viel auf einen schönen Maybaum; namentlich im Ampergrund, aber auch im Innthal und im Chiemgau sieht man sie oft reich und schön verziert und alle drei bis fünf Jahre erneut. Neben den blossen Zierrathen – Fahnen, Kränzen, Wappen, Inschriften – hat der Maybaum auch wesentliche, unerläßliche Bestandteile; so der ›Maybüschel‹, der grüne Tannenwipfel hoch oben, der da erinneren soll, daß wir hier nicht vor einer todten Stange stehen, sondern vor einem lebenden Baum aus dem ... Wald.«

Die *Bavaria* berichtet auch von einem Maibaumschmuck, der

heute ganz in Vergessenheit geraten ist: der an »das Leiden Christi, d.h. alle Werkzeuge seines Leidens (Säule, Geissel, Ruthe, Leiter, Hahn, Säbel, Laterne, Hammer, Zange, Nägel, Würfel, Speer, Schwamm und Krug)« erinnern sollte. Daneben aber wird bereits von Zeichen berichtet, die uns auch heute noch geläufig sind, nämlich »Kirche und Bauernhaus, Bauer und Bäuerin, die Zeichen der Gewerbe und zu unterst vier Armbrüste gegen die vier Winde gespannt, das drohende Symbol bäuerischer Wehrhaftigkeit gegen jeden Feind, aus der Zeit noch stammend, da die hergebrachte Waffe des Bauern im Heerbann Pfeil und Bogen war«.

Der Dorfmaibaum kommt, so dürfen wir mit einigem Recht annehmen, im jungen Königreich Bayern zu neuen Ehren. Das mag zwei Gründe haben: 1808 tritt die Unterteilung der Landgerichte in Steuerdistrikte in Kraft, aus diesen Steuerdistrikten entstehen die politischen Gemeinden mit Selbstverwaltung, mit eigenen Bürgermeistern. Das Zusammengehörigkeitsgefühl wird also stärker; der hohen Obrigkeit ist an seiner Stärkung sehr gelegen. Und im Aufrichten eines Maibaums findet es eben seinen Ausdruck. Zum andern werden in jenen Jahren viele Verbote aus der Aufklärungszeit aufgehoben. Gerade König Max I. und König Ludwig I. sind diesen alten Volksbräuchen gegenüber sehr aufgeschlossen, und es wird erzählt, König Ludwig I. habe selten beim Maibaumaufrichten und Maifest in der Menterschwaige gefehlt.

Soviel von den Maibäumen in alter Zeit, von den hohen Maibäumen wohlgemerkt. Und heutzutage? Wie fällt man einen Maibaum, wie holt man ihn ein, wie stellt man ihn auf? Wann stellt man ihn auf? Auch in den Dörfern südlich des Starnberger Sees kennt man längst die gemalten Bäume; aber hier findet man auch nach wie vor den Brauch, den Baum blank, geschäpst, gehobelt und gewaschen aufzustellen. Zum Beispiel in Hohenkasten vor einem einsamen Wirtshaus an der Straße Antdorf – Marnbach – Weilheim. Dort habe ich es selbst miterlebt zu Anfang der fünfziger Jahre:

1. Mai, dreiviertelvier Uhr früh; ich bin schon eine halbe Stunde gewandert, vorbei an einem einsamen Forsthaus im Walde,

über Wiesen und durch Wälder, und nun stehe ich im Hochwald nahe der Stelle, wo der Maibaum geschlagen werden soll. Es ist ganz still, kein Vogel pfeift. Hoch zwischen den Bäumen kann man vereinzelt einen Stern funkeln sehen.
Dann höre ich weit weg – Richtung St. Koloman, das sind zwei Einzelhöfe – einen Hund anschlagen, kurz darauf ein paar Juchzer. Zwischen den Bäumen schwankt eine kleine Laterne, verschwindet wieder, taucht von neuem auf. Aus dem Dunkel erscheinen Gestalten, eine – zwei – drei, vier, fünf – sechs – sieben. »Grüaß Good!« und »Bist aa scho auf?« Sie stellen Blattsäge, Schäpser und Holzhacken an einen starken Fichtenstamm und werfen Keile und Reibhacken dazu. Schnell tragen sie dürre Äste zusammen, brechen sie und werfen sie auf einen Haufen. Ein Zündholz flammt auf, ein zusammengeknülltes Weilheimer Tagblatt brennt lichterloh, und knisternd fährt das Feuer in den dürren Reiserhaufen.
Jetzt erst kann ich die einzelnen erkennen. Es sind Bauernburschen und Knechte von den verstreuten Einöden und Weilern. Junge, unverheiratete Burschen, wie's der Brauch verlangt. Nur ein älterer ist dabei, der Königsbauer, ein Holzknecht aus Stadel; er ist verheiratet und paßt nur auf, daß die Jungen keinen Unsinn machen, zulangen tut er nicht. Sie stellen sich im Halbkreis um den Baum, den sie längst ausgesucht und zum Zeichen angerissen haben, nehmen die verbeulten grünen Hüte ab und beten: »Vater unser, der Du bist im Himmel...« – dünn zieht der Rauch hoch, und Funken springen aus dem Feuer – »sondern erlöse uns von dem Übel, Amen – Gegrüßet seist Du Maria voll der Gnade...« – das Feuer prasselt, und unruhig flackert sein Licht von Baum zu Baum – »...jetzt und in der Stunde unseres Todes, Amen.«
Die Hüte fliegen auf die Köpfe, und los geht's an die Arbeit! Der Jackl und der Xaver schlagen auf der Fallseite eine große Kerbe. Zack-Zack, Zack-Zack fahren die Hacken ins Holz, und die Schoten sausen durch die Luft. Dazu rauscht gleichmäßig die große Säge. Sie klemmt, Keile werden eingeschlagen, sie rauscht wieder, und die Keile werden mit schweren Schlägen nachgetrieben. Ein Zittern geht durch den Stamm, Äste brechen, die Burschen springen auf die Seite, unter Ächzen und

Stöhnen neigt sich der Baum, ein Rauschen und Krachen und ein dumpfer Schlag.
Schon laufen die Burschen zum Gipfel vor, das Licht einer Taschenlampe huscht den Stamm entlang. »Ganz is a! - Nix is abrocha! – Gott sei Dank!« Ja – wäre nämlich der Gipfel abgebrochen, müßte gleich ein anderer Baum umgeschnitten werden. Außerdem ist er – wie es sich gehört – vorm Gebetläuten gefallen, und gar noch 40 Meter und 20 Zentimeter ist er lang. Der längste Maibaum, den ich bis jetzt gesehen habe. »Da wern si die Antdorfer oder Iffeldorfer hart toa – so an Mordsbam bringa die nia her«, meint stolz der Jackl. Alles steht bewundernd vor dem Baum, nur der Königsbauer schiebt den Hut aus der Stirn, nimmt die erkaltete Pfeife aus dem Mund und kratzt sich nachdenklich hinter dem Ohr. Wie soll man dieses Riesentrum raus auf die Straße bringen?
Es ist hell geworden, und der Baum ist ausgeastet und geschäpst – also entrindet. Die langen harzigen Rindenlappen und die grünen Daxn liegen neben dem gelbglänzenden Stamm. Der Lenz hat mit Hilfe von Keil und Holzhacke in den Baumstumpf drei Kreuze geschlagen. Der Königsbauer hat frischgrüne, mit weißen und roten Seidenpapierbändern geschmückte Fichtenreiser an die Burschen verteilt, und die haben sie stolz auf ihre Hüte gesteckt.
Bauern und Kinder aus den nahen Höfen von Elmau kommen, um sich den Baum anzuschauen, und der Sepp sitzt ein bißl abseits auf einem Baumstumpf und quetscht aus seiner Ziehharmonika die »Zwei dunklen Augen« und das »Ännchen von Tharau«, und immer wieder wird der Baum gemessen, weil keiner glauben will, daß er tatsächlich so lang ist.
Die Sonne ist im Lauf der Stunden höher und höher gestiegen. Bündel von ihrem Licht fallen auf den moosigen Waldboden. Mit Hilfe eines Flaschenzuges und vier stämmigen Haflingern haben die Burschen den 40 Meter und 20 Zentimeter langen Baum auf die Straße herausgebracht und auf das Holzfuhrwerk geladen. »Mühsam war's und lang hat's dauert.« Die Pferde dampfen, Licht fällt auf die mit roten Blumen, weißblauen Bändern und Hanf geschmückten und eingeflochtenen blonden Mähnen. Die Burschen schlupfen in ihre lodenen grauen und

grünen Joppen, die Fahrer zu Pferd schwingen sich in die Sättel, die Peitsche knallt, die Pferde ziehen an, das Lederzeug knarzt, und dann schwankt die Fuhre vor zur Straße. Der Sepp spielt den Tölzer Schützenmarsch, und noch lange höre ich das Geläut der Pferde, das Knallen der Peitsche und fröhliche Juchzer.
In Hohenkasten, einer einzelstehenden Wirtschaft, vor welcher der Baum aufgestellt werden soll, ist schon alles aufgeregt. Aus dem Kessel, in dem die Knödel schwimmen, dampft es, der Schweinsbraten im Herd schmort. Endlich – es ist lang schon Mittag – hört man von weitem die Fuhre kommen. Alles stürzt aus dem Haus, um den Baum gebührend zu bewundern, der nun drei Jahre lang vor dem Gasthaus stehen wird. Schneidig und schnaubend ziehen ihn die Rösser den Berg herauf und halten vor dem Wirtshaus. Sie werden ausgespannt, und die Burschen wuchten den Baum auf die bereitgestellten Schragen. Dabei vergeht ihnen das Juchzen. Und dann geht's rein in die Wirtsstube, den Durst zu löschen und den Hunger zu stillen.
Es ist früher Nachmittag. Die Bauern sind mit Kind und Kegel von den weitverstreuten Höfen gekommen. Mädchen haben den Baum gewaschen, der Schreiner hat ihn gehobelt und auf zwei Seiten kleine Holzpfropfen eingesetzt, damit die Stangen beim Aufstellen nicht abrutschen. Der Eisengalgen, an dem die Fahne aufgezogen wird, ist festgeschraubt, eine Girlande schmückt die Spitze, und obenauf steckt eine Wetterfahne.
Männer und Burschen tragen kurze, *halblange* und *lange* Stangen, immer zu zweien zusammengebunden, aus einer Scheune und stellen sie an die Hauswand. Dann versammeln sie sich am Baum. Frauen, Mädchen und Kinder drängen sich neugierig vor der Kegelbahn. Die Mannerleut nehmen die Hüte vom Kopf und beten das Vaterunser und das Ave Maria – damit nichts passiert. Dann hängen sie ihre Joppen an Zaun und Fensterläden, holen sich lange starke Prügel und schieben sie unter dem Baum durch. Ein älterer Bauer mit aufgedrehtem Schnurrbart kommandiert laut: »Anheb'n – zuuu – gleich!« Die Männer heben den Baum von den Schragen weg zu dem aufgegrabenen Loch und setzen hinten die ersten zu einer Gabel zusammengebundenen Stangen ein. Und dann ertönt immer wieder das »Zuuu – gleich«, und immer längere Stangen

werden hinten eingesetzt. Und wenn der Baum fast schon gerade steht, werden sie auch von der Gegenseite eingesetzt, damit er nicht hinüberkippt. Immer höher ragt der Baum in den Himmel, bis er nach zwei Stunden endlich steht.
Die Burschen werfen Steine in die Grube um den Baum, schaufeln Sand und Erde dazu, gießen die Erde und stampfen sie fest. Die Musikanten holen ihre Instrumente und sammeln sich um den Baum. Zwei junge Burschen holen die bayerische Rautenfahne und ziehen sie unter den Klängen des Bayerischen Defiliermarsches auf. Ein leichter Wind fährt in das Tuch, und lustig bläht es sich im weißblauen Föhnhimmel.
Die Arbeit ist getan – und nach der Arbeit kommt das Vergnügen. Nun drängt sich alles ins Wirtshaus, Gäste und Musikanten. Auf geht's zum Tanzen, am Nachmittag, am Abend bis tief in die Nacht. Heiß ist es im Saal und in der Wirtsstube, die Fenster sind offen. Auf meinem Heimweg begleitet mich noch lang das Schmettern der Trompeten, das Grunzen des Bombardons und das Quietschen der Klarinetten. –
Abschließend sei noch von einigen Besonderheiten rund um den Maibaum berichtet. Der Brauch, einen Maibaum aufzustellen, ist heute verbreiteter denn je. Die Form aber, wie man ihn einholt und aufstellt, ist in jeder Gegend, ja oft von Dorf zu Dorf verschieden: Hier steht der Maibaum nur vom ersten bis zum letzten Maitag, anderswo ein ganzes Jahr, an anderen Orten volle drei Jahre. Im Oberinntal zum Beispiel stellen ihn die Burschen vor das Haus, in dem das Paar wohnt, das zuletzt geheiratet hat. Wenn dann übers Jahr kein Kind auf die Welt gekommen ist, oftmals auch nur, wenn kein Bub das Licht der Welt erblickt hat, dann muß der junge Ehemann bei den Burschen des Dorfes den Baum auslösen. Im Dachauer Hinterland ist es wieder anders, dort wird der Maibaum meist mit der Rinde aufgestellt, meistens sogar mit dem Gipfel. In vielen Orten wird er geschält, also geschäpst, gewaschen, gehobelt und weiß-blau bemalt. Um aber den Baum bemalen zu können, muß man ihn schon Wochen vorher holen, und da ist dann die Gelegenheit, den Maibaum zu stehlen. Die Höhe der Maibäume mißt heute 25 bis 35 Meter, was nicht ausschließt, daß es da und dort einmal einen Baum gibt, der die Vierzigmetermarke erreicht.

Das Beten vor dem Aufstellen ist fast überall üblich, vor dem Fällen des Baumes nur hier und dort. In den Baumstumpf wird vereinzelt ein Kreuz, auch einmal drei Kreuze, manchmal das Datum, hin und wieder beides geschlagen. In Iffeldorf wurde 1950 unten in den Baum ein Loch gebohrt, ein in Watte gehülltes, geweihtes Medaillon vom Bruder Konrad und ein geweihter Palmzweig gelegt und ein Holzpfropfen draufgeschlagen. In Antdorf wird im oberen Drittel des Baumes ein Loch gestemmt, zwei kleine geweihte Plaketten hineingelegt und ein Blech darüber genagelt. In Habach hat der Geistliche vor dem Aufstellen eine kleine Ansprache gehalten, ehe er anschließend den Baum geweiht hat.

Nun aber zum Maibaumstehlen, das die einen einen Brauch nennen, die anderen aber einen Mißbrauch. In den Wochen vor dem 1. Mai wird nirgends ein Maibaum liegen, der nicht bewacht wäre, mancher wird rund um die Uhr bewacht. Da gibt es Burschen, die beim Maibaumstehlen eine unerhörte Fertigkeit beweisen, die von Gilching zum Beispiel oder die von Unterbrunn, die sich auf diesen ›Sport‹ regelrecht spezialisiert haben. Mit größtem Erfolg sogar – man braucht nur an das Schicksal des Dachauer Maibaumes des Jahres 1975 denken. Oder an den Diebstahl des Miesbacher Baumes 1968 aus dem doch wirklich sicheren Hof des Amtsgerichtsgefängnisses. Aber meistens werden die Diebe halt doch entdeckt, und hin und wieder kommt es, entgegen allen Spielregeln, zu einer blutigen Rauferei. Das sind dann die Augenblicke, in denen aus einem etwas handfesten Brauch ein übler Mißbrauch wird.

Ein paar Beispiele zu dem Thema ›Maibaumdiebstahl‹: Die Tutzinger waren fest davon überzeugt, daß ihr Baum hinter der Schloßmauer am sichersten aufgehoben ist. Sie haben nicht daran gedacht, daß man ihn auch auf dem Seeweg entführen könnte – wie es die Starnberger 1952 gemacht und den Baum auf dem Seeweg mit dem Motorboot abtransportiert haben. Den Starnbergern ist es nicht viel anders ergangen: ihnen wurde der Maibaum am hellichten Tag von den Perchaer Burschen verzogen.

In Waakirchen, einem Dorf zwischen Tölz und Gmund, hat man zwei Maibäume aufgestellt, nämlich vor den beiden großen

Wirtshäusern, und dort war es erlaubt, den stehenden Baum umzuschneiden und zu stehlen, und zwar zwischen dem 1. Mai und dem darauffolgenden Sonntag. War also der 1. Mai ein Samstag, dann haben die Waakirchener Burschen diesen Baum nur eine Nacht bewachen brauchen, war der 1. Mai aber ein Montag, dann haben sie die ganze Woche auf ihren Baum aufpassen müssen. – Eine Münchner Zeitung hat 1970 über einen mißglückten Maibaumdiebstahl in Wessobrunn berichtet; Überschrift: *Pfarrköchin rettet den Maibaum.* »Fünfzehn ›gestandene‹ Mannsbilder aus einer kleinen Dorfgemeinde bei Weilheim wollten sich 100 Maß Bier verdienen. Nach altem Brauch beschlossen sie, den Maibaum des Nachbardorfes Wessobrunn zu entführen. Daß ihnen dabei die Pfarrköchin einen Strich durch die Rechnung machen würde, hätten sie sich nicht träumen lassen. Denn als die Maibaum-Diebe in der Nacht gegen zwei Uhr das Ungetüm aus dem ersten Stock des Pfarrgebäudes schleppen wollten, waren selbst 15 Paar Männerhände dafür zu schwach... Der Koloß fiel mit großem Gepolter zu Boden, und die Pfarrköchin im Erdgeschoß wurde recht unsanft aus ihrem Schlaf gerissen. Als sie gar laute ›Hau-ruck‹-Rufe vernahm, schwante ihr Übles...« Kurz und gut: die Pfarrersköchin war fortschrittlich, sie hat per Telephon den Vorstand des Trachtenvereins alarmiert und der wiederum die Feuerwehr. Als dann die Sirene von Wessobrunn aufgeheult hat, sind die Maibaumdiebe, beziehungsweise die welche haben werden wollen, auf und davon. Der Traum vom Hektoliter Bier war ausgeträumt.

Mögen die einen das Maibaumstehlen für einen groben Unfug halten, für einen Mißbrauch, andere aber für einen ›Sport‹, für einen achtenswerten Brauch, so sollte man die gemeinschaftsstärkende Funktion eines Maibaumdiebstahls nicht unterschätzen. Allein die Tatsache, daß sich so viele Burschen freiwillig so viel Arbeit machen, sich ganze Nächte um die Ohren schlagen, das kann man doch fast nur mit Respekt zur Kenntnis nehmen. Und wenn das alles ›nach Brauch‹ abläuft, dann endet es damit, daß die Bestohlenen ihren Maibaum mit einem Faßl Bier auslösen, das in den meisten Fällen von beiden Parteien gemeinsam geleert wird.

Das Mailaufen in Antdorf

Im Alpenvorland, südlich des Starnberger Sees, liegt das Pfarrdorf Antdorf. Dort hat sich, verbunden mit dem Aufstellen eines Maibaums, ein besonderer Brauch erhalten. Alle drei Jahre wird ein Maibaum aufgestellt, und alle drei Jahre am Sonntag nach dem 1. Mai findet hier das sogenannte Mailaufen statt, an dem nur junge Mädchen und Burschen teilnehmen dürfen, die sich ihren Ruf nicht ruiniert haben. ›Unbescholten‹ hat man das noch vor einigen Jahren genannt. Die Zahl der teilnehmenden Mädchen ist nicht beschränkt, dagegen müssen es drei Burschen mehr als Mädchen sein.
Nach dem Zwölfuhrläuten sieht man die Burschen schon die Mädchen ›z'sammtreib'n‹: Die Fuhrleute, die den Maibaum gefahren haben, mit Fuhrmannspeitschen, in die oben Papierblümerl eingeflochten sind; zwei mit einer langen Stange, die sie über die Schulter tragen und auf der Brezen aufgereiht sind; andere tragen Bierhumpen. So ziehen sie von Haus zu Haus und bringen die Mädchen ›triebweise‹, das sind immer fünf oder sieben, zum Orterer, dem Gasthof am Südrand des Dorfes. Gut drei Stunden brauchen sie, bis sie alle Mädchen beisammen haben, und in jedem Haus werden sie bewirtet mit Plätzchen, Kuchen oder belegten Broten, aber auch mit Wein und Schnaps. Geht keines der Dirndl mehr ab, so ziehen die Burschen die Straße hinunter zur Wiese, die dem Schusterwirt gegenüber liegt. An der einen Seite steht eine lange Bank, an deren beiden Enden ein Reiserbesen im Boden steckt; an dem einen hängt eine Stallaterne. Die Burschen ziehen die Joppen aus, hängen sie an den Zaun und zwängen sich dichtgedrängt auf die Bank, mit dem Rücken zur Wiese. Alle tragen sie weiße Hemden, die reichbestickten grünen Werdenfelser Hosenträger, damit sie sich möglichst gleichsehen.
Die Mädchen waren zusammen mit der Musik beim Orterer geblieben. Aber nun marschieren auch sie los – voraus die Musikanten, die Mädchen hinterdrein. Die Musikanten schwenken am oberen Ende der Wiese ein, die Mädchen bilden eine lange Kette, drei Mädchen, den Kellnerinnen, gibt man einen

Vorsprung von ungefähr fünf Metern; früher einmal haben dieses Recht jene Mädchen gehabt, die den Kranz und die Girlanden für den Maibaum gebunden haben. Der Trompeter schmettert ein Signal, die Mädchen rennen, was das Zeug hält. Der Anprall ist stürmisch, die Bank kracht, und schon kugeln ein paar Burschen und Mädchen am Boden herum. Doch langsam kommt Ordnung in den wirren Knäuel, Paar hinter Paar geht über die Wiese, jedes Mädchen mit dem, den ihr der Zufall, vielleicht auch der gelenkte Zufall, vielleicht auch gar der Irrtum beschert hat, mit dem es den Tag über aber beisammen bleiben muß. Hinter den Paaren ziehen zum Gaudium des Publikums die drei übriggebliebenen Burschen, zwei davon mit den Besen, der dritte mit der rostigen Stallaterne. Die zwei mit ihren Besen kehren im Takt hinterdrein. Vor dem Schusterwirt schwenkt die Musik aus, und die Paare tanzen einen Walzer, einen Schuhplattler und noch einen Walzer. Die Zuschauer bilden eine dichte Mauer rundum. Zwischen den Tanzenden kehren die zwei mit ihren Besen; der dritte mit der Laterne hat sich unter die Zuschauer verkrochen. Die letzten Takte sind verklungen, die Paare und Musikanten verschwinden im Hausgang. Der Saal oben ist mit frischen Fichtengirlanden, mit kleinen weißblauen Fahnen geschmückt, und die Musikanten finden auf dem kleinen Podium im Eck ihren Platz. An diesem Tag müssen die Mädchen die Burschen freihalten und die Musik zahlen; jedenfalls bis abends um acht Uhr, denn solange sind sie auch unter sich. Erst dann dürfen die anderen Dorfbewohner zum Maitanz kommen.

Patrona Bavariae – die Schutzfrau Bayerns

Der Monat Mai ist der Marienmonat, die Zeit der Maiandachten. Gerade der durch Jahrhunderte tief verwurzelten Marienverehrung, wie sie im katholischen Bayern, im alten Herzogtum also, zu Hause war (zum guten Teil noch immer zu Hause ist), verdanken wir die herrlichsten Gotteshäuser. Nicht von ungefähr ist die Hauptkirche der Landeshauptstadt eine Marienkirche, eine Frauenkirche; da ist die berühmte, traditionsreiche Alte Kapelle in Regensburg, die Bischofskirche in Freising, die ehrwürdige Klosterkirche zu Benediktbeuern am Fuße der Berge. Man kann so eine Aufzählung beliebig verlängern. Dabei darf man natürlich die vielen Marienwallfahrten nicht vergessen, die im Lauf der Jahrhunderte aufgeblüht sind – die berühmten großen und die vielen kleinen draußen im weiten Land zur Donau hin, im Alpenvorland oder in den Bergen. Eine der berühmtesten und lebendigsten Mariengnadenstätten ist wohl die von Altötting. Nicht weniger bekannt ist die kleine, über und über goldgleißende, höfisch-reiche Kapelle von Birkenstein bei Fischbachau im Leitzachtal oder der berühmte Heilige Berg Andechs hoch über dem Ammersee oder die Marienkirche auf dem Hohenpeißenberg. Dann Maria Thalkirchen und Maria Ramersdorf, einst Wallfahrten weit draußen vor der Landeshaupt- und Residenzstadt München, die nun aber längst von ihr eingeholt worden sind, oder Maria Eck im Chiemgau, nicht weit von Ruhpolding; dann der Maria-Hilf-Berg über Passau oder der bei Amberg; dann das Käppele über der alten Bischofsstadt Würzburg. Wie viele Wallfahrtskirchen erinnern daran, daß das Gnadenbild bereits verehrt worden ist, als es diese Kirchen noch nicht gegeben hat, als dieses Bild noch in einem Baum gestanden ist: Weihenlinden bei Aibling zum Beispiel, Maria Birnbaum im Dachauer Hinterland, Maria Eich im Südwesten von München, wo die kleine Marienfigur noch heute im Baumstamm steht. Um diese Figuren, manchmal mitsamt den Bäumen, in denen sie gestanden sind, ist später eine Kirche gebaut worden.

Es ist eine lange Liste von Wallfahrtskirchen, die der Muttergottes geweiht sind und zu denen gläubige Menschen über Hunderte von Jahren ihre Sorgen getragen haben und noch heute tragen. Die Marienverehrung in unserem Land war durchaus nicht nur ein Anliegen der einfachen, armen Leute, der ›einfältigen‹ Gläubigen. Sie war Anliegen des ganzen Volkes, vom einfachsten Taglöhner bis zu den Adeligen und zum Landesherrn, natürlich des ganzen katholischen Volkes.
Gerade im herzoglichen Haus von Bayern war die Verehrung der Gottesmutter eine selbstverständliche, gewachsene Familientradition, ein ehrliches Bekenntnis, ein Anliegen, das zurückreicht bis in die Zeit Kaiser Ludwigs des Bayern: Im Jahre 1327 ist er in Rom und wartet auf die Krönung. Es gibt einen Gegenkaiser, und deshalb zögert der Papst, die Krönung zu vollziehen. Die Wochen vergehen, Ludwig kommt in Bedrängnis, in finanzielle Not. Hier nun setzt die Legende ein: In dieser Not sucht er Zuflucht im Gebet. Da steht mit einemmal ein alter Mönch vor ihm, mit eisgrauem Bart, in schwarzer Kutte. Mächtige Flügel hat er wie ein Erzengel. In seinem Arm trägt er ein aus Alabaster geschlagenes Bild, eine Muttergottes mit dem Kind auf dem Schoß. Und der Mönch spricht zum Kaiser: »Ich helfe dir, wenn du versprichst, diesem Bild zu Ehren ein Gotteshaus zu errichten... Wenn du heimreitest über die Berge in dein Land, dann wirst du bald hinter der Grenze hinaufreiten in ein hohes Tal, dort heißt man es Ampferang. Dort sollst du über diesem Bild eine Kirche bauen.« Der Kaiser kniet nieder und verspricht so zu tun, wie der Mönch von ihm gefordert. Nachdem man dem Papst von dieser Erscheinung erzählt hatte, glaubte auch er, daß diese eisgraue Mönchsgestalt ein Engel war. Dies war ihm ein Zeichen, Ludwig den Bayern zum Kaiser zu krönen.
Der Kaiser reitet mit seinem Gefolge heim über die Alpen, und er führt ein Pferd mit, das die kleine alabasterne Muttergottesfigur trägt. Als er nach Partenkirchen kommt, nimmt er, so heißt es, einen Jäger mit, Fendt habe er geheißen, und dem erzählt er, was der alte Mönch zu ihm gesagt hat. Da führt ihn der Jäger hinauf über den Bergsattel, dem Graswangtal zu. Mitten im Wald bleibt das Pferd mit dem Muttergottesbild vor einer

Tanne stehen; dreimal kniet es sich nieder, und es weicht keinen Schritt, bis ihm das Bild abgenommen wird: Und hier nun läßt der Kaiser den Wald roden und den Grundstein legen: Man schreibt den 28. April 1330. Ludwig nennt diesen Ort Ettal, das Ehetal, das der Muttergottes verbundene Tal.
Nahe bei Fürstenfeldbruck, genauer: nahe der alten Abtei Fürstenfeld, unterhalb des Dorfes Puch, steht ein Denkmal, ein stattlicher Obelisk. Hier ist Kaiser Ludwig der Bayer am 11. Oktober 1347 auf der Bärenjagd in den Armen eines Bauern gestorben. Seine letzten Worte sollen gewesen sein: »Süzze kunigin, unser fraun, bis pei meiner schidung.« – Du bist da, bei meinem Abscheiden.

Ein großer Marienverehrer war der kunstsinnige Herzog Sigismund, dem der Bau der »Lieb-Frauenkirche« in seiner Haupt- und Residenzstadt München zu verdanken ist, der sich in dieser Kirche in der Kutte der Minderen Brüder beisetzen läßt.
Gerade im Zeitalter der Glaubenswirren im 16. und 17. Jahrhundert und seit der katholischen Erneuerung wird den bayerischen Herzögen die Marienverehrung ein liebevoll gepflegtes Anliegen und bald eine feste Tradition. Petrus Canisius, ein holländischer Jesuit und einer der führenden Köpfe der Gegenreformation, erzählt dreimal vom jungen, lebenslustigen Erbprinzen Wilhelm, dem späteren Herzog Wilhelm V. dem Frommen. Der junge Erbprinz macht sich mitten im Sommer bei brütender Hitze auf den Weg zum Gnadenbild der Muttergottes von Tuntenhausen. »Es hat dieser Wilhelmus sich auf den Weg gemacht in einer so schlichten Kleidung, daß ihn die, so ihm begegneten, nicht einmal erkennet. Sein Pferd hat er dem Priester, der ihn auf dieser Reise begleitete, überlassen. Er ist auf dem langen Weg stets zu Fuß gegangen, mit gar wenig Gefährten und keinem anderen Waffen als einem Pilgerstab, der etwann nit drei Pfennig wert…«, berichtet Canisius.
Die Wallfahrt des jungen Herzogs Wilhelm V. im Jahr 1570 war sicher nicht der Bittgang eines Einzelgängers. Dem Geist jener Zeit hat sich auch der damalige Erbprinz Wilhelm nicht entziehen können, sicher gar nicht entziehen wollen. Es war die Hinwendung von der oberflächlichen Heiterkeit des höfischen

und adeligen Lebens jener Jahre, die so viele abgestoßen hat, hin zu der Welt der tiefen religiösen Erfahrung. Das war nicht nur in Bayern so; diese Bewegung, diese Geisteshaltung hat das ganze Abendland erfaßt. Es ist nicht von ungefähr, daß man in jenen Jahren überall von einem Ignatius von Loyola spricht, von einer Theresia von Avila, von einem Karl Borromäus, der in der Gegend von Mailand daheim ist, von einem Franz von Sales aus Savoyen, später dann von einem Vinzenz von Paul in Paris. Einer der größten Verehrer der Muttergottes aber wird Herzog Maximilian I., jener bayerische Herzog und Kurfürst, der als einziger deutscher Landesherr den Dreißigjährigen Krieg in seiner ganzen Länge erlebt hat. 1595, mit zweiundzwanzig Jahren, wird er offizieller Stellvertreter seines Vaters und Mitregent, 1598 wird er regierender Herzog, ehe ihm nach dreiundfünfzig Jahren der Tod die Zügel aus der Hand nimmt.

Der Erbprinz Maximilian wird auf Wunsch seines Vaters bei den Jesuiten erzogen, in München und in Ingolstadt. Diese Erziehung steht bereits ganz unter dem Eindruck der erneuerten Marienverehrung. Man erzählt, daß der siebenjährige Erbprinz während der Messe drei Rosenkränze gebetet habe. Mit acht Jahren habe er die kleinen marianischen Tagzeiten gelernt, dazu ein Mariengebet mit fünfzig Strophen. So erreicht die Muttergottesverehrung unter diesem Herzog im Hause Wittelsbach und im Herzogtum einen Höhepunkt. Maximilian ist ein glühender Verehrer Mariens, er stellt sein Land unter den Schutz der Gottesmutter – sie soll die Schutzherrin seines Landes sein, die Patrona Bavariae. Der Herzog ist ein tief religiöser Mensch. War er zunächst Sodale, so wird er schon 1584, im Alter von elf Jahren, Präfekt der Marianischen Kongregation, und seine erste Regierungshandlung besteht in einer Wallfahrt zum Gnadenbild von Altötting. Von seiner Residenz in München bis zur Heiligen Kapelle geht er zu Fuß, neunzig lange Kilometer. Als er dann, 1645, wenige Jahre vor dem Ende des großen, des Dreißigjährigen Krieges für die Muttergottes von Altötting ein silbernes Gehäuse aufstellen läßt, dem Gnadenbild Kronen stiftet für Mutter und Kind, schreibt er mit eigener Hand und mit seinem eigenen Blut einen Zettel, mit dem er sich der Muttergottes weiht. »In mancipium tuum me tibi dedico consacroque Virgo Maria hoc teste cruore atque chyrographo, Maximilianus peccatorum corypheus« – In Deine Hände gebe und weihe ich mich, o Jungfrau Maria, mit diesem Zeugnis des Blutes und der Handschrift, Maximilian der Größte der Sünder.

Wie Herzog Maximilian I. zu dem Namen, dem Begriff Patrona Bavariae gekommen ist, wissen wir nicht. War es die Verbindung nach Spanien? Immerhin hat er mit Eifer die Heiligsprechung des spanischen Bauernknechtes Isidor mitbetrieben. Philipp II. von Spanien war in vieler Hinsicht ein Vorbild für ihn. Beiden gemeinsam waren jedenfalls die tiefe Religiosität und eine fast besessene Arbeitskraft. Beide sind sie zu Wegbereitern, Bahnbrechern des fürstlichen Absolutismus geworden. So findet das Fest Mariae Schutz auf dem Weg über Spanien Eingang in Bayern. Vielleicht führt der Weg auch über die Mönchsorden, die schon im 12. und 13. Jahrhundert die Gottesmutter besonders verehren. So wird Maria über der Pforte der Abtei Citeaux in Frankreich erstmals als Diva Patrona, als göttliche Patronin des Ordens bezeichnet. Die Prämonstratenser verehren die Muttergottes damals schon ganz besonders, und die Dominikaner verordnen: »Maria ist die ganz besondere Vertreterin und liebevollste Mutter und Patronin des Ordens.« Diese Orden schaffen das Bild der Schutzmantelmadonna. Gerade in den Zeiten der Not, wenn Krieg oder Pest über das Land hereinbrechen, findet dieses Bild immer weitere Verbreitung. Aber es bleibt nicht nur bei dem Schutzmantelbild, auch die Muttergottes mit dem Kind auf dem Arm und dem Zepter in der Rechten, die Mondsichel zu Füßen wird zum Kirchen- und Hausbild.
So soll unter Maximilian I. auch die herzogliche und kurfürstliche Residenz in München ihr Hausbild bekommen. Der Herzog macht sich den Brauch seiner bayerischen Bauern und Bürger zu eigen: Sie stellen die Muttergottes als Hausbild schon seit längerer Zeit auf, und in einer Mauernische brennen Ewige Lichter. Der Herzog tut das gleiche, nur mit den Mitteln der hohen, der großen Kunst: Genau in die Mitte der Fassade seiner Residenz stellt Hans Krumper, der berühmte Bildhauer der

Spätrenaissance aus Weilheim, die Hausmadonna, schafft er seinem Landesherrn jenes wunderschöne, in Erz gegossene, drei Meter hohe Bild der Gottesmutter, die Mondsichel zu ihren Füßen, die zwölf Sterne um Haupt und Krone. Wie es in der Offenbarung des heiligen Johannes steht, im 12. Kapitel: »Und es erschien ein großes Zeichen im Himmel: ein Weib mit der Sonne bekleidet, und der Mond unter ihren Füßen und auf ihrem Haupt eine Krone von zwölf Sternen...« Unter der Figur ist ein kunstvolles Gehäuse für das Ewige Licht angebracht, und auf einem Schild steht »Patrona Boiariae«, Schutzfrau Bayerns. Diese großartige, mächtige Muttergottesfigur an der Front der Münchner Residenz war nicht nur eine Demonstration des Glaubens, sie war auch ein Schutzbild für das Land, für die Residenz und ihre Bewohner. Herzog Maximilian I. hat genau das gleiche getan, was ein Bürger oder Bauer getan hat, zum Teil auch heute noch tut, wenn er an seinem Haus ein Marienbild anbringt, sei es gemalt, sei es eine Figur in einer Nische. Davon erzählt auch ein frommes Lied des Johannes Khuen aus dem Jahr 1637. Da heißt es unter den einunddreißig Strophen:

Maria Himmel Königin
Der gantzen Welt ein Herrscherin:
Maria bitt für uns.
Du Hertzogin in Bayern bist.
Das Hertzogthumb Dein eygen ist...

Zu München Du Dein Wohnung hast.
Das zeiget an der schön Palast.
Die newe Vest hat für jhr Schildt.
Ein wunderschöns Maria Bildt.

Das Bildt hats Kindlein auff dem Arm.
Es gibt den Segen Reich vnd Arm.
All Sambstag Dir vnd Deinem Kindt
Bey disem Bildt ein Ampel brindt.

Zwölff Stern vmbs Haupt stehn wie ein Cron.
Vnter den Füssen ligt der Mon.
Patronin vbers Bayerlandt.
Steht vnden gschriben an der Wandt...

Das sind die Strophen, die der Patrona Bavariae an der Münch-

ner Residenz gelten. Ihr Bild ist aber auch an Bürgerhäusern der Stadt zu finden: »Zu München an so manchem Hauß. / Steht ein Maria Bildt heraus. / Vber das Hauß kein Vnglück geht / An dem ein solche Schildtwach steht.«
Als der Dreißigjährige Krieg über das alte Europa hereingebrochen ist, hat Herzog Maximilian I. sein Land, insbesondere sein Heer, unter den Schutz Mariens gestellt. Auch das ist nicht ohne Vorbild. Man denke an die berühmte Seeschlacht von Lepanto, in der die Flotte Spaniens, die sich dem Schutz Mariens anvertraut, unter Don Juan d'Austria die türkische Flotte vernichtend schlägt. Das war 1571. Don Juan d'Austria war ein Halbbruder Philipps II., ein Sohn Karls V. mit der Regensburgerin Barbara Blomberg. (In der Kirche Maria de Victoria in Ingolstadt gibt es die prachtvolle, berühmte Monstranz mit der Darstellung dieser Seeschlacht von Lepanto.)

Die Vorstellung der Mutter Maria als der Patronin derer, die für eine gerechte Sache kämpfen, war damals in katholischen Landen allgemein. Selbstverständlich war für den Herzog auch, daß bayerische Regimentsfahnen das Bild Mariens zu tragen haben. Der im Grund nicht erwartete Sieg in der Schlacht am Weißen Berg, vor den Toren von Prag, zu Beginn des großen Krieges, hat natürlich dem neuen Titel »Patrona Bavariae« einen entsprechenden Nachdruck verliehen. So ist eigentlich jede Siegesfeier jener Jahre verbunden mit dem hohen Lob der Muttergottes und dem Dank an sie, die Patronin. Die Dankgottesdienste in München finden damals vornehmlich in der Liebfrauenkirche statt, so auch der Gottesdienst unmittelbar nach der triumphalen Heimkehr des Herzogs aus Böhmen »in heissen Gebeten und zahlreichen Weihegaben«. Peter Candid erhält den Auftrag, ein neues Hochaltarbild für die Frauenkirche zu malen, die Himmelfahrt Mariens. Auf dem Schlachtfeld vor Prag läßt Maximilian zusammen mit Kaiser Ferdinand II. eine Marienkirche bauen. Etwa ein Jahrzehnt später, als die Kriegslage sich erneut bedrohlich zuspitzt, stiftet Kurfürst Maximilian in der Wallfahrtskirche von Tuntenhausen einen neuen Hochaltar mit der beziehungsreichen Anrufung aus der Lauretanischen Litanei ›Virgo potens‹, der mächtigen Jungfrau.

Angeregt durch die Marienverehrung ihres Herzogs, bestimmt durch die Verordnung, jeder im Land habe den Rosenkranz bei sich zu tragen, gefördert auch durch die trostlose Notzeit des Dreißigjährigen Krieges entstehen in jenen Jahren überall im Land Rosenkranzbruderschaften: 1619 Altötting und Niederaschau, 1622 Tittmoning und Kirchdorf bei Haar; es wird eine sehr lange Liste, und Jahr für Jahr wird sie länger. All diese Rosenkranzbruderschaften verehren das gleiche Bild: die Muttergottes, die ihren Fuß auf die Mondsichel setzt, deren Haupt von einem Kranz von zwölf Sternen umstrahlt ist.

Wenn man in Bayern von der Patrona Bavariae spricht, so taucht wenigstens heute ein anderes Bild auf, das Bild auf hoher Säule inmitten des Marienplatzes, im Herzen der Landeshauptstadt. Alle Entfernungen zu dieser Stadt sind hin zu dieser Säule gemessen. Heute noch. Die Vorgeschichte ihrer Errichtung ist die des Dreißigjährigen Krieges. Man schreibt den 8. November des Jahres 1620, Herzog Maximilian I. besiegt mit seinen Soldaten, im Verein mit den Kaiserlichen, seinen pfälzischen Vetter, den Führer der protestantischen Union, Kurfürst Friedrich V. von der Pfalz, den sogenannten Winterkönig, in der Schlacht am Weißen Berg bei Prag. Friedrich flieht geschlagen und geächtet nach Holland. Der Pfälzer Wittelsbacher verliert die Kurwürde, der Altbayer Maximilian bekommt sie 1623 übertragen. – Dringen zunächst bayerische Soldaten siegreich bis Schleswig-Holstein vor, so wendet sich das Blatt der Geschichte, als die Schweden in diesen unseligen Krieg eingreifen, in Pommern landen und unter ihrem König Gustav Adolph unaufhaltsam nach Süden stürmen und endlich sogar München besetzen. Der Kurfürst muß nach Braunau fliehen. Da bricht die Pest über Freund und Feind herein. Das Land stirbt damals leer. Viele hoffen auf Maria, auf die große Fürbitterin in ihren letzten Stunden.
Von Kurfürst Maximilian I. erzählt man, daß er sogar militärische Unternehmungen und Maßnahmen der Regierung gern auf Marienfeiertage gelegt hat. Deren hat es damals gar nicht so wenig gegeben, und so manches neue Marienfest hat Maximilian in seinem Herzogtum Bayern eingeführt, neue Kirchen im

Namen und zu Ehren Mariens geweiht. 1600 und 1607 baut er zwei neue Hofkapellen in der Residenz. Beide weiht er der Mutter Maria, die eine der Maria Immaculata, die andere der Maria Verkündigung. Sogar in das tägliche Leben seiner Untertanen greift der Landesherr nachhaltig ein. So wird zeitweise sogar überprüft, ob jeder Untertan den Rosenkranz mit sich trägt. Jedem wird auferlegt zu beten, beim Aveläuten hat jeglicher Verkehr in Städten und Märkten stillzustehen, jeder Untertan muß sich beim Aveläuten in aller Öffentlichkeit hinknien. 1623 dann läßt der Herzog in seiner Münze ›Frauentaler‹ prägen. Sie tragen das Bild Mariens und eine lateinische Aufschrift: »Clypeus omnibus in te sperantibus« – Ein Schild für alle, die auf Dich hoffen.
Dieses Vertrauen des Herzogs und Kurfürsten Maximilian I. in die Mutter Maria war ungebrochen; nicht nur in guten, siegreichen Zeiten, auch in den Tagen des Niedergangs, als der Feind im Land steht, als das Volk von der Pest dahingerafft wird. Und als ihm dann, nach diesen Schicksalsschlägen, nach dem Tod seiner kinderlosen ersten Frau, die neue Herzogin Maria Anna, eine Tochter des Kaisers, einen Sohn schenkt, betrachtet der Vater den langersehnten Erben als ein Geschenk Mariens. Deshalb gibt er ihm auch einen Namen, der damals höchst ungewohnt und ungewöhnlich ist: er läßt ihn auf den Namen Ferdinand Maria taufen.
Ein weithin sichtbares Zeichen seiner Marienverehrung setzt Kurfürst Maximilian I. nach der Proklamation der Mutter Maria als Patronin des Landes mit der Errichtung der Mariensäule auf dem Schrannenplatz, dem heutigen Marienplatz, im Herzen seiner Residenzstadt.
Die Mariensäule ist keine Siegessäule, keine Triumphsäule, sie hat keine Beziehung zur Prager Schlacht, wie immer wieder behauptet wird. Wäre sie ein Siegesdenkmal gewesen, dann hätte sie der Herzog nicht erst achtzehn Jahre später errichten lassen, als der Glanz dieses Sieges durch all das, was inzwischen geschehen war, längst verblaßt war. Die Mariensäule ist vielmehr eine Schöpfung ex voto, aus einem Versprechen heraus, sie ist eine Votivsäule. Sie wurzelt in einem Gelöbnis des Kurfürsten aus der Zeit schwedischer Besatzung nämlich, »...ein gott-

gefälliges Werk anzustellen, wenn die hiesige Hauptstadt München und auch die Stadt Landshut vor des Feindes endlichem Ruin und Zerstörung erhalten würden«. Nach seiner Rückkehr im Mai 1635 will der Landesherr sein Versprechen erfüllen. Er bittet seine geistlichen Berater um Vorschläge, in welcher Form er sein Gelübde ausführen solle. Es ist ein Sitzungsprotokoll des Geheimen Rates, des obersten Regierungskollegiums des Landes, vom 11. September 1635 erhalten, in dem er über eine »Denkmals- und Gedächtnisstiftung des Kurfürsten wegen Erhaltung der Städte München und Landshut in der zurückliegenden Schwedenzeit zu beraten hatte«. Der Geheime Rat befürwortet damals unter anderem die Stiftung einer jährlichen Prozession und die Errichtung eines öffentlichen Denkmals auf dem Marktplatz in München. Drei Tage später, am 14. September 1635, heißt es in einem Schreiben vom kurfürstlichen Hof, der Kurfürst habe sich »... resolviert, zu Ehren Gottes und der gebenedeitesten Himmelskönigin Mariae zu schuldiger Danksagung und zu ewigem Gedächtnis der erhaltenen kurfürstlichen Hauptstädte München und Landshut... ein monumentum auf dem Platz in loco conspicuo, an weithin sichtbarer Stelle errichten zu lassen«.
Zwei Jahre hört man nichts mehr von dem Vorhaben des Kurfürsten, eine »schöne Seil«, eine schöne Säule mit »u. L. Frauen-Bild« zu errichten. Erst am 12. Dezember 1637 verständigt der Kurfürst den Rat der Stadt München offiziell von seinem Vorhaben. Zwei Tage später wird mit dem Bau begonnen, und knapp elf Monate später, am 7. November 1638, findet die Einsegnung der Säule mit dem Marienbild durch den Fürstbischof von Freising, Veit Adam von Gebeck, statt.
In der Staatlichen Graphischen Sammlung in München ist eine Federzeichnung erhalten, die den mit aller »gebührenden Solemität und Zeremonie« gefeierten Gottesdienst zeigt: Im Hintergrund als Kulisse die Häuser auf der Nordseite des Platzes (wo heute das Rathaus steht), die Fenster dicht belagert von Zuschauern. Unten auf dem Platz stehen die Neugierigen Kopf an Kopf. Rechts und links sind offene Zelte errichtet für den Adel, für die hohe Geistlichkeit, für die Ehrengäste. Dahinter, also vor den Häusern auf der Nordseite, steht die niedere,

überdachte Tribüne für die kurfürstliche Familie, für den kurfürstlichen Hof. Im Vordergrund und zu beiden Seiten ist das Bürgermilitär angetreten, dahinter dicht gedrängt die Münchner Bürger. Unmittelbar vor und hinter der Säule erkennt man Heiligenbilder und Reliquienschreine, darunter die bekannte und erhaltene Silberbüste des hl. Benno, des Bistumspatrons aus der Frauenkirche. In der Mitte aber ragt die schlanke, marmorne Säule auf mit dem erzenen Marienbild, das ehedem strahlend vergoldet am Hochaltar der Frauenkirche gestanden ist. Davor steht der Fürstbischof von Freising, umgeben von geistlichen Würdenträgern, um dieses Bild zu weihen. – Auf dieser Federzeichnung fehlt die Balustrade, das marmorne Geländer rund um die Säule. Es war ursprünglich wohl gar nicht eingeplant. Erst 1639 gibt, einem Bericht des Hofbauamts zufolge, Kurfürst Maximilian den Befehl, »...ein ganz marblsteinen glannder um die Seilln uf dem plaz zu machen«.
Die feierliche Segnung der Mariensäule hat Kurfürst Maximilian I. wohl sehr bewußt auf den 7. November verlegt, auf den ersten Sonntag nach Allerheiligen. Alle Jahre an diesem Sonntag hat nämlich die große Gedächtnisprozession für den Sieg am Weißen Berg an jenem 8. November 1620 stattgefunden, die sogenannte ›Prager Prozession‹, als Dank für die »siegreiche Victori durch vorübergegangene Feldschlacht, auch Eroberung der Stadt Prag und Königreich Böhaimb«, wie es in einem alten Aufruf zu dieser Prozession heißt. Auf den Wällen haben die Geschütze Salut gefeuert, das Bürgermilitär ist ausgerückt, die Zünfte sind mitgegangen, die Bruderschaften, die gesamte Klerisei unter Mitführung »zahlreicher heiliger Leiber«, also unter Mitführung zahlreicher Reliquien.
Damals ist auch der bedeutende neulateinische Dichter, der Jesuit Jakob Balde, Zeuge der Feierlichkeiten gewesen. In seiner Begeisterung hat er eine Ode auf die Säule im Herzen Münchens verfaßt: »Hier hat der Fürst ihr, / der gelöbnistreue, / aus Marmor aufgerichtet den Altar. / Aufragt die Säule zu des Himmels Bläue, / wie kaum in Rom je eine schlanker war, / Und auf der Säule Blume steht das neue, goldblanke Bild mit aufgelöstem Haar, / Die Krone schmückt das Haupt, das milde, süße, / und huldigend kost der Mond um ihre Füße!«

Von dieser Zeit an werden, wie gesagt, im Herzogtum Bayern alle Entfernungen von der Mariensäule auf dem Schrannenplatz weg gemessen, und jedesmal, wenn Maximilian seine Residenzstadt verläßt oder wenn er sie wieder betritt, erweist er dem Marienbild auf der Säule seine ehrerbietige Reverenz.
Die Mariensäule in München hat auch in der Literatur Spuren hinterlassen. In seinem Buch *Der seltsame Springinsfeld* nennt Hans Jakob Christoph von Grimmelshausen »...das schöne Bild auf der Säule«. (Grimmelshausen ist auch der Verfasser des berühmten *Simplicius Simplicissimus,* und er war im letzten Jahr des Dreißigjährigen Krieges 1648 Regimentssekretär in Wasserburg am Inn.) – Es gibt aber nicht nur lobende, es gibt auch lästernde Stimmen, vor allem in der Zeit der Aufklärung im späten 18. Jahrhundert, als man alles, was mit Volksglauben, was überhaupt mit Religion in Verbindung steht, in Frage stellt. 1781 kommt der Berliner Friedrich Nicolai auf seinen Reisen auch nach München, und da macht der besessene Aufklärer natürlich seine Randglossen; auch über die Mariensäule: »...wir hielten diese als Kunstwerk höchst mittelmäßige Bildsäule für ein Denkmal stumpfer Bigotterie... So oft ich vorbeiging, lagen stumpfsinnige Menschen an den Stufen dieser Säule und baten die taube, eherne Maria, wer weiß worum, vielleicht um Ausrottung der Ketzereyen, wie es noch bis jetzt jedem katholischen Kind in der Kinderlehre anbefohlen wird...«
Das sind Töne, die uns heute, nach fast zweihundert Jahren, eigentlich gar nicht einmal so fremd sind. Wir leben in einer Zeit, in der auch das Hirn, der Verstand zum Maß aller Dinge erhoben wird, und die gescheiteren Leute sind damals, wie heute auch wieder, zu der Erkenntnis gekommen, daß das Hirn halt doch nicht das Maß aller Dinge sein kann, und daß diese hochfahrenden, selbstsicheren Töne von einer rechten Ignoranz gegenüber dem menschlichen Geist ganz allgemein sprechen. Jedenfalls hat ein so politischer Realist wie Lenin diese Mariensäule mit schärferen Augen betrachtet: Er hat von 1900 bis 1902 unter falschem Namen in München gelebt, in Schwabing in der Kaiserstraße, und von ihm wird erzählt, er habe einmal gesagt, »Wer die Mariensäule in München in der Hand hat, dem gehört Europa«.

Wenn man von der Marienverehrung in Bayern spricht, muß man auch von Altötting erzählen, denn die heilige Kapelle ist ein Mittelpunkt dieser Verehrung, eine der ehrwürdigsten Wallfahrten im bayerischen Land. Sie ist auch eine der lebendigsten. Nicht umsonst hat die Gnadenkapelle über all die Jahrhunderte die Herzkammer Bayerns geheißen. Der ehrfurchtgebietende Ort, die tieffromme Stimmung vor diesem Gnadenbild machen es den Besuchern unmöglich, in einem Kunstführer zu blättern, neugierig oder auch nur interessiert herumzuschauen. Während in so vielen anderen Kirchen derjenige auffällt, der betet, ist es hier umgekehrt der kunstbeflissene Neugierige.

Es ist eigenartig, vielleicht auch nicht zufällig, daß die erste zuverlässige Kunde über Wallfahrten und Opfer nach Altötting, nämlich die älteste erhaltene Kapellrechnung, aus jenem Jahr stammt, in dem Columbus Amerika entdeckt hat – 1492. Es ist das Jahr, das an den Beginn der ›Neuzeit‹ gesetzt wurde. Es ist die Zeit, aus der auch die Reformation wächst; eine Epoche der Weltoffenheit, aber auch der Weltflucht, die aufkommende kraftvolle Lebensfreude der Renaissance, daneben eine geistig-geistliche Sehnsucht, die sich den Werten der Ewigkeit zuwendet. Auch auf bayerischem Boden sind in jener Zeit die hohen gotischen Dome vollendet worden, denn Bayern war genauso ein Land der Gotik, wie es später dann ein Land des Barock und Rokoko geworden ist. In dieser Zeitwende jedenfalls haben die Gedanken der hohen deutschen Mystik auch im bayerischen Volk Eingang gefunden und eine große religiöse Aufgeschlossenheit wachgerufen.

Begonnen hat es in Altötting mit einem Wunderzeichen, wohl im Jahr 1489. In einem alten Mirakelbüchlein heißt es: »...ein dreijähriges Knäblein, als es zu altenoetting in das wasser, die Mehren genannt, gefallen, und eine halbe Stund dahin gerunnen, ist es endlich gantz tod herauß gezogen worden. Die Mutter auß großem vertrauen zu der Mutter Gottes trägt das tote Kind zu der h. Capell. und legt es auf den Altar. fällt sambt andern auf die knye nider, und bittet umb erlangung des Kinds leben flehentlich. Alsbald wird das kind lebendig.« Ein zweites Zeichen aus dem gleichen Jahr wird so geschildert: »Ein Baur zu

Altenötting fürte ein Fueder haber zu hauß, setzte sein söhnlein, sechs jahr alt auf das Hand-roß; der fallet von dem Pferd unter den Wagen, wird dermaßen zertruckt, daß seines Lebens keine Hoffnung mehr vorhanden. Man tut ein gelübd und ruft die Mutter Gottes an; folgenden tag ist der knab widerumben gantz frisch und gesund.«

Diese beiden Wunderzeichen haben sich in Windeseile herumgesprochen, weit in der Umgebung, im ganzen alten Herzogtum Bayern und weit über seine Grenzen hinaus. In den ersten Jahren setzt ein unwahrscheinlicher Zulauf ein, den man an den Geld- und Naturalabgaben des Jahres 1492 ablesen kann: Da sind zunächst an Bargeld 7346 Pfund und 70 Pfennige notiert (1 Pfund waren 240 Silberpfennige, aus einem Pfund Silber geschlagen). Dazu sind gekommen 343 Pfund 5 Schillinge und 5 Pfennige Stockgeld, also Geld aus dem Opferstock. 1720 Pfund Pfennige Erlös aus 39 Zentnern und 75 Pfund aufgeopferten Wachses. 196 Pfund Pfennige für etwa 324 Kleider, Schleier und Pelze. 64 Stück Großvieh, darunter nicht weniger als 24 Pferde; 13 Stück Kleinvieh: Füllen und Kälber, Widder, Lämmer, Ziegen; 3698 Hühner, 59860 Pfund Flachs. Getreide im Wert von 50 Pfund 13 Pfennige; Schmalz, Käse und Eier, verkauft um 15 Pfund 3 Schillinge 22 Pfennige. Das alles ergibt eine Gesamtsumme von 12375 Pfund Pfennige. Aber solche Zahlen bedeuten wenig, wenn man den Wert nicht vergleichen kann: für 3 Pfund und 30 Pfennige hat man damals ein gutes Pferd bekommen, für 1 Pfund 7 Schilling eine Kuh.

Aber nicht nur Naturalien haben die vielen Gläubigen zum Gnadenbild nach Altötting gebracht, auch Votivtafeln – kleine bunte Bilder, auf denen dargestellt ist, aus welcher Not die Muttergottes geholfen hat; oder die Votanten sind gezeigt im Gebet vor dem Gnadenbild, gleichsam als immerwährende Beter. Kranke haben außer Rosenkränzen und Krücken auch Bilder ihrer Krankheiten gestiftet – Arme und Beine, Augen und Lungen, Zähne, Brüste, aus Wachs geformt, aus Silber getrieben oder aus Holz geschnitzt. In Form von wächsernen und silbernen Herzen hat man sich selbst dargebracht, auch in Form von kleinen Figuren, den strengen, betenden Frauen- und Männerfiguren aus Wachs zum Beispiel. Solch wächserne

Figuren sind einst sogar lebensgroß geopfert worden, oder Gläubige haben sich gar selbst in Wachs aufwiegen lassen. Juwelen und Schätze, so sie die Zeiten überdauert haben, sind in der Schatzkammer zu finden. Wohl die eigenartigsten Opfergaben aber haben bayerische Herzöge, Kurfürsten und Könige in die Gnadenkapelle nach Altötting gegeben: Der erste, der den Wunsch gehabt hat, sein Herz und das seiner Frau möge in der Kapelle beim Gnadenbild von Altötting beigesetzt werden, war Maximilian I. Nach ihm haben es dann alle bayerischen Herzöge, Kurfürsten und Könige so gehalten, bis hin zu König Ludwig III. In feierlichen Prozessionen sind ihre Herzen nach Altötting gebracht worden, um in kostbaren silbernen Urnen in dieser wohl ehrwürdigsten Kapelle Bayerns ihre endgültige Heimat zu finden. Es ist eine eigenartige Symbolkraft, die von diesen silbernen ›Herzurnen‹ ausgeht. Es sind ja nicht die Herzen irgendwelcher frommer Bayern, sondern die seiner Landesherrn, seiner Fürsten, die ehedem im allgemeinen Verständnis ›Von Gottes Gnaden‹ gewesen sind. Sie sind wie eine Ehrenwache bei diesem Heiligtum, sichtbare, bekennende Frömmigkeit, umgeben vom Hauch des Unheimlichen; großartige, immerwährende Wächter und Beter vor der Patrona Bavariae.

Mag die Marienverehrung gerade bei Herzog Maximilian I. einen Höhepunkt erlebt haben, so hat auch die ihm folgenden Fürsten der Weg immer wieder zu Marienwallfahrtsorten geführt, auch die leichtlebigeren unter ihnen, hin nach Tuntenhausen, nach Andechs und wieder und wieder nach Altötting. Der Sohn Maximilians I., der Herzog und Kurfürst Ferdinand Maria, hat sich, wie sein Vater auch, mit einem kleinen Zettel, beschrieben mit eigenem Blut, der Mutter Gottes von Altötting geweiht. Eine der großartigsten Votivgaben kommt aus dem herzoglichen Haus, das lebensgroße Bild des zehnjährigen bayerischen Kurprinzen, des späteren Kurfürsten Max. III. Joseph. Sein Vater hat diesen ›Silbernen Prinzen‹, der seine Knie vor dem Marienbild beugt, hierher geschenkt, nachdem der Kurprinz von einer gefährlichen Krankheit genesen war. Der Hofbildhauer Wilhelm de Groff hat dieses prachtvolle Kunstwerk entworfen und in Silber getrieben. Als aus diesem

Kurprinzen der Kurfürst geworden war, hat er, im Zeichen seiner Marienverehrung, den ›Frauenbildtaler‹ prägen lassen. Diese Münze mit dem Bild der Patrona Bavariae zählt heute noch zu den beliebtesten Geldstücken: Zu Tausenden sind aus ihnen Knöpfe gemacht worden, um Janker, Westen und Joppen zu schmücken. Sie sind so beliebt, daß sie bis in unsere Tage noch gefälscht und kopiert werden.

Über dreihundert Jahre war die Muttergottes als Patrona Bavariae im Volk anerkannt, ein feststehender Begriff sogar. Nur die offizielle Kirche hat all die Zeit diesen Namen nicht zur Kenntnis genommen. Erst in den Kriegsnöten des Ersten Weltkriegs bitten der tiefreligiöse König Ludwig III. und die Königin Maria Theresia den Papst, Benedikt XV., das Fest der Patrona Bavariae offiziell anzuerkennen und zu bestätigen: Erstens, daß die allerseligste Jungfrau und Gottesmutter Maria zur Patronin der Bayern durch den Apostolischen Stuhl erklärt werde; zweitens, daß ein besonderes Fest dieser Jungfrau Maria unter dem Titel Patrona Bavariae alljährlich im Marienmonat, am 14. Mai, in ganz Bayern gefeiert werden dürfe, unter einem entsprechenden Ritus und mit einem besonderen Offizium. Benedikt XV. gewährt durch das Dekret der Römischen Ritenkongregation vom 26. April 1916 die Bitte des bayerischen Königspaares.
Der Apostolische Pronuntius, Kardinal Frühwirth, überbringt die Nachricht am 12. Mai 1916, und so gut es geht, rüstet man sich in den Städten, Märkten und Dörfern zur ersten Feier am 14. Mai dieses Jahres. Noch im Dezember werden durch ein Dekret der Ritenkongregation das neue Festoffizium des Breviers und die Festmesse des Missales approbiert und für den gesamten Welt- und Ordensklerus des Königreiches Bayern vorgeschrieben. Kardinal Bettinger erreicht dann, daß das Fest auf einen günstigeren Tag verlegt wird, auf den Sonntag nach Christi Himmelfahrt. An diesem Sonntag wird es 1917, während bitterer Kriegszeit, in München wohlvorbereitet und besonders feierlich begangen. Später wird das Fest der Patrona Bavariae am ersten Sonntag im Mai gefeiert, und heute ist der 1. Mai der Tag der Schutzfrau Bayerns. In das Festoffizium aber

hat man seinerzeit den Weihespruch aufgenommen, den der Überlieferung nach der Kurfürst Maximilian I. bei der Einweihung der Mariensäule selbst gesprochen hat und der wohl aus der Feder von Jakob Balde stammt: »Rem, regem, reginem, regionem, religionem / Conserva Bavaris, Virgo Patrona, tuis.« Das bedeutet, frei übertragen: O Jungfrau Maria, Patronin, bewahre deinen Bayern das Sach, den Herrscher, eine gute Regierung, das Land und den Glauben.

Vom Fest Christi Himmelfahrt und von Flurumgängen

Das Fest Christi Himmelfahrt ist ein hoher Feiertag, die Himmelfahrtswoche die Woche der Bittgänge. Alte Berichte sind uns leider wenig überliefert. Da ist zunächst Karl Freiherr von Leoprechtings Buch *Aus dem Lechrain,* erschienen 1855. In ihm ist eigentlich am kürzesten gesagt, was zu sagen ist: »Christi Himmelfahrt, ein hoher Feiertag... Das Standbild Jesu Christi mit der Fahne war sonst in der Kirche aufgestellt, und schwebte während des Gottesdienstes, die Himmelfahrt vorstellend, durch eine eigene Vorrichtung die Kirche hinauf in den Boden. Daher kommt das Sprichwort: ›Wo sich unser Herr Gott hindreht – da der Wind hergeht‹. – Diese Feierlichkeit ist zwar abgeschafft, und in vielen Kirchen trägt der Officiator während dem Magnificat die Auferstehungsfigur in die Sakristei, allein es wird doch an vielen Orten auch noch nach dem alten Brauch verfahren...« (Vereinzelt gibt es diesen Brauch aber auch heute noch.) Dann berichtet Leoprechting von einem Brauch, über den an anderen Stellen nichts zu finden ist: An diesem Tag »wird von jedem Haus ein großer Teller von Kernmehl auf einem Seitenaltar geopfert. Dieß nennt man den Auftrag, welcher dem Meßner gehört.«
Der aufklärerische Eiferer Joseph Richter, alias Obermayer, räsoniert 1784 über den ›Mißbrauch‹ der bildhaften Himmelfahrt: »Die Kirche war an diesem Tag prächtig beleuchtet. Die Musik wohlbesetzt, kurz, alles verkündigte eine besondere Feyerlichkeit. Diese begann während dem Hochamt. Alle Augen waren nach dem obern Kirchengewölbe gerichtet; denn man wußte noch von vergangenen Jahren her das Loch, wodurch die Statue, welche Christus vorstellt, hinausfahren werde. Indessen war die Statue bereits an einem Seile befestigt und erwartete nur den Wink des pontifizierenden Priesters, um sich auf die Diskretion des Maschinisten zu verlassen und ihre Reise anzutreten. Dieser Wink wurde endlich gegeben, und nun fuhr der geschnitzte Christus zum allgemeinen Frohlocken der versammelten Gemeinde gen Himmel – – Nein! Liebe Christen, die

Reise gieng nur bis an den Boden des Kirchendaches ... und so beschloß sich dieses ärgerliche Kirchenschauspiel.« Und er kommt zu dem moralisierenden Schluß: »Jeder noch so feste Katholik lege hier die Hand aufs Herz, und antworte, ob das nicht Gott und die Religion entehrende Misbräuche waren, und ob sie nicht umso ärgerlicher seyn mußten, da sie nicht etwann in Mönchskirchen allein, sondern in Hauptpfarren ausgeübt wurden!!!?« Dann sagt er noch erleichtert: »... doch es sind nun bereits viele Jahre, daß das Fest der Himmelfahrt Christi nicht mehr so unanständig begangen wird.« Es ist diesem Kapitel auch ein Kupferstich beigebunden, auf dem all die geschilderten Bräuche bzw. Mißbräuche zu sehen sind: Die Taube; die Zettel mit den frommen Sprüchen, die aus dem Heilig-Geist-Loch herunterflattern; der Wasserguß; die auffahrende Christusgestalt, begleitet von zwei Engelsfiguren mit brennenden Kerzen.

Noch um 1955 habe ich so eine Himmelfahrt alter Art erlebt in Mittenwald: Bei den Stufen zum Presbyterium, am Kommuniongitter, unmittelbar unter dem ›Heilig-Geist-Loch‹, ist ein Tisch gestanden, reich geschmückt mit Blumen, in der Mitte die Figur des Auferstandenen, die Fahne des Sieges in der linken Hand, die rechte zum Segnen erhoben. Oben, am Kopf dieser Christusfigur, war ein Seil befestigt, das hinaufführte durch die Öffnung im Gewölbe in den Speicher zu einer hölzernen Rolle. Von dort führte das Seil hinüber zu einer hölzernen Trommel, die oben auf einer stehenden, drehbaren hölzernen Säule sitzt. An der Holzsäule unten ist ein dünner Balken durchgesteckt, und an ihm sind zwei Burschen immer im Kreis um die Säule gegangen, so wie früher das Pferd im Göpel. Langsam hat sich die Säule gedreht, stetig, gleichmäßig, und dabei hat sich das Seil um die Holztrommel gewickelt. So langsam wie die beiden Burschen im Kreis gegangen sind, so langsam schwebte die Figur des Heilands hinauf in den Kirchenhimmel. Während dieser Zeit erklang von der Orgelempore aus eine fröhliche, fast tänzerische Geigenmusik. Alle Jahre war es die gleiche, seit gut zweihundert Jahren. Mit der Christusfigur schwebten zwei holzgeschnitzte Engel mit brennenden Kerzen empor. Sie sind mit der Hand frei hinaufgeholt worden – einmal etwas höher

gezogen und dann wieder etwas heruntergelassen, so schwebten sie um die Figur des Heilands.
Vereinzelt wurde das Himmelfahrtsfest in dieser Form des ›Theatrum Sacrum‹ bis zum letzten Krieg gefeiert, mancherorts sogar noch danach – wie in Hohenbrunn bei München, in den Landgemeinden um Berchtesgaden oder in Zeilarn im niederbayerischen Hochland, ungefähr auf halbem Weg zwischen Altötting und Pfarrkirchen. Dort findet alle Jahre am Nachmittag von Christi Himmelfahrt eine Andacht in der alten überlieferten Form statt: Auf einem kleinen Altartisch vor dem Hochaltar steht die Christusfigur, zu beiden Seiten des Auferstandenen zwei Engel. Das Ganze umrahmt von gemalten Engeln, die die Marterwerkzeuge tragen – rechts und links eine Galerie von Engeln einer über dem andern. Oben unter dem Kirchengewölbe schwebt eine ebenfalls gemalte Wolke, hinter der die Christusgestalt endlich verschwindet. Dahinter verbirgt sich ein sinnreicher Mechanismus, der noch aus der Barockzeit stammt (während die Bilder um das Jahr 1890 erneuert wurden). Der Mechanismus setzt sich in Gang, wenn der Pfarrer beim Vortrag der Lesung für das Himmelfahrtsfest die Stelle erreicht: »Nach diesen Worten ward er vor ihren Augen emporgehoben, und eine Wolke entzog ihn ihren Blicken....« Da beginnt die Gestalt Christi zu schweben und hinter der Wolke zu verschwinden.
Im Niederbayerischen, vor allem im Bayerischen Wald, war bis vor dem Ersten Weltkrieg noch die Sitte weit verbreitet, am Tag Christi Himmelfahrt nur ›fliegendes Fleisch‹, also Geflügel, zu essen. Und im Allgäu hat es die sogenannten ›Brotvögel‹ gegeben: in Form von Vögeln gebackene Brote. In Röthenbach und in Oberstauffen sind die Eltern mit ihren Kindern nach der feierlichen Nachmittagsandacht in das Wirtshaus gegangen: dort hat jeweils der Wirt diese Brotvögel den Kindern geschenkt.

Fährt man in der Himmelfahrtswoche über Land, so kann man noch immer die kleinen Prozessionen, die Bittgänge sehen. ›Schauerprozessionen‹ heißt man sie an manchen Orten, denn mit ihnen erfleht der Gläubige Schutz, vor allem vor Gewitter und Hagelschlag, und er bittet um gutes Gedeihen auf Acker

und Feld. Am Markustag ist die erste Prozession dieser Art gewesen, und an manchen Orten wurden solche Bittgänge von Fall zu Fall sogar wiederholt, damit nach langer Dürre endlich Regen komme oder nach langem Regen Sonnenschein.
Dieser fromme Brauch hat sich in einer seltenen Lebendigkeit erhalten, vielleicht weil ihn die beständige Sorge um die Ernte wachgehalten hat. Er läßt sich durch viele Jahrhunderte, durch das ganze Mittelalter hindurch, verfolgen. Es gibt ein Kapitulare von Karl dem Großen, in dem er auffordert, man solle gerade an diesen Tagen besonders bußfertig, besonders demütig sein. Gute zwei Jahrhunderte vor Karl dem Großen aber hat bereits Papst Gregor der Große alle Einzelheiten des Bittgangs und seiner Gebete geregelt. Und weitere zweihundert Jahre früher bereits, also im 4. Jahrhundert, hat Papst Liberius den Felderumgang auf den Markustag festgesetzt, und die Synode von Orléans hat drei Tage der Bittwoche nach St. Markus hierfür bestimmt.
Die Sitte, die Flur zu umgehen, um sie zu schützen, um sie zu segnen, ist nicht erst seit dem Christentum bekannt. Dem Flursegen liegt der Gedanke zugrunde, daß jeder Ort, der in frommer Absicht umschritten wird, gleichsam von einer geheimnisvollen, unsichtbaren Mauer umgeben ist und daß das Böse damit gebannt bleibt. Die Religionsgeschichte spricht hier von den sogenannten ›magischen Einkreisungsriten‹. Die altrömische Religion hat sie vor allem in ihren drei Frühlingsfesten gekannt, und es mag typisch für die besitzrechtliche Denkweise der Römer sein, daß diese Flurumgänge die Grenzen festgesetzt, erneuert und bestätigt haben. Auch bei den Germanen lassen sich ähnliche Riten feststellen, wie uns Tacitus überliefert: eine Nerthus-Umfahrt, bei der das Bild der Göttin der Fruchtbarkeit in großer Prozession um die Äcker gefahren worden sei. Wenn noch um das Jahr 600, also zu Lebzeiten Papst Gregors des Großen, die gallischen Bauern ihre Götterbilder um die Äcker getragen haben, so haben sie das ohne Zweifel in der gleichen Absicht und Zuversicht getan, wie das die Gläubigen unserer Tage heute noch tun, wenn sie Heiligenfiguren bei der Prozession mittragen.

Joseph Schlicht schreibt in seinem Buch *Bayerisch Land und bayerisch Volk* (1886) von ›Schauerfreitag‹, dem Tag nach Christi Himmelfahrt: »Die Tage, welche die Himmelfahrt des Heilands umgeben, führen die schönen christlichen Namen: Kreuzwoche, Bittwoche; vom Kreuzbild, welches vorausgeht, und vom Gebet welches stattfindet... Da vollziehen sich denn am Montag, Dienstag und Mittwoch religiöse Gänge: eine jede katholische Pfarrgemeinde wallt von ihrer Kirche aus in eine andere; der Zweck besteht in aufrichtigem Christengebet, und in drei Morgenstunden ist es abgethan. Am Donnerstag feiert sie als uraltes Christenfest die Auffahrt des Heilands; und der Freitag bringt dann in unserem Altbayernland das größte und stärkste Volksbeten vom ganzen Jahr...« Und Schlicht beschreibt anschaulich die ›Ordnung‹ des Bittgangs: »Voraus der Kirchenmann mit dem ›Herrgott‹ ... hinter ihm reiht sich die ganze Pfarrjugend. Die Werktagsschule verlauft sich in die Feiertagsschule und diese in die stämmigen Burschen; nach der männlichen die weibliche Jugend, ebenfalls so, daß die kleinen Mädchen übergehen in die volljährigen Jungfrauen. Daran fügt sich der feste Stamm der Pfarrei: die Männer, auftretend mit wuchtigen Stiefelgedröhn...« – denn damals haben die Bauern ihre Stiefel genagelt gehabt, – »an ihrer Spitze geht im Vespermantel und die Feldmonstranz mit der gewandelten Hostie in Händen der Pfarrer, seine sämtlichen Kirchenpfleger um ihn. Deren zwei tragen auf Stangenlaternen das ewige Licht... Meßknaben schwingen ... ihre Altarschellen, um auch einem jeden Ohr schon das Allerheiligste anzuzeigen. Kleine Mädchen (frommsittig, weiß gekleidet und Lilien tragend) gehen neben dem Heilande, drei links und drei rechts. Schließend den Zug folgen nun noch die ländlichen Ehefrauen, aber nicht mehr allzu viele, denn das Weib muß Haus hüten, und da kann sie denn höchstens ein Stück Weg um die Fluren mitwallen: Die eine nur bis zu diesem Feldaltar, die andere nur bis zu jenem... Die Ordnung ersieht, daß der Zug an den Straßensäumen geht in zwei getrennten langen Zeilen, in Mitte der Ordner, welcher da wieder knüpft, wo das verschiedenartige Gefüge zu zerreissen droht... Entscheidend für die Ordnung ist der, welcher den Herrgott trägt. Dadurch nämlich, daß er jenen richtigen Mittelschritt einzuhalten versteht, welcher die zehnjährigen springenden Muskeln dämpft und die siebenzigjährigen steifen Sehnen nachtrippeln läßt... Natürlich, daß auch der Geistliche mit dem Allerheiligsten im Mittelraume geht...«

Die Himmelfahrtswoche ist die große Wallfahrtswoche am heiligen Berg Andechs. Von weither kommen die Wallfahrerzüge, viele Stunden zu Fuß, der Kreuzträger voraus. Bei jedem Wallfahrerzug, der ankommt, läuten die Glocken, und betend ziehen die Wallfahrer durch die Budenstadt des Jahrmarkts hinauf auf den Berg zur Klosterkirche, nicht nur zur Muttergottes von Andechs, sondern auch zu den berühmten drei heiligen Hostien. Im Jahr 1877 hat Pater Magnus Sattler seine Chronik von Andechs herausgebracht, und in ihr schreibt er über den Himmelfahrtstag in Andechs: »Am Himmelfahrtsfeste wurde gewöhnlich um 3 Uhr geweckt. Hierauf hielt man den Chor bis zur Non im Capitelsaale; darnach wurden die heiligen Hostien ausgesetzt. Um 4 Uhr war feierliches Hochamt für Schongau, um 5 Uhr für Augsburg und um 6 Uhr für München. Um ½8 Uhr war die öffentliche Vorzeigung des Reliquienschatzes, bei günstiger Witterung von der Vöhlin'schen Kapelle aus, bei ungünstiger Witterung vom oberen Choraltare aus; wenn diese beendiget war, fand die Procession mit den heiligen Hostien um die Kirche und den Fronhof statt; dieser folgte das Pontificalamt... Die Ankunft und der Abzug der Wallfahrer am Himmelfahrtstage ging in einem fort, so daß man von der Auffahrtsceremonie an von jedem Empfang und Fortbegleiten Umgang nehmen mußte.«

Ein ausgesprochen liebenswerter Brauch ist in manchen Dörfern im weiten Umkreis vom heiligen Berg Andechs üblich: Die Wallfahrer, die in den Tagen der Himmelfahrtswoche oft viele Stunden Weg auf sich nehmen, viele Stunden hin und viele Stunden zurück zu Fuß, bringen den Kindern etwas vom Markt in Andechs mit, und zwar Süßigkeiten: Schokolade, Zuckerl, ›Bonbon‹, Bärndreck – Leckerl halt. Genaugenommen waren die sogenannten ›Leckerl‹ kleine, einfache Zeltl, Keksel. Und von ihnen leitet sich das Wort ›Leckerlbedl‹ ab.

Ich habe ihn einmal miterlebt: Es war der Bittgang von Haunshofen, gute fünf Stunden Weg hat man von dort nach Andechs.

LECKERLBEDL"

DIEMENDORF/
HAUNSHOFEN

In Diemendorf sind schon die ersten Kinder gewesen, die auf die Wallfahrer gewartet haben. Ganz aufgeregt waren sie. Als die Wallfahrer dann endlich zu sehen waren, der Kreuzträger voraus, haben sie sich fein säuberlich in eine Reihe an den Straßenrand gestellt, die Buben haben ihren Hut hingehalten, die Mädel ihre Schürzl aufgebreitet. Der Wallfahrerzug hat sich ebenfalls in eine Reihe formiert, im Gänsemarsch sind sie an den Kindern vorbeigezogen, betend. Die Ministranten waren dann Saububen genug, um den Kleinen Steinchen in den Hut und ins Schürzl zu werfen – während des Betens wohlgemerkt. Aber die Großen haben das mit Zuckerl, Schokolade und Lakritz wieder gutgemacht. In Haunshofen selber haben die Kinder die Wallfahrer auch kaum derwarten können. Sie rennen Jahr für Jahr an diesem Tag an den Dorfausgang und schauen, und dann wieder zurück zur Kirche; immer wieder, bis endlich die Glocken die Wallfahrer hereinläuten. Dann müssen sie aber immer noch warten. Zuerst ziehen nämlich die Wallfahrer noch in die Kirche ein. Erst wenn sie wieder herauskommen, ist's endlich so weit, und die Buben halten ihre Hüte hin und die Dirndl ihre Schürzl.

In der Epoche des ungebrochenen Fortschrittsglaubens hat Joseph Schlicht 1886 geschrieben: »Wo der Unglaube die Bildung, die Gottfremdheit der Lebensgang, da zieht man hoffärtig und kalt die Brauen und findet natürlich an Kreuzwoche und Schauerfreitag keinen Geschmack. Ein Gebet um die Feldfrüchte dünkt unvernünftig: versichern statt beten, das ist der Rath. Nun, so manch ein Pfarrer und so manch ein Bauer in Altbayerland versichern; aber um die Felder gehen sie dennoch. Es ist gut, wenn man versichert; jedoch besser ist es, wenn es nicht hagelt.«

Und darüber entscheiden weder Versicherungen noch Wetterämter.

Von Bräuchen um die Pfingsttage

»Von einem Geiste werden wir Menschen regiert. Das weiß der katholische Bayer aus der Glaubenslehre und aus der Erfahrung, die er mit sich selbst und andern Menschen macht. Regiert uns nicht der heilige Geist aus den lichten Höhen des Himmels, nun so regiert uns dafür der unheilige Geist aus den dunklen Tiefen des Abgrundes.« So leitet Joseph Schlicht sein Kapitel über die Heilig-Geist-Taube ein, und er erzählt, daß man sich in einem altbayerischen Bauernhaus für die Vesper zusammengerichtet hat, und daß etwas nach zwei Uhr nachmittags zusammengeläutet worden ist, und daß Alt und Jung auf den Beinen war, denn schließlich ist an diesem großen Tag der Heilige Geist in Gestalt der Taube erschienen. Zu Zeiten von Schlicht war das noch allgemein Brauch.

In den meisten Kirchen Bayerns ist oben im Gewölbe eine Öffnung, mit einem Brett verschlossen, auf das die Heiliggeisttaube gemalt ist, im Volksmund das ›Heiliggeistloch‹ geheißen. Schlicht hat es oft genug mitgemacht, um darüber schreiben zu können: »Schon tritt der Pfarrer, angethan mit dem hochfesttäglichen Rauchmantel und umgeben von seinen vier Ministranten unter die Rosette und betet in dem feierlich angestimmten lateinischen Hymnus ›veni Sancte Spiritus: Komm heiliger Geist‹. Der Orgelspieler entnimmt seinen Tasten die akkordreichsten Klänge, das katholische Kirchenlied vom heiligen Geist schallt himmelwärts, und der Dorfwagner als angestammter Maschinenmeister bringt vom Dachstuhl heraus die Pfingsttaube ins Schweben. Nun tritt sie in den Bereich der Augen. ›Da heili Geist!‹ flüstert die halbe Kirche.«

Im Zusammenhang mit diesem Brauch äußert Schlicht einen Gedanken, den man heute gar nicht mehr so recht wahrhaben will: »Das Christentum ist eben Schauspiel und Gnade zugleich.« Manchmal mag es vielleicht auch des Schauspiels zu viel gewesen sein. Gerade im ausgehenden 18. Jahrhundert hat es Begleiterscheinungen gegeben, die Wasser auf die Mühlen der Aufklärer waren, und Joseph Richter hat darüber in seiner *Bildergallerie katholischer Mißbräuche* kritisch-abfällig geschrieben:

»Allein es folgt noch ... ein anderer noch viel komischerer Auftritt. Die guten Herren lasen in den Evangelisten, daß Christus den heiligen Geist über seine Jünger ausgegossen habe, auch lasen sie so etwas von Feuerflammen und doppelfeurigen Zungen. Auch dieß mußte sinnlich vorgestellt werden. Eine Taube kann die Stelle des H. Geistes vertreten, und Feuerflammen und doppelfeurige Zungen lassen sich ja auf Papier mahlen – aber es steht in der Schrift ausgiessen? Doch auch dieß läßt sich sinnlich ausdrücken: es giebt ja noch Wasser in der Welt, und so wurde wirklich, als Christus aufgefahren war, eine Taube zum Loch herausgelassen, Bildchen herabgeworfen, und die fromme Gemeinde mit einem tüchtigen Wasserguß abermal zur Herzensfreude beehret; aber auf dem Kopf dieser Taube stand ausser dem noch ein Preis und wer sie fieng und zur Sakristey brachte, erhielt ausser der Erlaubniss, sie rupfen und braten zu dürfen, noch ein Prämium in Geld.«
Die Heilig-Geist-Taube ist noch nach dem Zweiten Weltkrieg in der Pfarrkirche von Mittenwald auf die Gläubigen herabgeschwebt; um 1955 war es in der Pfarrkirche von Habach noch Brauch, daß aus dem Heilig-Geist-Loch am Pfingsttag kleine gelbe und rote Zettel, auf die Zitate aus der Heiligen Schrift gedruckt waren, auf die Gläubigen heruntergeflattert sind, dazu eine Menge Pfingstrosenblätter, die die feurigen Zungen des Pfingstgeschehens darstellen sollten.

Ein Brauch sei hier genannt, der zwar nicht unmittelbar mit der Herabkunft des Heiligen Geistes zu tun hat, der aber seit eh und je an Pfingsten ausgeübt wird. Nicht weit von Passau, etwas südöstlich von Vilshofen, liegt das Pfarrdorf Holzkirchen. Hier wird ein Brauch in Ehren gehalten, der auf das Jahr 1492 zurückgeht. Damals, so erzählt die Überlieferung, sei in den Wäldern um Holzkirchen eine große Borkenkäferplage gewesen, dazu seien böse Wetter gekommen, Schauerwetter, die zu allem Überfluß noch die Ernte vernichtet haben. Da haben die Bauern in ihrer Not gelobt, alle Jahre zu Pfingsten eine Wallfahrt zur weitum berühmten Muttergottes auf den Bogenberg zu machen. Als Geschenk haben sie eine riesenhafte Kerze versprochen. Da sei alles Unglück mit einem Mal verschwun-

den. Als dann mit dem 16. Jahrhundert, mit der Reformation, die Lehre Luthers auch in Niederbayern Freunde findet, hat man auf dieses Gelübde vergessen. Wieder ist der Borkenkäfer aufgetreten und hat die Wälder um Holzkirchen bedroht, wieder haben Hagel und Unwetter die Ernte zerschlagen, bis man sich endlich auf das Gelöbnis der Vorfahren besonnen und die versprochene, riesenhafte Kerze wieder auf den Bogenberg gebracht hat. Genaugenommen ist es eine dreizehn Meter hohe hölzerne Stange, die in den Tagen vor dem Pfingstfest mit roten Wachssträngen sorgfältig umwickelt und mit grünen Büscheln geschmückt wird. Die Wachsstränge sind so eng gewickelt, daß man von der Holzstange nichts mehr sieht. Diese über einen Zentner schwere ›Kerze‹ wird immer abwechselnd von zwei Männern getragen, und zwar waagrecht über der Schulter. ›Das Kreuz‹ wird dieser Wallfahrtszug genannt, und überall, wo ›das Kreuz‹ hinkommt, laufen die Gläubigen und Neugierigen zusammen. Ihr weiter Weg, den die Wallfahrer in der Morgendämmerung des Pfingstsamstags antreten, führt sie bis Vilshofen. Dort geht es über die Donau, dann stromaufwärts über Hofkirchen und durch das langgestreckte Winzer nach der Benediktinerabtei Niederaltaich. Von hier nach Deggendorf, wo die riesige Kerze in der mittelalterlichen Grabkirche für die Nacht hinterstellt wird. Am zweiten Tag, am Pfingstsonntag, geht es über Metten, Offenberg, Welchenberg und Pfelling, und schließlich, gegen Mittag, werden die Holzkirchener durch die Geistlichkeit und das Volk in Bogen mit Fahnen und Glokkengeläut empfangen. Dann wird Mittag gemacht. Hat man sich gestärkt, kommt das große Pfingstschauspiel, auf das schon alles wartet – das Hinauftragen der Riesenkerze auf den Berg: Nun wird ›die lange Stang‹ wie eine richtige Kerze aufrecht stehend den Berg hinaufgetragen – und zwar von einem einzigen der Wallfahrer, der allerdings bei dem steilen Weg nach oben in immer kürzeren Abständen abgelöst werden muß. In der Kirche wird die Kerze vor dem Gnadenaltar, vor dem steinernen Bild der Mutter Gottes von Bogenberg, abgesetzt, neben der Kerze, die die Holzkirchener im Jahr zuvor hierher gebracht haben.
Außerdem ist von einigen weltlichen Bräuchen um Pfingsten zu

berichten – einen beschreibt Joseph Schlicht: »Am Fuß des Gollnerbergs … spielt sich am Pfingstmontag nach der Vesperstunde ein gar lustiger Volksscherz ab. Ein seltsamer Aufzug bewegt sich von Haus zu Haus. Die zwei Burschen voraus haben einen wunderlichen Kerl in der Mitte. Der ist vom Kopfe zum Fuß in grüne Zweige eingewickelt, hat ein weites Maul, als wenn, wie der Volkshumor sagt, ihm seine Mutter mit der Ofenschüssel aufgeatzt hätte, in der Hand trägt er einen Schöpflöffel; das ist nun der sogenannte ›Pfingstl‹. Den drei Burschen gehen auf den Fersen nach ebensoviele Bauernmädel, jede mit einem Körblein am Arm… Sowie man nun bei einer Haustür anlangt, hebt der rechte Flügelbursch des Pfingstl's in Knittelversen an und sagt folgenden Spruch her:

Sand unsa drei Pfingstlknecht,
Lauta Narrn, lauta Narrn,
Heunt nacht san ma erst zeiti worn.

Da erst ist da Vorreita,
da zwoat is da Begleita,
da dritt hat'n Löffelstiel,
Wo ma 'n hintuat, frisst a viel.

Jetzt tua ma halt'n Vettern und d'Basl schö begrüassn,
daß uns a paar Batzn herschiassn,
Und da Batzn is no nöt gnua:
A paar Schilling Oar, die ghörn a no dazua.

Nun tritt sofort der ganze Aufzug in die Stube ein. Der Pfingstl stellt sich als König in die Mitte und kommandiert: welche und wie viele Tänze…, die Musik hat einer auf der Mundharmonika aufgespielt. Dieses Spiel, wenn man es so nennen kann, hat man ›Pfingstlhochzeit‹ geheissen. Je nachdem wie das Spielen und das Tanzen ausgefallen ist, hat es mehr oder weniger Geldstückl, mehr oder weniger Eier gegeben.« Schlicht schreibt noch dazu: »Beim Wirt wird Anfang und Schluß gemacht: der erste Batzen eingesammelt und hernach das ganze Bettelsümmlein verzehrt. Die Eier, welche selbstverständlich die drei Mädel in ihren Körblein tragen, hat man eben auch flugs im Handel zu Geld gemacht. Das Drittel der ganzen Einnahme fällt nach altem Volksrecht dem Pfingstl in die Tasche als Schmerzengeld: Er hat nämlich in seinem bocksteifen Anzug einen mühsamen Gang gehabt. Ist dann das übrige Geldlein in Bier und Brot und Tanz mit dem letzten Kreuzer verklopft, verzehrt und verjuchzt, so geht alles wieder seine Wege. Die Pfingstlhochzeit ist durchgespielt für dieses Jahr...«

Gerade in Niederbayern hat es am Pfingstmontag noch einen Brauch gegeben, nämlich den sogenannten ›Wasservogel‹. Was es mit diesem Brauch für eine Bewandtnis gehabt, was er bedeutet hat, darüber sind sich die Gelehrten nicht einig. Der Wasservogel habe letztlich eine Art Wasseropfer dargestellt, sagen die einen, genaugenommen sei er selbst ein Wasseropfer gewesen. Andere wiederum behaupten, all die verschiedenen Pfingstgestalten, die es gibt, auch außerhalb Bayerns, habe man symbolisch getötet, ersäuft oder begraben, auf daß sie mit ihrem Opfer Lebens- und Wachstumskräfte wecken. Es habe einmal geheißen, daß jedes größere Wasser – also größere Bäche, Flüsse und Seen – alle Jahre oder alle sieben Jahre sein Opfer fordert. Um alles Unheil abzuwenden, hat man deshalb diesen Wassern im Frühjahr, wenn sie meist Hochwasser führen, Opfer dargebracht. Nach Ansicht der Forschung gehörten Flußopfer zu den ältesten Zeugen germanischen Religionsbrauches; der ›Wasservogelbrauch‹ stamme demnach aus vorchristlicher Zeit.

In dem Gebiet zwischen der Ilm und der Amper, in der Holledau also, hat sich das Wasservogelspiel bis über die Mitte des 19. Jahrhunderts erhalten, ebenso im oberen Donautal und in den Tälern der Zusam und Schmutter drüben im Schwäbischen. »In Sauerlach unweit München«, schreibt Franz Joseph Bronner um die Jahrhundertwende, »ward der Wasservogel noch 1840 gefeiert. Auf einer hohen, mit Bändern und Kränzen geschmückten Stange wurde von drei Burschen eine Puppe, welche den Wasservogel darstellte, einhergetragen und eine Bauernhochzeit in spasshafter Weise nachgeahmt... Am Pfingstmontag nachmittags vor und nach der Vesper versammeln sich die jungen Burschen eines Dorfes und entscheiden durch das Zeichen von Hölzchen oder durch Wettlaufen, wer der Wasservogel sein müsse. Es traf den letzten... Dieser wurde

ganz in frischgrünes Buchen- oder Birkenreis (die Lebenszeichen des Frühlings) oder auch in Binsen (die Wahrzeichen des Wassers) eingehüllt, zum mindesten musste seine Kopfbedekkung in Form eines Spitzhutes aus Schilf und Moosröhricht sein... Der so Verkleidete versteckte sich in einem nahen Bauernhof, oder wurde am Ort seiner Verkleidung von zwei Wächtern mit hölzernen Säbeln streng bewacht. Die anderen Burschen machten sich derweil beritten und sprengten heran, den Wasservogel zu fangen. Nach einer kurzen Gegenwehr, einem Scheinkampf, der selbstverständlich für den Wasservogel keinen Erfolg hatte, zog man zum Ortsbach oder Fluß. Dort sprach der Wasservogel einen Reim; seine Gegner erwiderten mit einem Gegenspruch. Darauf wurde der Arme ins Wasser gestossen; ›denn alljährlich will der Fluß sein Opfer haben‹, sagt dort das Volk.«
Etwas anders hat sich das Wasservogelspiel in der Holledau abgespielt. Da ist der Sammelplatz der Burschen im Gemeindeholz gewesen, und jeder Bursch ist hoch zu Roß in der Festtracht angeritten. Dann ist der Trupp ins Dorf eingezogen, in seiner Mitte der Wasservogel: er hat eine Larve aus Rinde mit einer riesigen Nase und einem großen Maul vor dem Gesicht gehabt und war in frische Birkenreiser gewickelt. Der Zug ist hin zum Dorfbach oder Dorfweiher geritten. Hier haben bereits zwei kräftige Mädchen gewartet, in alten Werktagskleidern. Der Wasservogel ist aus dem Zug ausgeschert und in den Bach hineingeritten; da hat er sich vom Pferd heruntergleiten lassen. Die Mädel haben ihn aufgefangen, ihm die Larve abgenommen und gewaschen. Daraufhin haben sie ihn auf ihre Arme genommen und ihn nun dreimal tief ins Wasser getaucht. Nach dieser Prozedur hat der Wasservogel wieder sein Pferd bestiegen und ist mit seinen Kameraden um die Wette geritten. Der ›Wasservogel‹, der junge Bursche also, und die beiden Mädchen haben untadelige, unbescholtene Leute sein müssen, denn ihr Amt ist eine Ehre gewesen; im Wirtshaus beim Essen haben sie dann auch den Vorrang gehabt.
Hier muß aber noch ein Pfingstbrauch erwähnt werden, der Pfingstlümmel, der auch Pfingstling, Pfingstel, Pfingsthansl oder Pfingstjackl geheißen hat. Es handelt sich um eine mit

Stroh ausgestopfte Figur, die die jungen Burschen in einem Zug, fast muß man schon sagen, in einer Prozession durch das Dorf getragen haben. In der Nacht dann haben sie diese Strohpuppe dem faulsten Dirndl unter das Fenster gestellt oder ans Fenster gehängt oder auch rittlings auf das Hausdach gesetzt. In manchen Gegenden war eine andere Form der Anprangerung Brauch: Meistens hat der Dorfhirt an Pfingsten zum ersten Mal das gesamte Vieh ausgetrieben, und wenn eine Magd als besonders faul gegolten hat, dann hat er den Pfingstlümmel auf jene Kuh gesetzt, die die Magd hat versorgen müssen: er hat ihr damit diesen ›Pfingstlümmel‹ sozusagen als Bräutigam zugeführt.
Was das in der verhältnismäßig kleinen Dorfgemeinschaft bedeutet hat, kann man sich ja vorstellen...

Der Pfingstritt in Kötzting und das Englmari-Suchen in St. Englmar

Als man das Jahr 1352 geschrieben hat, ist ›im Wald‹, der ja damals fast ausschließlich noch ein Urwald war, eine Kirche gebaut und vom Bischof Heinrich von Regensburg geweiht worden: Etwa eineinhalb Wegstunden von Kötzting entfernt, Richtung Osten steht sie noch heute; nur ist sie im Lauf der Jahrhunderte immer wieder umgestaltet worden. Berühmt ist die schwere hölzerne Kirchentür, die auf beiden Seiten über und über mit Hufeisen beschlagen ist. Um dieses Gotteshaus ist eine kleine Siedlung entstanden; dort heißt man es Steinbühel, das Tal, in dem diese Siedlung liegt, heißt das Zellertal. Nach der Überlieferung soll 1412 ein Sterbender von Steinbühel nach den heiligen Sterbesakramenten verlangt haben. Als der Mesmer zum Pfarrer nach Kötzting gekommen ist, ist es bereits stockdunkle Nacht. Der geistliche Herr scheut sich, den gefahrvollen Weg allein zu gehen. So wendet er sich an gottesfürchtige Burschen von Kötzting, daß sie ihn bei dem Versehgang begleiten – und dies sei der Ursprung des Kötztinger Pfingstrittes gewesen. Zunächst also war es eine Pfingstwallfahrt. Später dann, als eine Viehseuche ausgebrochen war, hat man sich zum heiligen Nikolaus, dem Patron der Kirche von Steinbühl verlobt. So ist aus der Pfingstwallfahrt zu Fuß eine Wallfahrt zu Pferd geworden.

Kötzting ist wiederholt von großen Bränden heimgesucht worden, und das mag der Grund sein, daß Aufzeichnungen über diese Umwandlung zum Ritt nicht zu finden sind. Es bleibt also nur die mündliche Überlieferung. Schriftlich gibt es dann erst einen Bericht, den ein Pfarrer von Kötzting im Jahre 1754 an das bischöfliche Ordinariat in Regensburg schickt: »Seit unvordenklichen Zeiten sey es sittlich und herkommens, dass alle Jahre am Pfingstmontag eine Prozession mit dem hochwürdigen Gute von Kötzting aus nach Steinbühel zu Pferd gehalten wird. Während des Hinausrückens pflegt man jederzeit die vier Evangelien abzusingen. Wie alte Männer berichten, so hätte ein Pfarrer von hier diese Prozession aus der Ursache verlobt, weil er nach vollendetem Gottesdienste in Steinbühel auf seinem Heimzuge nach Kötzting im langen und düsteren Walde, mit welchem der Weg dahin bedeckt war, glücklich den auf ihn lauernden Straßenräubern entgangen sei, die Ursache jedoch, warum im Rückreiten der Sohn eines Bürgers mit dem Kränzlein, das zuvor an dem hochwürdigen Gute gehangen, geziert wird, wisse er nicht zu ergründen. Vielleicht geschieht es nur darum, damit die Jugend desto lieber das hochwürdige Gut begleiten möge. Abends geht dieser glückliche Jüngling mit anderen seinesgleichen mit dem Kränzlein prangend im Markt herum, sammelt Geld und hierauf geht es dem Wirtshause zu, wo er und sie mit Trinken und Tanzen oftmals bis in die späte Nacht hinein sich verlustigen.«

Wenn man vom Pfingstritt in Kötzting berichtet, sollte man des verstorbenen Apothekers Georg Schierghofer gedenken, dem wir das Buch *Altbayerns Umritte und Leonhardifahrten* verdanken, das 1913 erschienen ist. Er meint, daß Erklärungen, die so ein Verlöbnis mit menschlicher Not in Verbindung brächten, häufig zu finden sind. So erzählt er von der alten Marktfahne im Kötztinger Museum, die laut Aufschrift im Jahre 1788 renoviert worden ist, und die die Jahreszahl 1421, zusammen mit einer alten Darstellung des Pfingstrittes, zeigt. Er knüpft daran den Gedanken, es »liegt die Vermutung am nächsten, daß eben diese Zeit den Anstoß gab, den aus heidnischer Zeit überkommenen Pfingstbrauch in christliche Bahn zu lenken«.

Am Pfingstmontag kommen aus der weiten Umgebung in aller Frühe die Reiter zusammen. Die Mähnen sind reich eingeflochten, zum Teil mit einem Netz überworfen, auf dem dicht an dicht bunte Papierblumen befestigt sind. Um ½8 Uhr bis 8 Uhr geht's hinaus aus dem Markt. Voraus der Kreuzträger, der das Kreuz wie eine Standarte am Schaft hält. Ihm folgen zwei Reiter, die an langen Stangen alte Prozessionslaternen mitführen, dahinter zwei Fanfarenbläser, und alle tragen den schwarzen Hut, die schwarze Samtweste mit den silbernen Knöpfen und den dunkelblauen, langen Rock, ebenfalls mit silbernen Knöpfen. Hinter diesen fünf Reitern folgen die Ministranten und die Geistlichkeit, in der Mitte der Kooperator, angetan mit Chorrock und Stola, das Birett auf dem Haupt, das silberne

Jesus von Nazareth
der Juden
PFINGSTRITT
KÖTZTING

Wallfahrtskreuz auf der Brust, zierlich umfaßt mit dem golden funkelnden Tugendkranzl, gestiftet von der sogenannten Pfingstbraut. Dann folgt der lange Zug der Pfingstreiter, immer zwei und zwei. Viermal hält der Zug unterwegs an, um die vier Anfänge der Evangelien zu singen. Es wird fast 11 Uhr, bis die Messe in der Kirche des heiligen Nikolaus in Steinbühl gelesen werden kann – ein Votivamt mit feierlichem Orgelklang, mit Gesang, mit dem Gebet zu dem heiligen Nikolaus, zum heiligen Wendelin und zum heiligen Leonhard, die an diesem Tag besonders angerufen werden.

Unterdessen war am Vormittag in Kötzting für die Einheimischen und für all die Zuschauer, die nach Kötzting gekommen waren, heraußen vor der St. Veitskirche ein Feldgottesdienst. – Nachdem die Reiterprozession wieder in Kötzting eingezogen ist, sammeln sich die Reiter in dem großen, abgesperrten Rechteck auf dem Platz vor dem Rathaus. Der Geistliche predigt vom Pferd aus und übergibt einem jungen, ›unbescholtenen‹ Burschen das goldfunkelnde Tugendkranzl mit der weißen Schleife, das am rechten Oberarm getragen wird. Damit hat Kötzting für dieses Jahr wieder seinen Pfingstbräutigam.

Der ›Bräutigam‹, der inzwischen einen schwarzen Überrock – einen Gehrock – angezogen hat, darf sich unter den Bürgerstöchtern eine ›Pfingstbraut‹ wählen. Der ›Hochzeiter‹ hat Beiständer, auch sie tragen den schwarzen Gehrock, Degen führen sie mit und, wie ehedem bei Hochzeiten üblich, eine Zitrone mit grünem Asparagus. Der Weg führt sie ins Pfarrhaus, ins Rathaus und zu den Standespersonen des Ortes, um sich für die Ehrung zu bedanken und um sie gleichzeitig einzuladen zur ›Pfingsthochzeit‹. Sie beginnt nachmittags um 5 Uhr. Unter Musik wird die Kötztinger Pfingstbraut, deren Brautkleid streng geheim gehalten wird, vom Elternhaus abgeholt. Der Zug geht durch die Straßen zum feierlichen Hochzeitsessen in den Postsaal. (Aber um keinen Irrtum aufkommen zu lassen: wirklich geheiratet wird nicht – aber es kann durchaus zu einer echten Hochzeit kommen.)

Zur gleichen Zeit, in der die Kötztinger nach Steinbühl reiten, ist es in St. Englmar Brauch, am Pfingstmontag den seligen Englmar zu suchen. Den Ursprung dieses frommen Spiels erzählt eine Legende: Um 1100 haust hier im Wald ein Einsiedler. Gläubige Waldler pilgern in Scharen zu dem frommen Mann, sogar der Graf von Bogen besucht ihn. Tag für Tag läßt er ihm durch einen seiner Jäger das Essen bringen; aber dem wird dieser Dienst zu lästig: er bringt den seligen Englmar um, verscharrt den Leichnam und deckt die Stelle mit Reisig zu. Am darauffolgenden Pfingstfest findet ein Geistlicher den toten Einsiedler. Man legt ihn auf einen Wagen von Ochsen gezogen, und die läßt man laufen, wohin sie wollen. Als sie endlich stehen bleiben und sich nimmer weitertreiben lassen, ist das dem Volk ein Zeichen: Hier will der selige Mann bestattet sein. So wurde hier eine Kirche gebaut, in der der selige Einsiedler seine letzte Ruhe gefunden hat.

Was sich vor uralter Zeit begeben hat, das wird Jahr für Jahr am Pfingstmontag unter großem Zulauf des Volkes gespielt. Angehörige der Pfarrei stellen dieses Geschehen dar, ein Jäger mit seinem Dackel sucht und findet, unter Reisig versteckt, die lebensgroße, bekleidete Holzfigur des seligen Englmar. Sie wird auf einen Ochsenkarren gelegt und in feierlicher Prozession in die Pfarrkirche des Walddorfes eingeholt – ein letzter kleiner Rest kirchlich-volkstümlichen Barocktheaters.

Der Fronleichnamstag

Angeregt durch eine göttliche Eingebung der Seherin Juliana von Lüttich setzt Papst Urban IV., ehedem Erzdiakon von Lüttich, im Jahr 1264 durch seine Bulle *Transiturus de hoc mundo* das Fest Fronleichnam auf den zweiten Donnerstag nach Pfingsten fest. Da damals das Interregnum eine kaiserlose Zeit ist, wird die Stimme aus Rom auch in der Kirche selbst mehr als Empfehlung angesehen denn als ein verbindliches Dekret. So nimmt sich Papst Clemens V. 1311 erneut dieses Festes an und nimmt endgültig die Bulle Urbans 1317 ins Kanonische Recht auf. Der heilige Thomas von Aquin verfaßt hierzu großartige Hymnen.

In neuem, aufglänzendem Licht erstrahlt der Gnadenschatz des heiligen Geheimnisses. Mehr und mehr wächst und verbreitet sich Vertrauen und Verehrung im Volk, das, gedrängt von seiner ersten Sorge um Brot und Leben, gläubig seine kostbaren Heiligtümer anruft, sie bei Flurumgängen mitführt, und das nun mit zunehmender Verehrung des Altarsakramentes verlangt, daß auch dieses Allerheiligste zu Schutz und Segen hinaus um die Felder getragen werde. Dazu aber kommen die fromme Liebe, die religiöse Begeisterung, denen es nicht genügt, das Fest in der Kirche zu feiern, die vielmehr den großen Tag des größten Sakramentes in größter Prachtentfaltung feiern wollen. Schon im 14. Jahrhundert werden auf dem Prozessionsweg die vier Stationen errichtet, bei denen die Anfänge der vier Evangelien verlesen werden. Und damit ist die bis zum heutigen Tag bestimmende Grund- und Kernordnung des Festes gegeben – eines Festes, das eben nicht nur barock ist, weil Wurzeln viel weiter zurückgreifen; das allerdings im Barock seine ganze Pracht und Herrlichkeit entfaltet.

Innerhalb des heutigen Bayern ist wohl die älteste Fronleichnamsprozession die von Würzburg. In dieser Diözese ist sie bereits für das Jahr 1298 belegt; in Eichstätt soll Bischof Friedrich von Öttingen zwischen 1383 und 1415 die Fronleichnamsprozession eingeführt und dabei selbst das Allerheiligste getragen haben. Die Monstranz und einen Tabernakel habe er für

seinen Dom verfertigen lassen, auch »velum de panno aurato contexto comparavit, ut in festo corporis Christi venerabile sacramentum circumferatur« (einen Himmel von goldenem Tuch erworben, damit man am Fronleichnamstage das hochwürdige Sakrament herumtragen könne). In Freising wird die Prozession, vom Domberg herunter in die Stadt, zum erstenmal wohl im Jahr 1407 gehalten. Sie beginnt nach dem Chorgebet im Dom, es gehen mit die Chorherrn der beiden Nebenstifte St. Veit und St. Andreas, die Patres von Weihenstephan und Neustift mit ihren Reliquien und Fahnen; mit einem Hochamt wird die Prozession abgeschlossen. Zur selben Zeit stiftet der 1408 verstorbene Kaufherr Matheus Runtinger aus Regensburg in einer letztwilligen Verfügung die Fronleichnamsprozession der freien Reichstadt Regensburg.
Wenn wir der Überlieferung glauben dürfen, dann ist die Fronleichnamsprozession schon 1343 durch die Straßen der herzoglichen Haupt- und Residenzstadt München gezogen, ehe sie in den Bischofsstädten üblich wird. Im Kammerrechnungsband des Stadtarchivs, der von 1360 an ein paar Jahre umfaßt, ist nach Pfingsten von »candela in circuitu civitatis« die Rede, und dann sind ein halb Pfund Pfennige verrechnet »pro ceris necessanis«, auch »pro baculis, famulis portantibus candelas in circuitu civitatis«. Es ist hier von candela, Kerzen, die Rede, von cera, Wachs, und von circuitus civitatis, Herumgehen in der Stadt – und damit kann nur der Umgang am Fronleichnamstag gemeint sein.
Noch heute ist es auf dem Land üblich, daß der Prozessionsweg mit Gras bestreut wird, eine Sitte, die so alt zu sein scheint wie die Prozession selbst. Und die Birkenbäume haben über die ganze Oktav – über den folgenden Sonntag hinweg bis zum nächsten Donnerstag – nicht welken dürfen, und deshalb hat man jeden Baum in ein kleines Schaffl gestellt.

Prozessionen haben ihre genaue Ordnung, und daß die Teilnahme an einer Fronleichnamsprozession nicht nur Dienst am Höchsten Gut ist und war, daß vielmehr auch für Eitelkeiten und Eifersüchteleien Platz war, verraten die Akten. Im Archiv des Erzbischöflichen Ordinariats in München ist zum Beispiel

die Abschrift einer Urkunde des Freisinger Bischofs Nicodemus vom Jahr 1428 erhalten, in der festgelegt ist, daß der Dechant von St. Peter den Vorrang hat vor dem Pfarrer Unserer lieben Frau. Zoll- und Hofhaltungsrechnungen erzählen 1440 von einer Stiftung von 55 Pfund Wachs durch die Herzogin für Kerzen zum »gotzleichnamstag«. Der herzogliche Rentmeister verrechnet »Maien« für das große Fest und »kertzen und vän [Fahnen] umb die statt zu tragen«. Wir finden Rechnungen für Livreen der Amtsleute eigens für die Prozession, und wir finden unter dem Jahr 1484 sogar eine eigene kurze Prozessionsordnung: Es sind 43 Zünfte genannt. Nächst dem Himmel gehen die Bäcker und ihre Knechte, dann die Müller, vor ihnen die Hufschmiede, die Kupferschmiede, noch weiter vorn – also immer weiter nach vorn – die Schuhmacher, Weber, Salzsender, alle jeweils mit ihren Knechten, die Metzger, die Armbrust- und Büchsenschützen, die Kürschner, die Goldschmiede, Bierbrauer – und am weitesten vom Allerheiligsten entfernt, ganz vorne sind die Bader, die Perlmutter und Holzhacker. Am Schluß des Umgangs aber gehen die Witwen und Köchinnen, die »elenden Kerzen« und die Bettler.
Auch in der zweiten herzoglich bayerischen Residenzstadt Landshut hat die Fronleichnamsprozession eine lange Tradition. Von der Stadt Burghausen wissen wir davon auch, weil Herzog Georg der Reiche ein sogenanntes Tuchalmosen von dreizehn Röcken für Arme gestiftet hat, und diese Röcke sind immer am Fronleichnamstag verschenkt worden. In Straubing und Wasserburg wird der Fronleichnamstag längst in Ehren gehalten, und im Ingolstädter Stadtarchiv sind vier Pergamentblätter aus dem Jahr 1507 erhalten, auf denen »die Ordnung des Umgangs« festgehalten ist. Und hier werden bereits der »lintwurmritter sant Georg« und weitere 33 Bilder aus dem Alten und Neuen Bund erwähnt, die bei der Prozession dargestellt worden sind.

Es ist hier nicht der Platz, die großen, aufwendig-prächtigen Prozessionen außerhalb Bayerns zu schildern, jene in Spanien oder die in Rom mit dem Papst und den Kardinälen. Doch auch bei uns in Bayern hat es Höhepunkte gegeben, zum Beispiel im

Jahr 1532, als Kaiser Karl V. in Regensburg weilt. Da erzählt der Chronist: »... daß am Oktavtag von Fronleichnam der Kaiser auf der Haid, dem heutigen Haidplatz, eine andächtige Prozession hielt ... dazu wurde von seiner herberg aus rings herumb die haid ein gang von grinen päumen gemacht zu baider seiten wie ein wald ... Vor der Wag aber, wo die Königin wohnte, war ein altar von köstlichen guldenen und samtenen Tüchern, wie ein Gezelt errichtet. Zwischen 9 und 10 Uhr gingen 10 Trompeter heraus und bliesen vor der Prozession auf; darauf kamen an die 200 Herren und Grafen, ›trug ithlicher ein brinend licht in der Hand‹; dann kamen zwei ›perservanten‹, dann wieder zwei, trug ithlicher ein seul von silber, mer dan einer ellen lang, eben eines zimblichen wispaums dick, vast köstlich, seiner Majestät liberei mit dem rheim ›plus ultra‹, aller erbland schildt daran, auf der einen seul ein kaiserliche, der andern königliche cron ...« Dann folgten etliche spanische Bischöfe, ... Domherrn ... Mönche und Pfaffen, spanische und welsche und anderer Nationen, dann der Dompropst und Domdekan, darauf die Chantorei, davon fünf mit Schalmeien und Posaunen. Nun folgte der Erzbischof von Salzburg mit der Monstranz; Herzog Georg von Sachsen und Pfalzgraf Friedrich »dineten dem sacrament mit dem weisen«, wie es in dem alten Bericht heißt. Den Himmel trugen vier deutsche und vier welsche Fürsten. Herzog Ludwig von Bayern, Pfalzgraf Ottheinrich und zwei Herzöge von Braunschweig und Württemberg waren die deutschen Fürsten. Dem Allerheiligsten folgte der Kaiser, »het ein brinend Fackel in der hand, in der andern ein hültzens schlechz paternosterlen, uff dem haubt ein rosenkrenzlen mit perlen untermacht«. Ihm folgte der Prinz von Dänemark, auch Fackel und Kränzlein tragend. »Nach der Prozession wurden vom Volk die aufgestellten Bäume in einer halben Viertelstunde, ja im Augenblick weggerissen, wobei der Kaiser vom Fenster aus mit herzlichem Lachen zusah ...« Und heute noch gelten die Birkenzweige, an denen das Allerheiligste vorbeigetragen worden ist, als etwas Besonderes, und manche Bäuerin bricht sich, sie geht ja hinter dem Allerheiligsten, schon während des Umgangs einen Zweig ab.

Übrigens war die Prozession mit Kaiser Karl V. in Regensburg nicht die einzige mit spanischem Gepränge auf altbayerischem Boden: 1551 kommt Philipp II., der Sohn von Kaiser Karl V., mit großem Gefolge vom Reichstag in Augsburg her über Oberammergau vor das Kloster Ettal. Abt Placidus I. empfängt ihn. Der Prinz wünscht an der Prozession teilzunehmen, er geht neben dem Abt, mit brennenden Kerzen in den Händen. Und eine Fronleichnamsprozession mit dem spanischen Hofstab, mit Edelknaben und der königlichen Leibgarde ist selbst in Ettal etwas Besonderes!

Auf die Zeit der Reformation kommt die Zeit der Gegenreformation, eine Bewegung, die untrennbar mit dem Jesuitenorden verbunden ist. In Altbayern setzt die Gegenreformation unter Herzog Albrecht V. ein, und gerade in jenen Jahren und in den folgenden unter Herzog Wilhem V. werden die Prozessionen besonders aufwendig, eine bewußte Demonstration des alten Glaubens. Es sind die großen Prozessionen mit figuralen Darstellungen, die immer reicher werden und deren Prunk im 18. Jahrhundert den Höhepunkt erreicht.

Weder der Prunk noch der Aufwand, noch die schier endlose Länge dieser Prozessionen, die in den kleineren Orten und in den Dörfern natürlich weniger aufwendig waren, sind für uns heutzutage vorstellbar. Es war echtes Theatrum Sacrum, das durch die Straßen der Städte gezogen ist und bei dem die Gläubigen nicht nur Zuschauer, sondern zugleich auch Mitwirkende waren. Die Reaktion auf diese ›Schauspiele‹ ist dann auch prompt gekommen – weniger hervorgerufen durch eine absolute Glaubensfeindlichkeit (dies wohl auch) als vielmehr durch die Absicht, den Glauben zu ›reinigen‹ und das Wesentliche wieder hervorzuhebeen. In den Augen aufgeklärter Geister ist ein solcher aufwendiger ›Hokuspokus‹ mehr denn unnötig und überflüssig. Da schreibt ein Herr Obermayer, der in Wirklichkeit Joseph Richter heißt, – und er weiß sehr wohl, warum er sich ein Pseudonym sucht – in seinem 1784 erschienenen Büchl *Bildergallerie katholischer Mißbräuche:* »Diese Prozessionen ... verdienen ... die Geißel der Satire ... Noch eh der Tag anbrach, war bereits die halbe Stadt aus den Federn, denn alles freute sich auf diese Prozession. Die Köchin putzte sich so gut möglich zusammen, um dem Fleischerknecht, der heute die große Fahnenstange dirigieren wird, abends beym Tanz Ehre zu machen. Der Schuhknecht schwitzte unter der Hand des Haarkrausers, der ihm ein paar Locken an den Kopf hindoppelte..., denn an diesem Tag gab es wohl keinen Handwerksbursch, der nicht wenigstens am Kopf einem kleinen Kavalier ähnlich gesehen hätte... Gegen 4 Uhr versammelten sich Meister und Gesellen bey ihren Zunftfahnen. So eine Zunftfahne kostete öfters fünf- bis sechstausend Gulden... Jede solche Fahne hatte zehn bis zwölf Träger, von denen einer die Mittelstange und also gleichsam das Steuerruder regierte. Es konnte auch auf dem größten Kriegsschiff nicht leicht ein größerer Lärm unter den Matrosen gehöret werden, als hier unter diesen Fahnenträgern... Der kleinste Windstoß konnte sie zu Boden stürzen. Darunter hätte das Point d'honneur des ganzen Handwerks gelitten... Zu den Trägern wählte man aus jeder Zunft die handfestesten Burschen. Diese waren nach ihren verschiedenen Zünften in Uniformen... Unter diesen zeichneten sich die Metzger vorzüglich aus. Sie waren in feinem rothen Tuch, mit Silber besetzt, gekleidet, trugen rothseidene Strümpfe, Schürzchen von feinstem Nesseltuch mit Spitzen besetzt, grüne Mützchen mit Federn geschmückt, hatten silberne Messer in der Schürze stecken, große runde Locken, wie sie kaum ein junger Abbé tragen kann, liefen ihnen um den Nacken her, kurz, ihre Maske hätte für eine Redoute allerliebst ausgesehen, aber bey einer Fronleichnamsprozession... Die Zünfte folgten sich nach ihrer festgesetzten Ordnung ... den Fahnen folgten die Gesellen, den Gesellen die Meister mit reich galonierten Mänteln...« Und was muß unser aufgeklärter Geist darüber schimpfen, daß die Prozession über acht Tage gehalten wird! Das heißt, daß sie am Fronleichnamstag, am Sonntag drauf, und acht Tage nach Fronleichnam stattfindet, »daß man Leuten, die wichtiger Geschäfte wegen durch die Gassen gehen und fahren mußten, den Weg mit Brettern verlegte«, daß man Wachs und Gras unnütz verschwendet. Und was sei das schon für ein Zustand, wenn man bei solch einer Prozession Schulbuben – Saubuam – zu Engeln mache? Im übrigen profaniere man das Allerheiligste durch das Spazierentragen, und überhaupt sei das alles ein Jahrmarkt der Eitelkeiten! Aber Gott sei Dank würde jetzt endlich »dieser sogenannte Fronleichnamsumgang mit Auferbaulichkeit und Anstand gehalten«, Zeit sei es geworden.

Nun, die barocken großen Prozessionen hat es seit dem Ende des 18. Jahrhunderts tatsächlich nicht mehr gegeben. Aber einige Besonderheiten sind doch geblieben. Eine davon ist in Niederalteich – der sogenannte Flußsegen. Das erste Evangelium ist gesungen, man langt an der Donaufähre an; auch auf ihr ist ein Altar aufgebaut. Abt und Konvent, Ministranten und Kirchenchor, Musikanten und Fahnenträger betreten das Fahrzeug. Mitten auf dem Strom wird das zweite Evangelium gebetet und gesungen. Die Fähre macht am jenseitigen Ufer kehrt und, wieder auf dem Strom, erhebt der Abt die goldene Monstranz und betet: »Benedictio Dei omnipotentis, Patris et Filii et Spiritus sancti, descendat super vos et super flumen Danubium et maneat semper.« Es ist der Segen Super flumen Danubium – der Segen über den Donaustrom.
Einen ähnlichen Brauch gibt es heute noch in der alten Schifferstadt Laufen an der Salzach. Seinen Ursprung hat er wohl, wie der Flußsegen in Niederalteich auch, in Überschwemmungen, in dem Flehen zu Gott, er möge solches Unheil doch abwenden. In Laufen wird das letzte, das vierte Evangelium auf der Salzachbrücke gelesen; danach werden vier in eine weißrote Tracht gekleidete Buben in einer Zille auf die Salzach gefahren. Sie halten ein Tuch in Händen, in dem vier geweihte, aber nicht konsekrierte Hostien und kleine Kranzl liegen. Unter den Schüssen der Böller und unter dem Salut der Oberndorfer Schiffergarde ›schutzen‹ die Buben Hostien und Kranzl in die Salzach.

Noch eine Besonderheit soll erwähnt sein, eine eigenartige Kunst, die in Freising am Fronleichnamstag um die siebziger/achtziger Jahre des vorigen Jahrhunderts üblich geworden ist. Es sind Teppiche aus Blumen, die von Alumnen des Klerikalseminars und den Schülern des Lehrerseminars in oft riesigen Ausmaßen hergestellt werden. Man muß die Farbenpracht gesehen haben, um sich ein Bild von der eigenartigen Wirkung der Streuteppiche machen zu können: Gestreute Blumenblüten bilden Ornamente und Ranken mit dem Namen Jesu; ganze gestreute Gemälde: Eine Herz-Jesu-Darstellung oder Christus als guter Hirte – Blumenbilder, Blumenteppiche bis zu zehn Metern Länge.

Einen Abglanz früherer Feiern an Fronleichnam kann man sicherlich noch in manchen ländlichen Gegenden antreffen. Als Beispiel sei hier der feierliche Gottesdienst in der Klosterkirche Benediktbeuern gewählt.
Es ist kurz vor acht Uhr früh. Der Klosterhof mit den breiten Arkaden auf den drei Seiten ist fast leer – ein paar Bauernbuben in ihren Lederhosen, ein paar Bauern und einige Bäuerinnen in ihrer Tracht. Von weitem trägt der Wind Musikfetzen herüber. Auf einmal dröhnen die Trommeln des Spielmannszugs im Durchgang zum Klosterhof. Immer im Linksschritt werden sie von den Spielleuten geschlagen. Dazu schmettert die Musik den Bayerischen Defiliermarsch. Die Gebirgsschützenkompanie Benediktbeuern kommt. Voraus der Tambourmajor mit den Spielleuten, dann der Musikmeister und die Musiker, schließlich der Hauptmann mit dem blank gezogenen Säbel. Halblange moosgrüne Röcke tragen sie, mit gezackten Aufschlägen, und silbern sind die Knöpfe am Rock, an den Ärmelaufschlägen, an den Schößen. Dazu tragen sie die schwarze grünbestickte kurze Lederhose, und alle haben sie die weißen, zopfgemusterten, grünbestickten Umschlagstrümpfe an, und kein Paar gleicht dem anderen. Schwarze Stopselhüte haben sie auf, grüne Bänder um den schwarzen Gupf, Spielhahnfedern und Blumen sind links aufgesteckt, zwei goldene Quasten hängen rechts. Der Hauptmann trägt eine weißblaue Pleureuse, und ein gleicher Federbusch weht auf dem Schützenhut des Fähnrichs. Er trägt den silbernen Ringkragen mit dem königlich-bayerischen Vollwappen, mit Schwung dreht er die weißgrüne Schützenfahne über seinem Kopf. Begleitet ist er von den Sappeuren, den beiden Kompaniezimmerleuten, den Pionieren. Wie es die Tradition vorschreibt, tragen sie Vollbärte, lange braune Lederschürzen haben sie umgebunden, messingbeschlagene Pistolen hängen an einem breiten Ledergurt, die Zimmermannsbeile haben sie geschultert. Jetzt marschieren die Schützen, die Stut-

FRONLEICHNAM
BENEDIKTBEUERN

zen geschultert, in den Arkadenhof. Mit einem Schlag bricht das Spiel ab. Nach und nach verschwinden die Schützen im Dunkel des Kirchenportals.

Ein Zug der Gebirgsschützen nimmt vorn, beiderseits des Hochaltars, Aufstellung. Vor dem Speisgitter steht groß und mächtig der Schützenhauptmann mit seinen weißen Handschuhen. Gleich hinter ihm, auf den Stufen zur Kommunionbank, steht der Tambourmajor, auf seinen messingbeschlagenen, kordelgeschmückten Tambourstock gestützt, hinter ihm der Spielmannszug, der Fähnrich mit Fahnenbegleitung, der zweite Zug der Schützen.

Frauen in der Tracht mit ihren glitzernden Schnurhüten füllen die Kirchenbänke, vor ihnen junge Mädchen im blumengeschmückten Mieder, Kranzl im Haar, in den ersten Bänken Kinder in den weißen Kommunionkleidern.

Die Meßgewänder der Geistlichkeit glitzern golden und silbern, die Kette am Weihrauchfaß klirrt, und blaugrau steht der Weihrauch vor dem Hochaltar, träge zieht er sich um die Priester, die Ministranten, die Schützen. Die ›Elevation‹ wird hier gefeiert wie ehedem, als die Spielleute des Infanterieleibregiments in der St. Michaels-Hofkirche in München den Trommelwirbel geschlagen haben. Der Schützenhauptmann streckt sich, die Degenspitze zeigt zu Boden: »Kompanie – stillgestanden! – Zum Gebet!« Die Blumen und die weißblauen Federn auf den Hüten des Hauptmanns, des Fähnrichs und des Tambourmajors zittern. Die Schützen, das Gewehr bei Fuß in der rechten Hand, haben auf Kommando ihre Köpfe gesenkt und salutieren mit der linken. Die Fahne hat sich geneigt – der Geistliche hält die Hostie hoch – die Andächtigen knien in den Bänken, bekreuzigen sich – der mit einer weißblauen Kordel umwickelte Tambourstock steht hoch über den Köpfen der Schützen; an seiner metallenen Spitze baumeln die beiden Quasten. Mit mächtigen Schlägen verkünden die Glocken vom Turm die Heilige Wandlung, in kurzen Abständen kracht der Böller draußen vor dem Friedhof, und wuchtig dröhnt der Trommelwirbel der Spielleute durch die altehrwürdige Klosterkirche…

Das Allerheiligste hat man aber seit eh und je, im allgemeinen jedenfalls, nicht nur mit Gebeten, Musik, Gesang und Glocken begleitet, man hat ihm zu Ehren auch Salut geschossen. Durch die Zeugamtsrechnungen von Ingolstadt wissen wir, daß jede der drei Kompanien zu Fuß einen halben Zentner Pulver zum Salveschießen erhalten hat. »...Aus 32 Kammern wurde dreimal und auf den Wällen nach den vier Evangelien aus 28 Stucken geschossen. Das machte zusammen nicht weniger als 4 Zentner 38 Pfund Pulver an diesem einen Tag...«

In Starnberg ist 1663 nach venezianischem Vorbild das Staatsschiff Bucentoro gebaut worden, und der Schiffsmeister hat »zu den vorhandenen Doppelhaggen und Musketen, welche bei den heiligen vier Evangelien an Corporis Christi pflegen abgeschossen zu werden...« alle Jahre das nötige Pulver besorgen müssen.

Wir können uns heute eine barocke Fronleichnamsprozession gar nicht mehr richtig vorstellen, auch wenn uns eine Ordnung der Fronleichnamsprozession in der herzoglichen Haupt- und Residenzstadt München wenigsten eine kleine Vorstellung von all der Prachtentfaltung gibt: »Sehet, da ist der Artikul von welchem heut Credo! Credo! Credo! rufen die Glocken, knallen die Stukke, bezeugen die Pauken, schreien die Fahnen, reden die Kleider, sagen die Fackeln, singt groß und klein, jung und alt, vornehm und schlecht, arm und reich, geistlich und weltlich, Fürsten und Untertanen...«

Die Prozession wird angeführt von der Eskadron der bürgerlichen Kavallerie, mit Trompeten- und Paukenschall. Es folgen: die Bürgerschaft und die Herrn des äußeren Rates mit Standarten und brennenden Kerzen. Eine prächtige Gruppe stellt die Kur-Kölnische Hof- und Erzbruderschaft des heiligen Michael. Voraus ein prächtig gekleideter Genius, danach die Reiterei der Engel, die in wahrem Triumphzug den von den Engeln überwundenen Drachen durch die Straßen der Residenzstadt führen.

»Diese Reiterei prangt nicht nur mit ihrer prächtigen mit Silberspitzen reich besetzten Kleidung, ansehnlichen weißen Feder-Chasgeden und unter dem Schall der Trompeten und Pauken ihren von Gold reich gestickten Standard, sondern vor allem zeigt sich hervor der heilige Michael in einer kostbar reichen

Kleidung, ganz vergoldetem Brustharnisch und derlei mit weißem Federbusch, besteckten Hauptzierde auf einem köstlich ausgeziert-schulgerechtem Pferd sitzend...
Drittens ist zu sehen die von vier Pferden gezogene große Figur, deren einer Teil weist einen sehr schön mit Blumen und Früchten gezierten Garten, in welchem steht ein großer Apfelbaum, woran der ... lebend-durchläuchtigsten Fürsten-Personen aus dem Haus Bayern hochansehnliche Contrefait entworfen, denen der heilige Michael als würdigste Mitglieder seine überreiche Benediktion erteilt ... der andere Teil stellt vor einen Weingarten, in welchem stehet ... der gekreuzigte Heiland, welcher seine geliebte Braut zur himmlischen Hochzeit einladet, die drei abgesagtesten Feinde Welt, Teufel und Fleisch ritterlich überwindet...« Diesem Teil folgt der hochwohllöbliche Magistrat, der Magistrat der Bruderschaft, gekleidet, wie es heißt, von blau und weißem Damaste mit gutem Gold sehr reich besetzten Talaren. Dann kommen weitere Bruderschaften, Musiken und alle Angehörigen der Bruderschaften in ihren Bruderschafts-Habiten, in ihren braunen, blauen, roten Kutten. Ihnen folgen die Triumphwagen, die Figurengruppen. Voran der Triumphwagen, der das Bayerland vorstellt. Danach wird ein Ferculum mit dem Bild der Muttergottes und ihren Reliquien von vier Geistlichen getragen. Man sieht die heldenmütige Judith, das Haupt des Holofernes in Händen, daneben die unbefleckte Jungfrau Maria, die als eine »weit heldenmütigere Judith« der höllischen Schlange den Kopf zertritt.
»Und weil dies Jahr die Prozession von St. Peters-Pfarrkirche ausgeht, so wird die erste Figur vorstellen den heiligen Peter, in der rechten Hand das Venerabile haltend und in der linken den Schäferstab und Schäfertasche... Zweite Figur stellet vor, wie Gott dem israelitischen Volk das Manna hat herabregnen lassen. Dann König David mit seinem Gefolge. – Dritte Figur – Michol, die Gemahlin des König David, verachtet und verhöhnt ihren mit größter Demut und Niedergeschlagenheit vor der Arche hergehenden und auf seiner Harfe spielenden König. Dann folgt Ruth mit ihrer Gesellschaft...« Auf einem Wagen sieht man Arbeiter beim Ernten des Getreides, einen Priester, der die Hostien konsekriert, einen anderen, der sie Gläubigen reicht;

dahinter aber gehen König Melchisedech und der Hohepriester. – Es folgen Josua und Caleb mit den riesigen Trauben aus dem Gelobten Land; Erzvater Abraham, der seinen Sohn Isaak zur Schlachtbank führt; Moses, der mit einer Rute Wasser aus dem Felsen schlägt; die heilige Helena mit dem aufgefundenen Kreuz Christi; der heilige Franziskus mit einem kleinen Lamm.
»...Achte Figur – stellt vor Carolum, König von Spanien, welcher ... 1685 außer der Stadt Madrid einen Priester, der das hochwürdigste Gut zu Fuß zu einem Kranken getragen, angetroffen, aus seinem Leib-Wagen gesprungen, den Priester hineinsitzen heißen, er aber in eigener höchster Person mit seinem Hof-Stab zu Fuß das hochwürdige Gut begleitet hat. Die Einleitung macht der Hof-Staat, Minister des Königs, einige mit Pferden und Jagdhunden, zwei Wald-Hornisten, worauf eine Fahnen und eine Kompanie Grenadiere...«
Es folgt der weise König Salomon. – Die Königin von Saba wird in einem goldglitzernden Tragsessel von zwei Maultieren getragen, begleitet von Maultieren, beladen mit reichen Geschenken, gefolgt von orientalischer Reiterei. Die Corporis-Christi-Erzbruderschaft ist als ein Schiff dargestellt, dessen Segelbaum das hochwürdigste Gut ist.
Die Prozession wird immer farbenfroher, reicher und prächtiger. Reich und aufwendig sind die Gruppen des Gymnasiums der Societas Jesu. Die Jesuiten stellen schon fast eine eigene Prozession. Sie führen ein Bild der Muttergottes mit, unter einem herrlichen Triumphbogen in Silber geschlagen, die beiden Jünglinge Aloisius und Stanislaus. Das Haupt-Ferculum ist von geschlagenem Silber: »...ein großes Bildnis der allerseligsten Himmelskönigin, welche unter einem kostbaren Baldachin und mit vielem Silberschmuck getragen wird.« Es folgt die Erzbruderschaft von Altötting – die Bruderschaft des heiligen Johannes Nepomuk. – Und eine der ganz aufwendigen Bruderschaften sind die der heiligen Mauritius, Sebastian, Nikolaus von Tolentin und der heiligen Magdalena bei den Patres Augustinern. Das Bild des heiligen Sebastian führen sie mit. Auch bei ihnen tragen Josua und Caleb die große palästinische Weintraube, aber in ihr sitzt ein kleiner Christus, und auf ihr funkelt im goldenen Schein ein Kelch.

»... Hierauf wird ein Wagen von vier Pferden geführt, auf welchem Christus mit seinen zwölf Aposteln das letzte Abendmal ißt. Nach dem Wagen reiten die Reiter der St. Mauritii-Bruderschaft, eine Kompanie Leib-Regiment... Hierauf wird der andere Wagen von vier Pferden geführt, auf welchem über den Wolken das Lamm Gottes unter einem vergoldeten, großen Schein auf dem sieben Mal versiegelten Buch steht und in den untergesetzten Kelche Blut fließt. In den Wolken knien die 24 Alten aus der geheimen Offenbarung, welche vor dem göttlichen Lamm ihre Kronen niederlegen. Gleicherweise knien an den zwei Ecken des Wagens vor dem Lamm nieder die vier Teile der Welt...«

Immer großartiger, immer prächtiger wird der Umgang durch die Straßen der kurfürstlichen Haupt- und Residenzstadt. Er steigert sich in den letzten Gruppen zum Pompösen – und mit am großartigsten ist die Kurfürstliche Hof- und Erzbruderschaft St. Georgii – zuerst kostbar gekleidete Genien, Kreuzträger, Fahnen-Inkorporierte. »Die Figur Immaculatae conceptionis von der schön und kostbaren Bildnis die drei beistehenden Ritter den Befehl schriftlich überkommen: Legem dedi vobis, servate et pugnate. Nach diesem kommt ein kleiner Ritter mit einer Lanze, begleitet von zwölf kleinen Ordens-Rittern in kostbarer Kleidung, alle zu Pferd... Unter abermalig langem Zug der Inkorporierten ... der Patriarch Jakob, auf einem Triumphwagen sitzend, vorstellend wie er Ägypten zueilt, Brot von seinem Sohn Joseph zu erhalten, ist begleitet mit der Leibgarde zu Pferd und zu Fuß...«

Und wieder Fahnen und Knaben mit Insignien. »Hinter diesen wird geführt das prächtige Handpferd St. Georgii und nach selbem zwei reitende Genii mit ihren kreuzbezeichneten Schilden als Duktores. – Denen folgt St. Margaretha, an einem langen Band den Drachen führend, danach reitet der Ritter St. Georgius, unter dem Getön der Pauken und Trompeten, begleitet von zahlreicher Leibgarde, mit ihrem kreuzbezeichneten, christlichen Panier oder Standart.«

Und wieder kommen Inkorporierte, ein ganzes Zelt wird mitgeführt, und über all der barocken Prachtentfaltung, den Fahnen und Schabracken, den brennenden Kerzen, den Pauken und

Trompeten, könnte man fast vergessen, daß der Mittel- und Höhepunkt der Prozession ja erst noch kommt. Aber zuerst kommen noch die Ordensgeistlichen, nach ihnen der gesamte hochwürdige Klerus, die gnädigen Herrn Prälaten mit Inful und Stab. – Weihrauchwölkchen steigen aus kostbaren Gefäßen – und dann endlich, unter einem kostbaren Baldachin, getragen von sechs kurfürstlichen Kammerherren, Ihre hochfreiherrliche Exzellenz, der Herr Probst mit dem Allerheiligsten.

»... Endlich haben zum höchsten Schimpf Christi, und damit er mit Recht zum Kreuz verdammt zu sein schiene, nach dem Kalvarienberg samt der Soldateska und Hauptleute den Zug beschlossen... Bei dieser glorreichen Prozession ... machen zur größten Ehr Gottes das End Ihre Kurfürstliche Durchläuchtigkeiten samt dem ganzen durchläuchtigsten Kurhaus, Hofstaat, Dikasterien, und zu beiden Seiten nach der Reihe marschierenden Leib-Wacht der Trabanten und Hartschieren. Alles zeigt sich in höchster Gala ... dem großen Gott ... alle menschenmögliche Ehrbezeigung öffentlich zu erweisen ...«

Das waren nur Ausschnitte aus der Aufstellung der Münchner Fronleichnamsprozession von 1757, in Wirklichkeit war dieser Umgang schier endlos. Keine zehn, zwanzig Jahre später, im ausgehenden 18. Jahrhundert, eifert man – wie schon erwähnt – in aufklärerischem Eifer gegen die Prozessionen.

Ist die Fronleichnamsprozession, wie man heut so schön sagt, ein Stück Folklore geworden? Oder ist sie nicht auch heute noch der Ausdruck einer Gesinnung – ein wirkliches Bekenntnis? Schon werden mancherorts die Altäre weniger, die Wege kürzer. Aber noch sind sich selbst die Theologen nicht so ganz einig, wie eine Fronleichnamsprozession in Zukunft aussehen soll, und manche Gläubigen bangen – nicht zu unrecht –, es könne sie eines Tages überhaupt nicht mehr geben. Noch aber ziehen die Prozessionen durch unsere Städte und unsere Dörfer und über die Felder. Freuen wir uns darüber. Und freuen wir uns darüber, daß das Wort des in Altbayern einmal hochangesehenen Benefiziaten Joseph Schlicht von Schloß Steinach in Niederbayern heute noch wahr ist: Religion ist Schauspiel und Gnade zugleich. Freuen wir uns an der Gnade, freuen wir uns aber auch an dem Schauspiel, und freuen wir uns darüber, daß bei uns geistig-geistliche Feierlichkeiten und weltliche Festlichkeiten noch so zusammengehören. Daß es hier keine scharfen Grenzen gibt, daß man bei uns trotz aller Wohlgerüche des Weihrauchs auf dem Prozessionsweg auch einen recht handfest weltlichen Duft aus der Wirtshausküche in die Nase kriegen kann.

Und noch etwas: Auch eine Fronleichnamsprozession ist Demonstration, das Herzeigen einer Gesinnung, das Bekenntnis zu einem feierlich-festlichen Glauben. Und sollte man sich nicht in einer Zeit, in der man soviel von Demonstrationen hält, auch einen Sinn für eine Demonstration des Glaubens bewahren?

Sonnwendfeuer – Johannisnacht

Wenn der Volksmund von Sonnwend spricht, meint er auch heute noch nicht den 21. Juni, den Tag des höchsten Sonnenstandes; er meint vielmehr den Johannistag, den 24. Juni. Gefeiert hat man, im allgemeinen jedenfalls, den Vorabend zum Tag Johannes des Täufers. Noch vor dem Zweiten Weltkrieg hat es in dieser Nacht Bergfeuer gegeben, bald auf jedem Gipfel. Aber nach und nach sind sie immer weniger geworden. Es hat sich niemand mehr so recht die Mühe machen wollen. Es sind nach dem Krieg vielfach die Heimatvertriebenen gewesen, die diesen Brauch zu neuen Ehren gebracht haben.
Wie das in den Jahren zwischen den Weltkriegen im Berchtesgadener Land üblich war, erzählt Rudolf Kriß in seinem Buch *Sitt und Brauch im Berchtesgadener Land.* Da seien noch zahllose Sonnwendfeuer abgebrannt worden, schreibt er: »Sie flammen auf verschiedenen Berggipfeln auf, wie am Brett, Jenner, Grünstein, Untersberg, Toten Mann, Zinken, Keifelspitze usw.... Früher hatte fast jede ländliche Häusergruppe noch ihr eigenes kleines Feuer, auch manche Vereine zündeten solche an. Bei jedem herrschte lebhafter Betrieb. Man sprang einzeln oder paarweise darüber, es wurde gesungen, Zither gespielt, und einzelne Burschen gaben auch Schüsse aus ihren Handböllern ab.«
Ohne Zweifel waren die alten Sonnwendbräuche zunächst losgelöst vom Tag des heiligen Johannes des Täufers. Nach und nach aber sind sie eben auf den Johannistag festgelegt worden. Heute ist das nicht mehr einheitlich: Mit der Abschaffung des Johannistages als allgemeinem Feiertag lösen sich die Sonnwendfeiern wieder etwas von dem kirchlichen Gedenktag und finden auch am Vorabend der astronomischen Sonnenwende statt, am Vorabend des 21. Juni.
Im Berchtesgadener Land sind die Hauptträger dieses Brauches die Weihnachtsschützenvereine, die einige Jahre vor der Jahrhundertwende gegründet worden sind. »Eine alte Sitte bildet ferner das Johannisschießen einzelner Schützenvereine, das gemeinsam mit der Entzündung des Johannisfeuer am

23. Juni, dem Vorabend des Täufertages, abgehalten wird. Die Auer steigen aus diesem Anlaß sogar auf den Gipfel des hohen Zinken, wo ihre Gruppe im Jahr 1929 ein großes Holzkreuz aufgestellt hatte; von da ab datiert bei ihnen auch die Einführung des Brauches. Der einzige Verein, der regelmässig seit seiner Gründung ein Johannisfeuer abbrennt, sind die Winkler Schützen. Sie zünden am Vorabend vom Johannistag an zwei Stellen, dem Preisenstein und dem Pfaffenkogel, größere Feuer an.« Soweit Kriß. Er erzählt noch von einem anderen Brauch zu diesem Tag: Auf dem Lercheck oberhalb der alten Straße nach Hallein in der Gemeinde Au hat sich damals der Brauch erhalten, bestimmte Kräuter zu sammeln – nämlich Margeriten, auch Johannisblumen genannt, dann Johanniskraut und Klee. Aus diesen drei Pflanzen hat man ein Kranzl gewunden. Früher einmal hat man so ein Kranzl sogar unter das Kopfkissen gelegt, als Heilmittel gegen allerlei Krankheiten. Zudem war es am Vorabend zum Johannistag üblich, in die Aufhänger – das sind die Angeln der Fensterläden – ein Sträußl von Klee, Margeriten und Johanniskraut zu stecken. Zu Ehren des heiligen Johannes, hat es immer geheißen, im Grund aber, um sich vor dem Blitzschlag mit seinen bösen Folgen zu schützen.

Die Johannisnacht vom 23. auf den 24. Juni war aber zudem eine ganz besondere Nacht – sie war eine ›Losnacht‹. In ihr hat man die Zukunft erschließen, in die Tiefen der Natur schauen, wundertätige Kräfte wecken können. Eine weitverbreitete Vorstellung war, daß man sich Menschen in dieser Nacht mit besonderen Kräutern gefügig machen könne.
In der Johannisnacht ›blühen‹ die Schätze, hat es auch geheißen. Es blüht aber auch das Farnkraut, und wenn man mit einer Farnblüte in der Hand um Mitternacht auf einen Berg steigt, sieht man eine Goldader. Eine ganz besondere Eigenschaft habe der Farnsamen: Legt man ihn zum Geld, kann man Geld wegnehmen, so lang und so viel man will – es wird nicht weniger. Das ist natürlich nicht mit jedem Farnsamen gegangen, das hat schon ein ganz besonderer sein müssen. Zu alledem hat man vor Sonnenuntergang Papier, noch besser ein Kelchtüchl, nehmen und um das Farrenkraut herumlegen müssen. Während der

Nacht ist der Same daraufgefallen. In der Früh hat man ihn dann holen müssen – vor Sonnenaufgang; danach ist er nämlich wieder verschwunden.
In dieser Nacht hat ein Mädchen nicht nur seinen Zukünftigen erkennen können – in manchen Gegenden (wie in Saalfeldinken) sind sie nackt zum Flachsfeld gegangen, haben es umtanzt und sich darin gewälzt. Aber auch krankes Vieh hat man in dieser Nacht heilen und Hexen hat man vertreiben können.

Der eigentliche Sonnwendbrauch ist aber das Entzünden von Bergfeuern, den alten Sonnwendfeuern. Von ihnen erzählt Ludwig von Hörmann in seinem Buch *Tiroler Volksleben.* Er meint, die Sonnwendfeuer kenne man vor allem »in Gegenden bayerischen Stammes« oder in solchen Gebieten, die wenigstens mit »bayerischem Blut« vermischt sind – also im Innland, zwischen Kufstein und Schwaz, und in so manchem Seitental. »In schwäbisch-allemannischen Gegenden, wie in ganz Vorarlberg, im Vintschgau, im Burggrafenamt, in den westlichen Teilen des Oberinntales zum Beispiel ... kennt man die Sonnwendfeuer nicht.« In diesen Gegenden gibt es dafür die großen Feuer zum sogenannten Funkensonntag am Anfang der Fastenzeit. »In Tirol ist das Hauptgebiet der Sonnwendfeuer das ganze Unterinntal mit seinen Seiten- und Paralleltälern, das Sill- und Eisacktal, das ganze Pustertal, das Jaufenertal«, schreibt Hörmann. Noch um die Jahrhundertwende haben die Einheimischen vor allem ›Sunwendfeuer‹ gesagt und nur in wenigen Gebieten, wie in der Kitzbühler Gegend, sagen sie ›Johannisfeuer‹ oder ›Johannisbrennen‹.
Hörmann schreibt in seinem 1909 in Innsbruck erschienenen Buch weiter: »Auf den Jöchern werden die Feuer im Unterinntal meist von den ›Albingern‹ (Almleuten – Sennern) entzündet. So konnte man noch in den fünfziger Jahren des letzten Jahrhunderts auf den Spitzen des Sonnwendjoches stets zwei mächtige Feuer sehen; es ist auch nicht unwahrscheinlich, daß dieser herrliche Berg gleich der ›Sunnwendalm‹ im Serpental davon den Namen hat. – Auf den Vorbergen und an näher dem Talboden gelegenen Höfen besorgen das Anzünden die Dorfburschen.«

Meist hat man schon den ganzen Tag, spätestens am späten Nachmittag, ganze Rudl von Burschen und Mädchen sehen können, die hinauf in die Berge gezogen sind, um dort Holz, Stauden und dürres Reiserwerk zu sammeln. Dazu aber auch grüne Daxen und grüne Äste, damit das Feuer raucht. In manchen Bezirken des Unterinntales, vor allem im Alpach-, Brixen- und Leukental hat es nämlich die eigentümliche Sitte gegeben, ›Sunwendraach‹ zu machen. Um aber einen richtigen Rauch herzubringen, hat man zuerst schon ein richtiges Feuer haben müssen. War es dann entsprechend heruntergebrannt, sind die Buben und Mädchen nacheinander – aber auch miteinander – über die Glut gesprungen. Obwohl das Feuer schon kleiner geworden war, haben die Flammen doch noch ein bißl gezüngelt, und deshalb hat man dieses Feuerspringen auch ›Kittelverbrennen‹ geheißen. Wenn dann vom Feuer nur noch die dunkelrote Glut übrig war, hat man Daxprügel, grüne Tannenzweige, darüber geworfen, damit es viel, viel Rauch, dicken Rauch gegeben hat. Je höher die Rauchsäule war, je ebenmäßiger sie aufgestiegen ist, desto mehr hat sie gegolten. In Gegenden, wo der ›Sunwendraach‹ aber nicht üblich war, hat man um so mehr darauf geschaut, daß das Feuer desto höher war. Mit solchen Sonnwendfeuern waren natürlich auch Gefahren verbunden – Waldbrände vor allem, und so ist 1887 am Heimköpfl in der Nähe der Neunspitze im Kaisergebirge durch ein Sonnwendfeuer ein großer Brand ausgebrochen.
Von einer Besonderheit erzählt Ludwig von Hörmann – von einem Brauch, der an das Hexenverbrennen am Funkensonntag erinnert oder an das sogenannte Judasverbrennen im geweihten Feuer am Karsamstag: »An manchen Orten des Unterinntales, z. B. in Wattens, ist oder war wenigstens früher das ›Lutherverbrennen‹ üblich, wobei eine aus Stroh und Lumpen verfertigte Figur auf einem Karren durchs Dorf geführt und dann am Sonnwendfeuer verbrannt wurde; an anderen Orten, z. B. Kundl, wurde dieses Verfahren mit Luthers ›Kathai‹ [Katharina] vorgenommen… In der Regel wird das Sonnwendfeuer früh gelöscht, aber es gibt Täler, wo, wie z. B. im Wipptal, die Burschen bei ihren auf den Hügeln entzündeten Feuern die ganze Nacht juchezen und singen…«

Im Zusammenhang mit der Johannisnacht hat es im Lüsenertal bei Brixen einen speziellen Brauch gegeben: Da sind junge Burschen mit Trommeln und Pfeifen »auf einen Hügel unter Huben« gezogen. Dort oben haben sie ein Feuer gemacht und dann »Scheiben geschlagen«. Um 1900 bereits, bedauert Hörmann, sei dieser Brauch »leider in Tirol ... im Untergang begriffen« und er würde, soweit er wisse, nur mehr im Iseltal ausgeübt werden. Die kleinen Scheiben sind aus Buchen-, Erlen-, hie und da auch aus Zirbenholz gemacht worden; in der Mitte haben sie ein Loch gehabt. Jeder Bursch hat zwanzig bis dreißig solcher Scheiben an einem Strick über die Achsel gehängt; dazu hat er einen meist über einem Meter langen, biegsamen Haselnußstock mitgenommen. Die kleinen Scheiben sind am Feuer glühend gemacht worden, den Haselnußstecken hat man durch die Scheibe gesteckt, und dann hat man diese brennende, glühende Scheibe in Kreisen geschwungen. Dann ist er »auf der schräg aufgestellten, sogenannten Scheibenbank oder auf dem Gartenboden aufgeschlagen und so ›hinausgetrieben‹« worden. Dabei hat der Scheibenschlager laut einen Spruch hergesagt auf die Person, der diese Scheibe gegolten hat: »... Ho! – Die Scheib'n schlag i zun an' guat'n Anfang und zun an' guat'n Ausgang; – die Scheib'n g'hört der ... oder dem ...«. Und hoch in die nächtliche Luft sind dann die Scheiben geflogen. – Dieses sogenannte Scheibenschlagen war aber nicht nur eine Ehre. Es hat auch sogenannte Schimpfscheiben gegeben, mit denen man jemanden, den man besonders ›guat‹ hat leiden können, eine richtige hat auswischen können. Wie das aber vor sich gegangen ist, das erzählt Hörmann leider nicht. Stundenlang hat das Scheibenschlagen oft gedauert. Danach sind die Burschen singend und johlend ins Dorf zurückgekehrt, wo Küachel und Schnaps auf sie gewartet haben und wo sie endlich zum Tanzen ins Wirtshaus gezogen sind.

Es gibt nur wenige Schilderungen von Johannisfeuern; eine davon verdanken wir dem Maler und Illustrator Ludwig Richter. 1823 kommt er nach München, das ausgerechnet ihm damals zu »unscheinbar und altfränkisch« ist; so bleibt er nur einen halben Tag und wandert am nächsten weiter an den

Tegernsee. Zwölf Stunden zu Fuß ist er unterwegs, bis er dann noch über die Neureuth an den Schliersee gelangt. Dort kommt er in der Nacht völlig erschöpft an; er hat eine Muskelentzündung, die die Kellnerin mit aufgelegten Fliederblättern zu heilen versucht. Richter schreibt in seinen *Erinnerungen,* das habe die Schmerzen so gemildert, »...daß ich am späten Abend, in Hausschuhen und auf einen Stock gestützt, bis zum See humpelte; denn es war Johannistag, und ein mächtiger Holzstoß war am Ufer angezündet worden, der prächtig in den See und in die nächtlichen Gebirge hinausleuchtete. Überall von den Almen glänzten ebenfalls Johannisfeuer herunter, und hier am Ufer hatte sich jung und alt versammelt; die Jungen sprangen hie und da durch die Flammen und jodelten lustig herum.« Auch Karl Stieler erzählt um 1880 vom Johannisfeuer und auch vom Scheibenschlagen: »Der ganze Aberglaube und die meisten Gebräuche, die mit dem Sonnenwendfeuer zusammenhingen, sind jetzt erloschen, nur der wichtigste Brauch, das sogenannte Scheibenschlagen ist zum Theil noch in Übung... Der Durchschnitt einer Brunnenröhre oder auch ein altes Wagenrad wird nämlich mit Pech bestrichen und auf einer hohen Stange aufgesteckt. Manchmal nahm man auch einen pechgetränkten Pfeil, und wenn dann die Johannisfeuer angezündet werden, wird die brennende Scheibe im Kreise herumgedreht und von der Höhe herab in einem leuchtenden Bogen durch die Luft geschleudert. Während sie also saust, spricht der ›Scheibentreiber‹ einen Vers, welcher gleichsam die Widmung enthält, wem die Scheibe gelten soll...

O Du mei liebe Scheib'n,
Wohin soll ich Dich treib'n?
In die Mittenwalder G'moa
Der Lisei ganz alloa!

Aber der Wunsch hat auch versteckter sein können, schließlich hat das ja nicht jeden etwas angegangen:

»In d'Bayrisch Zeller G'moa,
Du weißt schon, wen i moa.«

Stieler berichtet, daß es »in früheren Zeiten« Brauch war, Holz für das Sonnwendfeuer zu sammeln: »Vier Knaben gingen von Haus zu Haus und ›sangen‹, um das Holz dafür zu sammeln.

Niemand durfte diesen Beitrag verweigern, an alle Heiligen ward appelirt:

›Heiliger Sankt Veit – Schick uns ein Scheit;
Heiliger Hans – Ein recht ein lang's;
Heiliger Sixt – Ein recht ein dick's;
Heiliger Florian – Zünd unser Haus nit an‹.«

Es hat aber auch recht grobe Sprüche gegeben:

»Wir kommen von Sankt Veit,
Gebt's uns auch a Scheit,
Gebt's uns auch a Steuer,
Zu unserem Sunnwendfeuer:
Wer uns keine Steuer will geben,
Soll das nächste Jahr nimmer erleben.«

Der Brauch mag auch bezeugen, daß man schon früher das Sonnwendfeuer als Johannisfeuer gewertet hat, denn man hat angebrannte Scheite mit fortgetragen und noch in der gleichen Nacht in den Flachsacker gesteckt. Auch der Sprung über das Feuer hat seine Bedeutung gehabt: »So hoch einer springt, so hoch wächst sein Flachs in diesem Jahr.«

Stieler meint, die eigentliche Heimat der Sonnwendfeuer sei doch das Karwendelgebirg, Krün und Mittenwald: »So glänzen doch auch im Osten vom Watzmann bis zur Benediktenwand am 23. Juni die Sonnwendfeuer«, und er stellt dann fest, daß die Einheimischen, die das Feuer machen, es nur mit Mißvergnügen sehen, wenn neugierige Fremde, wenn ›Städter‹ dazukommen. Sie wollen unter sich bleiben. Und er erzählt von einem Johannisfeuer auf dem Wendelstein, zu dem auch »eine vornehme Gesellschaft von geistreichen Herren und fremden Damen« emporgeklettert sei. Aber sie hätten sich doch taktvoll zurückgehalten und gut abseits gelagert, bemerkt Stieler, »einige Herrn (welche einen Rheumatismus nicht scheuten) gaukelten im Grase, andere lehnten an den langen Gebirgsstöken oder saßen neben den Mädchen auf den niedrigen Felsblöcken«.

Mariae Himmelfahrt. Vom Kräuterbuschen, vom Bauerngartl und von der Hauswurz

Der 15. August, der Tag Mariae Himmelfahrt, ist im katholischen Altbayern ein hoher Feiertag. Mit ihm beginnt der sogenannte ›Frauendreißiger‹. Das sind die dreißig Tage zwischen Mariae Himmelfahrt und Mariae Namen – Tage, in denen ehedem die Prozessionen frommer Münchner hinausgegangen sind nach Maria Ramersdorf und Maria Thalkirchen. Begehrt und geschätzt waren die Eier, die die Hühner in diesen dreißig Tagen gelegt haben; man hat sie ›Frauendreißigereier‹ genannt, und sie sind in dem Ruf gestanden, besonders haltbar zu sein. Das Hauptkennzeichen dieses Tages aber war der Kräuterbuschen und die Kräuterweihe, denn in diesen Tagen soll ein besonderer Segen auf Wurzeln und Kräutern liegen. Schon im 10. Jahrhundert ist die Kirche diesem frommen Glauben entgegengekommen. Es gibt aus jener Zeit schon Benediktionsformeln für Kräuter. Damals wie heute noch werden die geweihten Büschel im Haus gegen Feuer und Blitz aufbewahrt: Man hängt sie auf den Dachboden und soll zum Schutz vor Blitzschlag Teile davon im Herdfeuer verbrennen. In der Regel bildet die Königskerze die Mitte des Büschels, um sie bindet man all die anderen heilkräftigen Kräuter – siebenerlei oder neunerlei müssen es sein. Es wird aber sogar einmal von siebenundsiebzig erzählt. Heutzutag hält man sich nicht mehr so genau daran: Da und dort werden schon seit längerem auch Zierpflanzen genommen, Dahlien zum Beispiel. Der Lehrer Franz Joseph Bronner hat 1908 sein Buch *Von deutscher Sitt und Art* herausgegeben; dort schreibt er: »Ein … Wurzbüschl oder Würzwisch wie man in der Pfalz sagt [die Pfalz war bis 1945 beziehungsweise bis 1956 bayerisch] hat nach alter Überlieferung außer den drei wichtigsten Gartengewächsen (Zwiebelblüte, Gelbe Rübe und Knoblauch) etlichen Haselzweigen mit Laub und Nuß und den Vertretern der heimischen Getreidearten mindestens neunerlei Nutz- und Heilkräuter zu umfassen. Die Zahl 9 ist seit alters beim gewöhnlichen Volke, wie die 3 und 7, eine gar bedeutungsvolle, geheiligte Zahl. Bei der Aufzählung der neunerlei Weihkräuter kann man in den verschiedenen katholischen Gegenden Deutschlands allerdings mancherlei Abweichungen hören. Übereinstimmend werden jedoch fast überall genannt: 1. Die Wetter- oder Königskerze, 2. das Johanniskraut, 3. das Tausendguldenkraut, 4. die Kamille, beziehungsweise Schafgarbe und 5. der Wermut.« Dann erwähnt Bronner, je nach Gegenden verschieden, Baldrian, Pfefferminze, Arnika, Rosmarin und noch eine ganze Reihe. Anschließend vergleicht er die Kräuterbüschel in den verschiedenen Gegenden Bayerns. Er spricht vom sogenannten ›Sangenbüschl‹ im Allgäu, der seinen Namen vom ›versengen‹ hat, weil die Blumen und Kräuter beim Ausräuchern auf der Glutpfanne im Lauf des Jahres verbrannt werden – heute wird man wohl sagen müssen: sind verbrannt worden. Denn es wird nicht mehr allzu viele Familien geben, bei denen dieser Brauch noch in Ehren gehalten wird. Bei diesem Sangenbüschl kommen zu den üblichen Kräutern noch der Waldmeister und das sogenannte Bohlerkraut. – In den Diözesen Eichstätt, Bamberg und Würzburg ist der Mittelpunkt des Kräuterbuschens ebenfalls die Königskerze; dann ist vor allem die Malve eingebunden worden, ferner Tausendguldenkraut, Pfefferminz und Wermut, aber auch der Ginster, die Sonnenblume und der Rhabarber. In Oberbayern, vor allem vor und in den Bergen, ist der Mittelpunkt ebenfalls die Königskerze, im Volksmund ›Himmelbrand‹ geheißen; dazu kommen Johanniskraut, Schafgarbe, Tausendguldenkraut, Wermut, Kreuzraute, Frauenkraut, Majoran, Kamille und Meisterwurz sowie das giftige Bittersüß und das Bandgras. Und bei der Zusammenstellung eines Kräuterbuschen aus der Oberpfalz zählt Bronner unter anderem Wermut und Sauerampfer auf, dann Neunauge, Teufelskraut und Drachenschure.

Nach der Weihe des Kräuterbuschens wird er zum Trocknen aufgehängt; er muß ein ganzes Jahr herhalten. Wird ein Stück Vieh krank, gibt man ihm eine Handvoll davon ins Futter. Ehe das Vieh auf die Almen getrieben worden ist, hat man ihm ebenfalls etwas vom Buschen unters Futter gemischt. War ein Gewitter im Anzug, hat man vom Buschen ein Stück ins offene

Feuer oder in den Herd geworfen, um Haus und Hof vor Blitz- und Hagelschlag, vor Wasser- und Sturmschaden zu schützen. Auch in den Rauhnächten, wie zum Beispiel am Vorabend von Dreikönig, hat der Buschen geholfen.
Die meisten Kräuter, die man für einen Kräuterbuschen braucht, hat man im Bauerngarten hergezogen. Dieses Bauerngartl ist in seinem Ursprung uralt; man führt es zurück auf die Zeit Karls des Großen. Der Kaiser nämlich hat in seinem *Capitulare de villis* um 800 den Anbau von Heil- und Gewürzkräutern bei den kaiserlichen Gütern befohlen. Darüber hat der Landschaftsarchitekt Alwin Seifert geschrieben (aber auch Franziska Hager erzählt davon): »Die eigentlichen Vermittler der Aufzucht von Blumen, Heilkräutern und Gemüse aber waren Mönche, vor allem die Benediktiner... Mancher klösterliche Arzneipflanzengarten ist heute noch eine Illustration des ›Capitulare de villis et cortis imperialibus‹ Karls des Großen. Aus der Hege der klösterlichen Gärten wanderte das Pflanzengut an die Herrenhöfe der Gaugrafen, in die Burggärten und in Haus und Hof des Siedlers, wurde dort heimisch und blieb im Bauerngarten, im Hausgartl... Schön gezäunt, auch einmal nur von ausgemergelten Holzstecken umstanden, wird das Hausgartl zur Sommerzeit in ... seiner Leidenschaft zum Blühen, zum Wunder barocker Kraft und Schönheit... Alleinherrscherin in diesem Bereich ist die Bäuerin. Wo ihr das Tagwerk eine übrige Minute zum Schnaufen läßt, steht sie im Garten, zupft und schaufelt und hackt, gräbt und jätet und gießt, und legt dabei die Last ihrer Daseinsnöte der Erde vertraulich ans Herz... Ein stilles Fleckerl ist im Hausgartl für den ›Kräutergsund‹, die Heilkräuter ›gut für Not und Tod‹: für den bitteren Wermuth, Salbei und Akelei, den Fenchel, für Lavendel, Ysop und Thymian.«
Die meisten der Kräuter und Blumen, die ins Hausgartl gehören, kommen von weit her, aus aller Welt – von Sibirien und aus Afrika, aus Arabien und dem fernen Amerika. Fast alle haben ihren Weg zu uns über italienische Klostergärten gefunden. Da ist die sogenannte ›Große Prang‹, die Pfingstrose, in weiß, rosa und dunkelrot. Dann sind die ›fliegenden Herzen‹ zu nennen, die auch ›Tränen zerbrochener Liebe‹ oder ›die brennat' Liab‹

heißen. Natürlich gehört auch die weiße Lilie dazu, die fromme Blume, die Blume der Unschuld; sie ist das Attribut des heiligen Joseph geworden – vor allem auf den Darstellungen des 19. Jahrhunderts. Daneben blüht die Feuerlilie und die Kaiserkrone mit ihren hängenden Glocken. Dann seien noch genannt: die starkduftende ›Lamberter‹, die Levkojen (die aus der Lombardei kommen), dann Pfingstveigerl, Reseda und Vanillestöckl, der hellblaue Rittersporn und der dunkelblaue Eisenhut, die ›Gretl in der Staudn‹, die Verbenen, die Balsamine, die Stein- und Karthäusernelken und die ›stinkate Liab‹, vornehm Tagetes geheißen. (Von ihr sagt man, sie würde Rosen vor Schädlingen bewahren.) Nicht vergessen soll in dieser Aufzählung der ›Totenbusch‹ sein, der immergrüne Buchs: Seine Ästchen liegen im Weihwasserkesserl an der Stubentüre und auf dem Grab und auch in dem Weihbrunnschüsserl vor einem aufgebahrten Toten.

Mit dem traditionellen Bauerngarten hat man es schon um die Jahrhundertwende, also um 1900, nicht mehr so genau genommen; auch Franziska Hager deutet dies an. Um so größere Verdienste hat sich der Architekt Gabriel von Seidl erworben. Er ist ein Freund der Maler Franz von Lenbach und Friedrich August von Kaulbach gewesen und hat das Bayerische Nationalmuseum erbaut. Ihm ist auch die Erhaltung der Marktstraße in Bad Tölz zu verdanken. In Tölz hat er sich an der Wackersberger Leite um 1900 ein Landhaus gebaut, vor dem er ein Bauerngartl anlegen wollte. Bereits damals war es nicht leicht, jemanden zu finden, der noch gewußt hat, was dafür notwendig ist. Schließlich hat er eine alte Frau in Tölz gefunden: Sie hat den kleinen Raum genau nach der Überlieferung eingeteilt und angelegt mit Lilien und Centifolien, mit Lavendel und Buchs, mit Reseden und der Gretl in der Staudn, mit Raute und Liebstöckl, dem tränenden Herz und Phlox und allem, was dazu gehört. Als dann alles fertig war, hat sie sich – wie Alwin Seifert überliefert – vor Gabriel von Seidl hingestellt und gesagt: »So ist's richtig – so hat's der Kaiser Karl befohlen.«

Wie bereits erwähnt, haben die Klostergärten – nachdem die kaiserlichen Domänen in den Stürmen der Zeiten untergegangen waren – das Wissen um Karls des Großen Anweisungen bewahrt, bis hin zur Säkularisation 1803. Sie haben aber nicht nur dieses Wissen bewahrt, sie haben oft auch die Form des römischen Gartens überliefert: In der Mitte ein Brunnen oder ein rundes Beet, drauf zuführend vier Wege. So einen Grundriß kann man heute noch in kleinen Gärten finden, nicht nur in den von Kreuzgängen umschlossenen Klostergärten. Natürlich ist nicht jede Blume, die in einem Bauerngarten blüht, und nicht jedes Kräutl auf Karl den Großen zurückzuführen. Zum einen gehört es zum Wesen eines Gartens, nur das zu pflanzen, was draußen in der Natur nicht hochkommt, zumindest nur so mühsam, daß man es in der Menge, in der man es braucht, nur sehr umständlich suchen muß. Zum andern kommen im Lauf der Zeit auch bislang fremde Pflanzen in die Gärten der Bürger und Bauern. Seit dem 16. Jahrhundert nämlich haben zum Beispiel die Nürnberger Handelsherren Gärten draußen vor der Stadt gehabt. Sie können es sich leisten, kleine botanische Gärten anzulegen mit seltenen Blumen aus aller Welt. Auch Eichstätter Bischöfe haben botanische Kostbarkeiten aus aller Welt zusammentragen lassen. Auf diese Weise sind dann die Samtblumen und die Sonnenblumen aus dem fernen Mexiko in den Bauerngarten gekommen, ferner die Pfingstrosen, Ringelblumen und Nelken aus Südeuropa, die Tulpen und Stockrosen aus Vorderasien, die brennende Liebe aus Rußland und die Kapuzinerkresse aus Peru.

Alle diese Pflanzen sind vom Volk angenommen worden, man hat sie wegen ihrer Nützlichkeit gepflegt, weil man um ihre Heilkraft gewußt oder weil man an ihre schützende Kraft geglaubt hat. Manches ist vergessen worden, zum Teil erstaunlicherweise sehr rasch; einiges aber ist im Gedächtnis geblieben. So hat ein Kräutl unter den vielen seinen Ruf behalten, nämlich das ›Schmeckerl‹, oder der ›Gürtler‹, wie es auch genannt wird: die stark duftende Eberraute. Sie gehört in das Mieder, »... wie das Herz unter den Brustfleck. Ein Gürtel am Johannistag als ›Johannisgürtel‹ aus ihren Wurzeln geflochten und um das Bein getragen, verleiht der Trägerin Kraft und Fruchtbarkeit, nimmt von einer Kranken, ins Sonnwendfeuer geworfen, deren Krankheit mit sich und löscht sie mit seinem eigenen Leben im ... Feuer.«

Noch einer Pflanze sei besonders gedacht – der Hauswurz. Es hat ehedem keinen Bauerngarten oder kein Bauernhaus gegeben, in dem nicht eine Hauswurz zu finden gewesen wäre. Ihr hat man eine ganz eigene starke Wunderkraft zugetraut; im Chiemgau beispielsweise hat man sie deshalb auch ›Wunderkraut‹ genannt. Der Saft der Hauswurzblätter war hochgeschätzt. Mit Schweinefett hat man ihn verrieben, zu einer Salbe gegen alle möglichen Gebrechen: Hat sich jemand verletzt, dann ist Hauswurzsaft auf die Wunde geträufelt worden, und die Wunde ist ohne Entzündung verheilt. Der Saft des Hauswurzblattes hat offenbar eine desinfizierende Wirkung. In einem alten Kräuterbuch heißt es deshalb auch, daß ihre Blätter gut sind »zu dem rottlauff, entzundung der Augen, brandt, podagra und Geschwür, die umb sich freßen«.

Die Hauswurz hat aber auch als ein ›guter Geist‹ für das Haus gegolten, Glück und Segen sollte sie erhalten und vor Blitzschlag schützen. Vielleicht leitet sich davon ihr Name ›Donnerbart‹ her. Es ist kaum etwas schlimmer gewesen, als eine Hauswurz zu entfernen: Wer das getan hat, stellt den Bestand von Haus und Hof in Frage, beschwört den wirtschaftlichen Ruin herauf. Franziska Hager schreibt dazu: »In solchem Falle war zu hören: Er hat abhausen müssen. Hat ja d'Hauswurz von seim Dach abig'schmissn.« –

Heute wissen wir um all diese Dinge nur mehr wenig. Sogar die Namen, die der Volksmund für diese oder jene Blume gehabt hat, sind weitgehend vergessen. Das Wissen um die Heilkraft dieser Kräuter ist ein Stück Lebenserfahrung gewesen – und diese Erfahrung haben wir mit der Überheblichkeit des aufgeklärten, und deshalb so unerhört ›wissenden‹, Menschen in den letzten Jahrzehnten weggeworfen, als nichtsnutzigen Hokuspokus in den Bereich des Aberglaubens verwiesen. Jetzt kommen wir langsam wieder darauf, daß gerade auch das Wissen um Heilkräuter doch nicht so von der Hand zu weisen ist, daß sie vielleicht besser und hilfreicher sind als so manches Präparat, das uns die chemische Industrie beschert. Und allenthalben sieht man Gärten oder auch nur Blumenkistl vor den Fenstern oder auf dem Balkon, wo solche Kräuter und Blumen angepflanzt werden.

Die Stumme Prozession von Vilgertshofen

Vilgertshofen – das ist eine prächtige Wallfahrtskirche auf einem flachen Hügel abseits der Straße von Landsberg nach Weilheim. Nur wenige Häuser liegen um sie herum. Hier ist seit 1674 ein Vesperbild, eine Muttergottes, die ihren toten Sohn im Schoß hält, verehrt worden. Bald sind die Gläubigen in solchen Scharen zu diesem Gnadenbild gekommen, daß Johann Schmuzer, der berühmte Baumeister aus dem nahen Wessobrunn, zwischen 1686 und 1692 die großartige Kirche darüber gebaut hat. Einige Kunstinteressierte finden das Jahr über hierher, sonst ist es ruhig. Nur einmal im Jahr kommen die Menschen in Scharen: zur Stummen Prozession von Vilgertshofen. Und das ist am Sonntag nach Mariae Himmelfahrt.

Es ist eine besondere Prozession, und wer sie einmal miterlebt hat, der mag ahnen, wie ehedem in unserem Land Prozessionen ausgesehen haben, auch wenn diese Prozession früher einmal anscheinend nicht so gefeiert worden ist wie heute.

Ihre Geschichte liegt etwas im Dunkeln. Wenn sie in der heutigen Form schon im ausgehenden 18. Jahrhundert bekannt gewesen wäre, hätte sie sicher das Schicksal so vieler anderer Prozessionen teilen müssen und wäre verboten worden. Es wird erzählt, die Bauern hätten sich gegen so ein Verbot gewehrt, den Befehl einfach ignoriert; nur ist nicht klar, war das in der Zeit der Aufklärung oder war es erst 1844, denn in diesem Jahr sei ein Verbot ausgesprochen worden. Damals allerdings muß die Prozession anders ausgesehen haben als heute. Man habe nur bildliche Darstellungen des Kreuzwegs Christi bei einem Umritt mitgeführt, und der sei von den Bauern hartnäckig durchgehalten worden bis 1877. In diesem Jahr sei dann, so will es die Überlieferung, wohl unter dem Einfluß von Oberammergau, die Prozession umgestaltet worden. Die bis jetzt mitgeführten Kreuzwegbilder haben nun lebenden Bildern weichen müssen – und sie erinnern in ihrem Stil an nazarenische Vorbilder. Die letzten Neuerungen und Ergänzungen aber hat dann die Prozession in Vilgertshofen im Jahr 1900 erfahren.

Bald nach dem Zweiten Weltkrieg – es muß 1949 gewesen sein –

habe ich die Stumme Prozession von Vilgertshofen zum erstenmal gesehen. Viele Fußgänger waren unterwegs, einige wenige Radfahrer; außer zwei Autos von Fieranten war kein Kraftfahrzeug zu sehen. Zwischen der Kirche und den wenigen Bauernhäusern waren die fliegenden Händler gerade dabei, ihre Stände aufzuschlagen: Ein paar Latten, ein Segeltuch als Dach darüber, ein Tisch darunter – das war alles. Es hat halt gegeben, was es in diesen doch etwas bescheideneren Jahren auf jedem Jahrmarkt draußen auf dem Land gegeben hat: Melkeimer (die elektrische Melkmaschine war noch nicht üblich), Stallhafen und Schürzenstoffe, Pfannen und Tiegel, Kübel, Rechen, Sensen, lila Bänder zum Garbenbinden, Rasierklingen. Sogar Lederwaren hat ein Händler angeboten, und Öldrucke vom Typ Elfenreigen und Heilige Familie, auch Hänsel und Gretel vom Schutzengel durch den finsteren Wald geleitet, hat man für die Wand über den Ehebetten kaufen können. Dann hat es natürlich die viele Jahre entbehrten Zuckerguatl gegeben, und der köstliche Geruch der Bratwürstl ist durch die Standl gezogen. Daß zu so einem Markt eine Schiffschaukel gehört hat, ist wohl selbstverständlich, und auch ein Karussell: Es war ein ganz gewöhnliches mit Rößln, der Antrieb war noch nicht elektrisch, sondern Buben haben es anschieben müssen, und dafür haben sie immer wieder einmal umsonst fahren dürfen.
Beim Zuschauen, wie der Markt zusammengehämmert, zusammengenagelt und aufgestellt worden ist, hat man leicht vergessen können, daß unterdessen in der Kirche der Gottesdienst vorbereitet worden ist und daß in einer Baracke hinter der Kirche, hinter dem großen alten Pilgerhaus, ein ganz geschäftiges Treiben geherrscht hat. Dort haben sich nämlich all die, die an der Prozession teilnehmen, getroffen, um sich umzukleiden. Das Jahr über waren die Kostüme in der Sakristei der Kirche in Kisten gelagert. Dann hat man sie hinüber in die Baracke getragen und die Kostüme der Reihe nach an der Wand aufgehängt. Wie in einer richtigen Theatergarderobe hat es ausgesehen – als erstes das Gewand für den Christusdarsteller, dann das für Anna, für Kaiphas und Pilatus. Und neben jedem Nagel war ein handgeschriebener Zettel geklebt – »Herodes« hat man darauf lesen können, oder »Abraham«, »Moses« oder »Melchi-

VILGERTSHOFEN

sedech«, »David« oder »Simon von Kyrene«. Aus der Kammer nebenan ist an jenem Tag in Waschkörben ein halbes römisches Zeughaus ausgeliefert worden: silbernbronzierte Helme und Rüstungen für die Soldaten, reihenweise Holzschwerter und Speere, Sandalen in allen Größen. Die Bauernleute sind nach und nach gekommen, um sich umzuziehen. Mancher Darsteller ›spielt‹ seine Rolle schon seit Jahren, manche der Rollen ›liegt auf dem Hof‹, d.h., sie steht dem Bauern zu, der dort regiert. An den Garderobennägeln waren übrigens die zur Rolle gehörenden Perücken gehangen, natürlich auch die Bärte, denn außer dem Joseph von Ägypten, dem Evangelisten Johannes, dem Landpfleger Pilatus und dem römischen Fußvolk tragen sie alle Bärte. Drüben im alten Pilgerhaus, in einer kleinen Stube, hat der Dorfbarbier seinen Tisch aufgeschlagen und seinen Stuhl, und zu ihm kommen sie alle, damit er ihnen die Perücke kunstgerecht aufsetzt und den Bart festpappt.
Alles ist also voller Erwartung. Die Sakristeitür steht offen, auch das Hauptportal der Kirche ist weit geöffnet, die Kirchenglokken beginnen zu läuten. Die Prozession setzt sich langsam in Bewegung, durch die Sakristei, durch die Kirche hinaus zum Portal, die breite Treppe hinunter. Die wenigen Landpolizeibeamten haben Mühe, die Neugierigen auf die Seite zu drängen, und mit verhängten Zügeln kommt Longinus, der römische Hauptmann, vom nahen Bauernhof auf einem schweren Fuchsen angetrabt, um an der großen Treppe zu warten, bis er sich an der ihm gebührenden Stelle in die Prozession einreihen kann. Unter dem Geläut der Glocken schiebt sich die Prozession langsam durch die Budenstadt, und mehr als einmal müssen die beiden Polizisten übereifrigen Händlern klarmachen, daß die Glocken längst läuten und die Prozession schon auf dem Weg ist und daß es mit dem Ausrufen ihrer War' jetzt ein Ende haben muß. Dann schlängelt sich die Prozession langsam durch den Markt hinaus auf die Felder und Wiesen.
Zwei Fahnen werden der Prozession vorangetragen, zwischen ihnen ein Kreuz. Es folgen Mädchen von Pflugdorf und Stadl mit Muttergottesfiguren, reich mit Blumen geschmückt; ihnen folgen die Engel. Dahinter kommen zwölf Kinder mit den Leidenswerkzeugen, den ›Arma Christ‹ – den Würfeln, den

Nägeln, kleinen Tafeln, auf denen die Herz-, Hand- und Fußwunden Christi gemalt sind. Und wieder kommen drei Vorengel, gefolgt von Esther und von der streitbaren Judith mit gezücktem Schwert; hinter ihr geht die Dienerin, die das bleiche Haupt des Holofernes an den roten Haaren hinterdreinträgt. So manche Gestalt des Alten Testaments schreitet an uns vorbei: Joseph, der von seinen Brüdern verkauft wird, gebunden und mit einem weißen Fell bekleidet führen sie ihn mit, und die letzten tragen sein blutiges Hemd, zum Zeichen, daß er tot ist. Der König David schlägt die Harfe, dem Melchisedech folgt Abraham mit der Öllampe und dem gezückten Messer hinter seinem Sohn Isaak, der ein kleines Bündel Holz mitträgt. Den Abschluß der alttestamentarischen Gestalten macht die mächtige Gestalt des Moses, eine silberne Krone trägt er auf dem schlohweißen Haar, er hat einen langwallenden Bart, und sein Gewand ist gelb mit dunkelblauem Überwurf. Die Gesetzestafeln hält er in der Hand und die eherne Schlange.
Die erste Gestalt aus dem Neuen Testament ist Judas mit feuerroter Perücke und fuchsigem Bart und in giftgelbem Gewand; er schüttelt seinen kleinen, lilafarbenen Beutel voller Silberlinge und schaut hämisch auf die Zuschauer am Wegrand. Ihm folgen zwei Rabbiner, drei Trauerengel und der Ölbergengel, der den Kelch trägt. Dahinter gehen, gefesselt und von römischen Soldaten geführt, die beiden Schächer, verwilderte Gestalten. Dann naht der Höhepunkt der Prozession – Christus, der dornengekrönt das schwere Kreuz trägt. Prügelknechte zerren ihn vorwärts, und Simon von Kyrene hilft ihm die Last des Kreuzes tragen. Danach hoch zu Roß Longinus, der römische Hauptmann, mit dem Adler als römischem Feldzeichen; er reitet seinen Soldaten voran. Dahinter schreiten der Landpfleger Pilatus und der König Herodes mit gezogenem Schwert; ihm folgen die Hohenpriester Annas und Kaiphas mit funkelnden bunten Steinen auf der Brust und farbbunten Gewändern, dann kommen der Hohe Rat, das jüdische Volk, sechs weinende Frauen von Jerusalem. Den Abschluß der biblischen ›Szene‹ bilden Veronika mit dem Schweißtuch, Maria Salome, Maria Magdalena, die Muttergottes und der heilige Johannes. Die Prozession beschließen eine Bruderschaft, Kinder und Pagen,

drei kleine Mädchen mit der Krone Mariens, eine Musikkapelle, die Prozessionsmärsche spielt; dahinter gehen Ministranten, ein Vesperbild wird mitgetragen, dann Geistliche und endlich das Allerheiligste unter dem Traghimmel, dem all die wie ein Bienenschwarm folgen, die sich die Prozession vorher angesehen haben: Auch wenn stilistische Elemente des 19. Jahrhunderts unverkennbar sind, so kann man sich doch ungefähr eine Vorstellung machen, wie Prozessionen in der Barockzeit einmal ausgeschaut haben – am Karfreitag oder an Fronleichnam.

Vom Almauftrieb und vom Hoamfahrn

Unsere so viel gepriesenen Almen sind nicht nur ein Werk des Menschen über Jahrhunderte, sie sind auch und vor allem ein Werk der Kuh. Würden diese Almen nämlich eines Tages nicht mehr bewirtschaftet, dann würden sie verwildern, veröden, teilweise vielleicht zuwachsen.

Das Vieh ist im südlichen Oberbayern (und auch im Allgäu) immer wichtig gewesen. Hier ist kaum Getreide gewachsen, gerade das Nötigste zum eigenen Gebrauch: ein bißl Roggen, Weizen für das Brot oder um Hühner zu füttern, ein bißl Hafer für die Pferde, damit man ihn nicht teuer kaufen mußte. So ist das Vieh eigentlich zum Segen der Bergbauern geworden, wohlgehütet von den ›Weibspersonen‹, wie um 1900 der Pfarrer Mathias Schmidhammer von Berchtesgaden schreibt: »...denn die Burschen – oft auch der Bauer selbst – sind in Arbeit aus; die einen sind Holzknechte und kehren oft die ganze Woche nicht nach Haus; andere sind Handwerker und bald hier bald dort beschäftigt.« Der Nebenerwerb spielt also auch damals eine Rolle. »Hat die Bäuerin selbst keine erwachsene Tochter, die den Kuhstall besorgen könnte, so stellt sie eine Dirn ein.« Diese Magd, die Kuhmagd, ist die Hauptperson im Stall gewesen, manchmal gefürchtet von den Kühbuben.

Ende Mai, je nach Wetter vielleicht auch erst im Juni, wird das Vieh auf die Alm getrieben. Heute ist der Almauftrieb vor allem auf das Jungvieh beschränkt: So ist auch die Zeit, in der man auf den Almen Käs hergestellt hat, längst vorbei. (Im Allgäu mag es noch Ausnahmen geben.)

Im Berchtesgadener Land haben meist mehrere Bauern gemeinsam aufgetrieben. Bereits im Spätherbst lassen sie für das abgelaufene Almjahr einen Dankgottesdienst halten. Danach treffen sie sich im Wirtshaus, um dort ›Almrat‹ zu halten, um all das zu besprechen, was sie alle zusammen angeht. Aus ihren eigenen Reihen wählen sie den Almherrn, dazu eine Sennerin zur Almfrau. Es ist meistens noch heute die Sennerin, die der Almherr schickt, und der Almherr wird reihum alle

Jahre neu gewählt. Wiederwahl ist erst wieder möglich, wenn die Reihe erneut an ihm ist.

Ab und zu mag es im Berchtesgadener Land noch vorkommen, daß der Bauer den Geistlichen holt oder einen Pater von den Franziskanern, um das Vieh zu segnen, ehe es aufgetrieben wird. ›Viehsprengen‹ hat man das geheißen, weil das Vieh mit Weihwasser ›besprengt‹ wird. Oft genug hat man dem Vieh auch noch etwas geweihtes Salz vom Vorabend von Heiligdreikönig unter das Futter gemischt.

Am Freitag vor der Almfahrt haben die Sennerinnen des Berchtesgadener Landes und auch der Reichenhaller Gegend eine Wallfahrt nach St. Leonhard gemacht, zum Patron für das Vieh:

Heiliger St. Leonhard,
treib auf mein Vieh
über Stock und Stoa,
opfere auf alle Glieder und Boan,
mach das heilige Benediktuskreuz,
ist neunmal g'segnet und neunmal geweiht.

Im Berchtesgadnerischen haben sich Bräuche viel zäher und länger gehalten als sonst im Land. So war es noch lange üblich, am Abend vor der Almfahrt die Milch an arme Leute zu verschenken. ›Kronmilli‹ hat man sie genannt. Am nächsten Tag früh ist nicht mehr gemolken worden, erst wieder oben auf der Alm, damit man gleich etwas zu essen gehabt hat.

Als Rudolf Kriß von Bräuchen im Berchtesgadener Land in der Zeit um den letzten Krieg erzählt, sind sie noch eine Selbstverständlichkeit: Vor dem Auftrieb am frühen Tag versammelt der Bauer die Seinen noch in der Stube, die Familie und das Gesinde beten sieben Vaterunser und den Glauben an Gott. Danach geht er in den Stall, besprengt die Sennerin, den Kühbuben und das Vieh, das aufgetrieben wird, mit Weihwasser. Wenn der Bauer die Sennerin mit Weihwasser besprengt hat, dann sagt er ernst und gewichtig: »Jetzt ist dir das Vieh übergeben, behüt es wie dein Eigentum.« Damit hat die Sennerin gleichsam offiziell die Herrschaft über das Vieh und über die Alm erhalten.

Beim Auftrieb ist das Vieh nicht geschmückt, es trägt nur Glocken. Aber auch das ist je nach Gegend etwas verschieden:

Tragen in der Gegend um Miesbach und den Tegernsee alle Kühe und Kälber Glocken, so erhält in anderen Gegenden, wie zum Beispiel in Berchtesgaden, nur die Glockenkuh, meistens die schönste Kuh, eine Glocke. An den Ton dieser Glocken sind die anderen Kühe und Kälber gewöhnt, ihm laufen sie nach, und so bleibt das Vieh beisammen. Außer den echten, aus ›Glockenspeis‹ gegossenen Glocken (die deshalb auch ›Speisglocken‹ heißen, in Berchtesgaden nennt man sie ›Singerin‹) gibt es noch die einfachen, aus Kupferblech geschmiedeten, die nicht eigentlich klingen, die vielmehr rollen, kollern, scheppern (und die in der Gegend um den Kochelsee ›Haf'n‹ heißen).
Die Glocken sind nicht nur Schmuck, und es ist nicht nur der uralte Volksglaube, der einst mit dem Glockenläuten auch die Vorstellung verbunden hat, man könne damit das Böse vertreiben; die Glocken erfüllen auch einen sehr praktischen Zweck: Eine Alm kann man nicht einfach einzäunen, und so ist es leicht möglich, daß sich die Kühe verlaufen. Die Sennerin oder der Kühbub finden die Tiere leichter, weil sie nur dem Geläut nachgehen brauchen.
Der Almauftrieb ist schmucklos und unfeierlich. Voraus gehen die Sennerin mit der Glockenkuh, hinter ihnen, an den Ton der Glocke gewöhnt, die Kühe und Kälber. Hinter dem Zug der Kühe kommt meist noch ein kleiner, oftmals zweirädriger Kratten, ein Karren, der von einem Pferd in einer Gabeldeichsel mit dem Kummet gezogen wird. Er ist mit dem Bett- und Küchenzeug beladen, mit dem Notwendigsten halt, den gängigsten Medizinen für Mensch und Vieh, denn so schnell kann da hinauf kein Arzt oder Viehdoktor kommen. Auch Katzen dürfen mitfahren. Ehedem hat sogar immer eine Steige Hühner dazugehört, denn mit Eiern wollte man ja auch versorgt sein. Dann sind oft genug noch ein paar Schafe oder Ziegen mitgetrieben worden, und ein Hund ist mitgelaufen. War das Ziel erreicht, ist dem Kühbuben gleich das Kleinvieh zum Hüten übergeben worden, während man das Melkvieh zum Kaser gebracht hat, um es zu melken.
Bevor die Sennerin den Kaser betritt, hat sie den Englischen Gruß gebetet. Dann sind die Kühe mit Weihwasser besprengt worden. Manchmal wurde auch der Kaser ausgeräuchert. Dabei

ALMABTRIEB
TATZELWURM-
OBERAUDORF

hat die Sennerin in eine Pfanne Glut getan und in diese Glut dürre Kräuter aus dem geweihten Kräuterbuschen von Mariae Himmelfahrt gelegt, dazu Weihrauch von der Dreikönigsweihe. Mit dieser Pfanne ist sie räuchernd durch die Hütte gegangen: Das war sozusagen ihre erste Amtshandlung; erst dann hat sie sich häuslich niedergelassen.
Die Almhütte, im Bayerischen ›Kaser‹ genannt (was nichts mit Kas, Käse, zu tun hat, sondern mit dem lateinischen Wort casa, Haus), ist in den meisten Fällen ein niedriger Holzbau, ein Blockbau, der vorne eine Stube, eine Kammer für die Sennerin und die Küche enthält; dazu kommt ein kleiner Keller. Dahinter liegt, unter dem gleichen First und in voller Breite, der Stall, häufig aus Natursteinen zusammengetragen. Der Stall war sehr düster, die Fenster waren klein, in der Mitte der Länge nach unter dem First dient ein ausgeschlagener Baumstamm als Trog. Nach dem Krieg habe ich noch Almen mit offenem Feuer gesehen – entweder auf einem gemauerten Herd, manchmal auch in einer ummauerten Grube. Darüber ist ein schwenkbarer hölzerner Galgen angebracht, an den man, an einer Kette, einen Topf hat hängen und über das Feuer schwenken können. Dazu hat auch ein Pfannenknecht gehört – ein eisernes, geschmiedetes Gestell, auf das man die Pfanne über dem Feuer hat abstellen können.
In keiner Almhütte hat das Weihwassergefäß gefehlt mit dem darübergehängten Rosenkranz. Rudolf Kriß, ein guter Kenner seiner Berchtesgadener Heimat, hat noch einen Brauch aus eigener Anschauung geschildert: »Um 5 Uhr früh beginnt man mit dem ersten Melken. Während dessen betet die Sennerin den Rosenkranz... Um 6 Uhr wird das Vieh auf den Weideplatz getrieben. Die Sennerin besprengt es mit Weihwasser, kniet nieder und spricht den Almsegen: ›Jetzt in Gott's Nam' gehts hin, meine Küh / mit Gsunden und mit Freuden, der heilige Antoni wird euch treiben / über Stock und über Stein, über Glied und Bein / mach i das heilige Benedictuskreuz / ist neunmal gesegnet, neunmal geweicht / behüt euch Gott Vater, / Gott Sohn / und Gott Heiliger Geist / daß nichts abfällt, nichts umfallt / nix krumm wird, nix krank wird / nix alpreit, nix zappelbeißt‹ – daß nicht der Alp, der Alpdruck das Vieh reitet,

daß also die Drud das Vieh nicht drückt, und daß das Vieh keine Art Räude kriegt, sich nicht aufbeißt, dabei dann auch andere Kühe beißt – ›der heilige Antonius und der heilige Leonhard / werden euch hüten und beschützen / den heutigen Tag.‹ Dreimal hat die Sennerin den Segen gesprochen, dreimal hat sie dazu das Vaterunser gebetet, das erste zu Ehren des hl. Antonius, das zweite zu Ehren des hl. Leonhard, das drittemal für die Armen Seelen im Fegefeuer. Am Abend, wenn das Vieh wieder in den Stall gekommen ist, hat sich das wiederholt, auch das Tag für Tag, nur daß die Sennerin dann folgerichtig gesagt hat: ›...der heilige Antonius und der heilige Leonhard werden euch hüten und beschützen die heutige Nacht‹.«

Nun zum Almabtrieb, wie er sich gehört, wenn alles in Ordnung geht. Der Pfarrer Schmidhammer hat um 1906 ein Manuskript über *Sitten und Gebräuche im ehemaligen Fürstentum Berchtesgaden* verfaßt; darin schreibt er »Geht alles gut, so beginnt die Sennerin schon um Bartholomä den Viehschmuk für den Almabtrieb (das Kranzzeug) herzurichten. Schon von Bartholomä an, das ist der 24. August, darf ein Stück, wenn es abgetrieben wird, bekränzt werden. Bringt man ein verunglücktes Stück lebendig aus dem Almgatter, so darf gekränzt werden, im anderen Falle nicht...« Eine der ersten, die dem Brauch des Almabtriebs etwas mehr nachgegangen ist, ist die Volkskundlerin Marie Andree-Eysn. Im Herbst des Jahres 1907 ist sie im Berchtesgadener Land gewesen und hat Wanderungen unternommen, eine davon zu einer der tiefer gelegenen Almhütten an den Hängen des Hohen Gölls. In ihrem Buch *Volkskundliches aus dem bayrisch-österreichischen Alpengebiet* schreibt sie: »An der ›Schattseite‹ der Hütte lehnten 15–20 Fichtenwipfel von etwa eineinhalb bis drei, ja sogar vier Meter Höhe. Der jährliche Astquirl eines jeden war aufwärts eingedreht und an den Stamm gebunden, so daß ein zwiebelartiger Aufbau übereinander entstanden war. Ehe ich noch nach ihrer Verwendung und Namen fragen konnte, betrat mein Begleiter, ein Berchtesgadener Bauer, die Hütte mit den Worten: ›Habt's ös aber an Haufn Fuikl! – Wann taust denn hoamfahr'n‹, rief er der Sennerin zu. ›Z'Michaeli‹, erwiderte die Angeredete.«

Der am häufigsten verwendete Aufstecker beim Almabtrieb im Berchtesgadener Land ist die ›Fuikl‹ (oder ›Furkl‹), deren Grundgestell Maria Andree-Eysn gesehen hat. Die Kronen werden geschmückt mit den bunten Gschabertbandln, die auch für den Schmuck der Palmbuschen am Palmsonntag verwendet werden (s. S. 104). Aus ihnen formt die Sennerin Sterne und Rosetten, die mit Flittergold betupft werden, damit sie noch mehr leuchten. »Der Bauer holt noch vom Kramer Rausch- und Flittergold, sendet alles zur Alm, und dort werden die ›Gschabertbandln‹ tütenartig gebogen, daraus zierliche Rosetten (die sogenannten ›Rösln‹) geformt und mit Flittergold betupft«, schreibt Andree-Eysn. Man hat tatsächlich Blattgold dazu verwendet, das Rauschgold aber hat man in ganz schmale fadenförmige Streifen geschnitten, die um die Blütenstengel von Gräsern gewunden worden sind. Dann hat man das Gras herausgezogen und die spiralenförmigen, zitternden Goldfäden, wie die Staubfäden einer Blume, in die Mitte eines solchen ›Rösls‹ gesetzt. Solche ›Zitterrösl‹ hat die Sennerin auch ganz klein und zierlich gemacht und den Burschen oder dem Jäger als begehrtes Geschenk gegeben.

Von den großen Rosetten müssen viele Hunderte gefaltet und gedreht werden, denn für eine einzige große Fuikl, wie sie der Stier getragen hat, hat man gut zweihundert solche Rösl gebraucht. Für die kleinen Aufstecker bei Kälbern sind immer noch an die fünfzig notwendig gewesen.

Eine besondere Art des Schmuckes war seinerzeit in Berchtesgaden das sogenannte ›G'stäng‹, das man heutzutag nur noch ganz selten sieht. Der Schreiner hat dieses meist fünfteilige, fächerförmige Holzgestell hergestellt; dann ist es mit Rauschgold oder auch mit ›Golddock‹, einem durchwirkten Stoff, überzogen und mit zierlich gefalteten, roten Seidenbändern geschmückt worden. An den Enden des mittleren und der beiden äußeren Stangen sind rot und blau gefärbte Büschel von Federn aufgebunden worden. – Wohl am eigenartigsten aber sind die goldglänzenden Larven für die Kühe gewesen aus Rauschgold (oder, wie man im Berchtesgadnerischen gesagt hat, aus ›Goldrausch‹). Diese Goldfolie ist auf starke, grobe Leinwand geheftet und am Rande wie auf den Augenausschnitten mit knallroten Bandrüschen verziert worden; diese ›Larve‹ hat man um Hörner und Maul festgebunden. Heute findet man sie in Berchtesgaden nicht mehr, es gibt sie aber noch im Inntal bei Kiefersfelden und Oberaudorf. Allerdings sind sie hier nicht aus Goldrausch; hier bleibt der Stoff sichtbar, dafür ist ein Spiegel auf der Stirn angebracht, denn dem Spiegel hat man abwehrende Kräfte zugesprochen – man glaubte, er biete Schutz vor dem Bösen, und alles Böse, wenn es sich im Spiegel sieht, erschrickt so vor sich selbst, daß es die Flucht ergreift oder gar gleich tot umfällt.

Einen besonderen Schmuck hat man in Berchtesgaden früher dem Stier zugedacht – die sogenannte ›Brua‹, die ›Stierbrua‹, ein Gewinde, das man ähnlich wie ein Sielengeschirr über den Stier gehängt hat: Es hat den Stier vom Kopf bis zum Schwanz und auf beiden Seiten geschmückt. Dieser bis zu 15 Meter lange ›Strähn‹ ist zopfartig aus langen, sehr dünnen Lärchenästen (aus dem sog. ›Lärchenkrasset‹) geflochten und dicht mit den Rösln besteckt worden.

Wie der Almabtrieb ins Berchtesgadener Land vor sich gegangen ist, beschreibt Andree-Eysn auch: »Am Vorabend der Heimkehr erscheint der Bauer, oft begleitet vom Sohne oder der Tochter des Hauses, auf der Alm. Am nächsten Morgen, wenn alles bereit, wird noch gemeinsam gebetet, den Tieren Kränze von Fichtenreis um den Hals gelegt, und unter dem Gebimmel ihrer Glocken und Schellen und lautem Jauchzen geht es talab. Ist das erste Haus erreicht, werden die Hörner des Tieres mit Rauschgold umwunden und der übrige Schmuck umgetan. Dem Zug voran schreitet der ›Küahbua‹ mit den Glockenkühen, die bedächtig wie bewußt, daß nur die schönsten und besten unter ihnen Glocken tragen dürfen, dahinziehen. Dann kommen die jungen Stiere, denen der mächtigste der Herde folgt. Er trägt auch die höchste ›Fuitl‹ und ist über und über verziert, sowie kaum ein Glied seines Körpers, das nicht von bunten Bändern umflattert ist. Nun folgen die übrigen Tiere; die wertvolleren noch mit Larven und ›G'stäng‹, die anderen, gleich den Kälbern, nur mit Kranz und ›Fuitl‹. Aber auch der Hals und die Knöchel der Ziegen sind geziert und selbst die Schweine nicht schmucklos. Den Schluß des Zuges bildet die Sennin in ihrer kleidsamen Tracht, dem faltigen dunklen Rock und der hellen Schürze, dem schwarzen Mieder, dem bunten Seidentuch um Hals und Schulter, dem zierlichen grünen Hut mit grüner Schnur und Adlerflaum, unter dem ein fröhlich lachendes Gesicht dem Beschauer entgegenblickt, denn es ist alles gut gegangen dort oben, und heut abend ist es auch wieder gut daheim, denn da gibt's Hollermus und Zwetschgennudel.«

Zum ersten Mal habe ich 1950 einen Almabtrieb miterlebt. Der Fritzen von Zimmerau hat von der Schoiß, einer Alm oberhalb des Tatzelwurms dem Brünnstein zu, im vollen Schmuck abgetrieben. Er hat nur an einem einzigen Bauernhof vorbeitreiben müssen, dann war er daheim: Gesehen hat die ganze Mühe und Arbeit also nur der Nachbar in der Buchau und die eigene Familie.
Es war ein strahlend blauer Himmel, als wir aufgestiegen sind. Der Haflinger ist mit dem kleinen, vierrädrigen Karren hinterdrein gezottelt, und die eisenbereiften Räder sind über die Steine gerumpelt. Große Kuhglocken mit schönen, breiten Riemen, mit buntem Leder appliziert und mit Federkiel bestickt, hat der Fritzen auf sein Fuhrwerk geworfen. Als wir am späten Mittag droben auf der Alm angekommen sind, hat der Nachbar, der Danner von Kiefersfelden, gerade abgetrieben; er hat ja auch einen weiten Weg gehabt, gute drei bis vier Stunden. Alle haben ihm noch nachgewunken, aber schnell ist die Herde in einer Mulde verschwunden. Dann hat es einen Eierschmarrn gegeben. Die Sennerin hat noch die letzten Papierrosen an einem Aufstecker festgebunden, der Fritzen noch einmal seine Glocken geputzt, und als er dann gemeint hat: »Jetzt derf ma aba schaugn, daß ma weita kemma«, war das für alle das Zeichen zum Aufbruch, für seine drei Buben und seine zwei Dirndl. Die Mädchen schleppen Töpfe und Tiegel, rußige Pfannen und blinkende Eimer, ein Milchsieb, blaukariertes Bettzeug und ein Kopfpolster, Besen, Sense und Sichel, Wetzstein und Medizinen, eine große Jodflasche, einen Salzstein und Geschirr, einen Weihbrunnkessel und ein Beil – halt alles, was zum Leben auf der Alm gehört – zu dem kleinen Karren, der vor der Almhütte

steht. Man möcht nicht glauben, was auf ihm alles Platz hat, vorausgesetzt, daß es richtig und kunstgerecht verstaut wird. Unterdessen machen sich der Bauer und seine zwei größeren Buben draußen im Stall ans Aufkranzen. Die Sennerinnen der Nachbaralmen helfen dabei mit. Bald geht die erste Kuh mit ihrer mächtigen, hellblauen Doppelkrone, besteckt mit roten Buschrosen unter dem niedrigen Türrahmen durch, ganz vorsichtig, als wüßte sie, wie schön sie aufgekranzt ist. Eine hellblaue Stofflarve war ihr vor den Kopf gebunden, in der Mitte blitzt ein Spiegel in der Sonne. Würdevoll platscht sie durch den Schlamm vor der Stalltüre. Drinnen im Stall geht die Arbeit schnell von der Hand, und in immer kürzeren Abständen kommen die Kühe und Kälber aus dem Stall. Die bunten Aufstecker mit Stofflarven und Spiegeln, die Kränze leuchten in der Sonne, und es dauert nicht lange, bis das letzte Jungrind aus dem Stall herauskommt. Der Bauer schaut unter der Stalltür noch nach und verschwindet wieder im Dunkel. Er geht noch einmal durch alle Räume: Das Feuer im Herd ist erloschen, die Fensterläden sind verriegelt. Dann schließt er die Tür, schlüpft in seine braune Lodenjoppe und setzt seinen Hut auf, an den er einen frischen Büschel Alpenrauschblätter mit kunstvollen Papierblüten gesteckt hat. Drüben auf der anderen Seite, tief drunten im Tal, kann man ganz klein, wie Spielzeug, den Abtrieb vom Danner sehen. Hinter einem Stadel verschwinden die Kühe, kommen wieder hervor und verschwinden dann ganz hinter Büschen und Bäumen. Leise trägt der Wind den Klang der Kuhglocken herauf. Inzwischen ist der Haflinger vor den hochaufgepackten, von einer Plane überzogenen Karren gespannt worden. Der Fritzen zündet sich eine lange Pfeife an, nimmt die Zügel und meint: »So, jetzt kanns losgehen!«
Ein Juchzer, ein Peitschenknallen, und unter dem herrlichen Geläut trabt die stolze Herde los: Vornweg der Bub und das Mädel, um die Herde an Engstellen wieder zu sammeln, hinterher die Sennerin und die beiden älteren Söhne vom Fritzen. Ein prächtiges Bild, wenn die Herde mit dem großartigen bunten Aufputz, mit den Stofflarven vor den Köpfen, stolz ins Tal zieht. Die hochbeladene Fuhre mit dem Haflinger schwankt hinterdrein; sie kann bei dem Tempo kaum schritthalten.

Als wir zum Hof kommen, steht die Bäuerin vor dem Haus mit den kleinen Kindern. Und Schmalznudeln und heißer Kaffee sind bereit für alle die, die das Vieh gesund heimgebracht haben. Wie überall in dieser Gegend wird auch beim Fritzen in Zimmerau ein Achterkranz dieses Abtriebs in den Stall, ein anderer an das Feldkreuz gehängt; ein dritter wird um die Brunnensäule gewunden. Dort werden sie hängen bis ins kommende Jahr.

Über Brot und Erntedank

Wir leben in einer Zeit, in der so mancher Bäcker mehr Kuchen und Torten backt als Brot; gemessen an früheren Zeiten. Die Älteren und Alten unter uns sind im allgemeinen noch mit einer großen Ehrfurcht vor dem Brot erzogen worden. Das sind zum einen Teil Sparsamkeit, zum größeren Teil aber religiöse Vorstellungen: Man denke an die Brosamen vom Tische des Reichen; an Christus, der von sich sagt, »ich bin das Brot des Lebens«; oder an die Bitte im Vaterunser, »unser täglich Brot gib uns heute«. Auch heute noch brauchen wir unser tägliches Brot – trotz allen Wohlstands. Es gibt noch immer Familien, bei denen es ungebrochener, feststehender Brauch ist, auf die Unterseite eines Brotlaibes mit der Messerspitze drei Kreuze zu zeichnen, ehe man den Laib oder den Wecken anschneidet. Diesen Brauch schildert auch Franz Josph Bronner in seinem Buch *Von deutscher Sitt und Art:* »Das ist eine christliche Sitte, die früher allgemein verbreitet war ... Druckt doch so manche Bauersfrau auch drei Kreuze mit einem Model auf den Laib.« Danach berichtet er von einem verhältnismäßig unbekannten Brauch: In »mancher Gegend legt man den Anschnitt quer über den Laib und bildet so ein Kreuz als Zeichen des Segens über das Brot«. All diese Bräuche kennt man aber nur beim Brot, bei keinem anderen Nahrungsmittel.

Wie alt Brot ist, wissen wir nicht. Man kann nur mit einiger Sicherheit annehmen, daß es in jenen Zeiten aufgekommen ist, in denen der Mensch vom Jäger und Sammler zum Ackerbauer und Viehzüchter geworden ist. Die wichtigsten Kornarten dürften zunächst Weizen und Gerste gewesen sein. In der Bronzezeit ist wohl Hafer dazugekommen und erst im 7. Jahrhundert v. Chr. der Roggen. Mag in der Stein- und Bronzezeit das Fladenbrot nur eine Beigabe gewesen sein, so wird es in der Eisenzeit (in unserer Gegend etwa zwischen 700 und 500 v. Chr.) das Hauptnahrungsmittel; so nimmt man heute jedenfalls an.

Brot wurde früher von den Bäuerinnen selbst gebacken; Hans Heyn hat darüber Chiemgauer Bäuerinnen genau ausgefragt:

»Als glückbringende Backtage galten einst der Montag, der Donnerstag und der Samstag. Freitagsbrot ißt Kummer und Not, hieß es. Weil am Freitag ›Unser Herr‹ in der Ruhe lag, durfte an diesem Tag nicht gebacken werden. Nicht gebacken wurde auch in der Zwölfenzeit vom 25. Dezember bis zum 6. Januar. Eine enge Beziehung, die einst der Volksglaube zwischen der Fruchtbarkeit der Frauen und dem Backofen herleitete, lebt heute noch in dem Ausspruch fort: ›Bei der Nachbarin is der Bachofa eigfalln.‹, das heißt, die Nachbarin hat ein Kind zur Welt gebracht.« In diesem Zusammenhang ist auch ein alter Brauch zu sehen; Heyn berichtet: »Beim Bau eines Backofens setzte die Bäuerin symbolisch den oberen Stein auf. Der Backofen war ihr Besitz.«
Bei uns gibt es eine gewerbliche Bäckerei erst seit dem 8. Jahrhundert, also etwa seit der Zeit Karls des Großen. Die Bäcker sind bald hochgeachtet gewesen, haben besondere Ehren genossen. Das ist ablesbar am Sachsenspiegel, einem Gesetzbuch aus der Zeit um 1220. Darin ist festgelegt, daß derjenige, der einen Bäcker erschlägt, dreimal so viel Geldbuße zahlen muß als der, der ›nur‹ einen gewöhnlichen Mitmenschen ins Jenseits befördert. Unabhängig von der Zunft der Bäcker aber hat sich die Hausbäckerei bis hin zum Zweiten Weltkrieg erhalten. Im Fränkischen und im Schwäbischen gibt es Gemeindebacköfen, die vereinzelt heute noch in Betrieb sind, und es gibt immer noch Bäuerinnen, die ihr Brot selber backen.
Da mag einem der alte Leoprechting einfallen, der in seinem Buch *Aus dem Lechrain* 1855 gewaltig schimpft, daß überall die Backöfen wie die Schwammerl aus dem Boden schießen. Zunächst war der Backofen nämlich im Haus. Das Brotbacken im Haus ist aber um die Mitte des vorigen Jahrhunderts aus Gründen der Brandgefahr verboten worden. Neue Backöfen haben jetzt außerhalb des Hauses gebaut werden müssen. Leoprechting räsoniert, man könne doch solche Backöfen für eine größere Gemeinschaft, für ein Dorf bauen, und es müssen wirklich nicht alle Bauern die gleichen Backhäusl haben, die dann ein ganzes Dorf verschandeln.
Mißernten und Hungersnot waren auch bei uns einmal sehr gefürchtet. Da ist es nicht verwunderlich, daß es Bräuche gege-

ben hat, mit denen man eine ›Brotnot‹ hat bannen wollen. So hat in manchen Gegenden von Schwaben eine Braut, wenn sie höchstpersönlich die Verwandtschaft und Freundschaft im Dorf zu ihrer Hochzeit eingeladen hat, in jedem Haus ein Stückl Brot, das sogenannte ›Glücksbrot‹, geschenkt bekommen. Und von diesem Brot ist dann am Hochzeitstag die Morgensuppe gekocht worden. Im Ries hat das Brautpaar vom Hochzeitsmahl ein Stück Brot aufgehoben, weil man eben geglaubt hat, so ein ›Glücksbrot‹ sei ein Talisman gegen die Not. In der Oberpfalz war es Brauch, daß die Braut, wenn sie mit dem Kammerwagen vor ihrem neuen Haus vorgefahren ist, als erstes einen kleinen Tisch mit einem Stück Brot ins Haus getragen hat. Und vor der Hochzeit dann hat man ihr heimlich etwas Salz und ein Stückl Brot in ihr Tascherl gesteckt – Salz zum Schutz gegen böse Leute, und Brot, damit es im Haus nicht ausgeht, damit sie nicht verarmt. Im reichen Rottal hat man bei großen Hochzeiten Körbe voll Weckenbrot gebacken, um es an arme Leute zu verteilen: An manchen Orten sind diese Wecken während des Hochzeitsmahles zum Fenster hinaus verschenkt worden.
Im Zusammenhang mit den Bräuchen um das Brot ist auch das sogenannte Pflugbrot zu erwähnen: Es war eine weitverbreitete Sitte, im Frühjahr den Pferden oder ehe man mit dem Pflügen begonnen hat, ein Stück Brot, bestreut mit ein paar Körndl Dreikönigssalz, zum Fressen zu geben. Aber nicht nur bei der Saatbestellung oder bei der Hochzeit hat das Brot eine wichtige, symbolische Rolle gespielt, auch bei der Taufe, beim Dienstbotenwechsel oder beim Abschied.
Von der Taufe erzählt der Schweizer Jeremias Gotthelf, daß den Mädchen eine Scheibe Brot und ein kleines Stückchen Käse in das Wickelkissen eingewickelt, eingefatscht, worden ist, damit ihnen das Nötigste im Leben nie ausgehen soll. Und Hans Heyn, der Herausgeber der volkskundlichen Aufzeichnungen der Franziska Hager, überliefert: »Ein Stück Brot steckte sich der einrückende Rekrut in die Tasche. Ein Stück Brot nahm der Studiosus im Koffer mit in die Stadt. Mancher, der von daheim fortging, wußte nicht, daß ihm die Mutter ein Stück Rinde vom Hausbrot in die Joppe eingenäht hatte – zum Schutz gegen alle Anfechtungen, die draußen auf ihn zukamen.« So erzählt auch

Franziska Hager von ihrer Jugend: »Nie unterließ es unser Vater, in den eisenbeschlagenen, hölzernen Koffer, der während der Studienzeit mit unseren Habseligkeiten von einer grossen Vakanz zur anderen hin und her pendelte, oben auf ein Stück Hausbrot zu legen, so daß wir wußten, daß die Heimat bei uns sei.«
Bei der Bedeutung, die das Brot hat, nimmt es nicht wunder, daß es um das Brot auch einschlägige Sprichwörter und Vorstellungen gibt. Entsprechend dem Bericht vom Letzten Abendmahl, da Christus das Brot bricht, war man der Ansicht, Brot solle überhaupt nicht geschnitten werden. Man hat es aber doch getan, aber man hat darauf geschaut, wie einer Brot schneidet: ›Wer Brotkeile grob heruntersäbelt, bekundet ein falsches Wesen‹, hat es geheißen. Aber man hat noch mehr beachten müssen: Liegt der Brotlaib mit der Unterseite nach oben, weinen die Engel. Die angeschnittene Fläche darf weder zur Türe noch zum Fenster zeigen, sonst bleiben Wohlstand und Glück nicht beim Haus. Es ist auch undenkbar gewesen, mit dem Messer in den Brotlaib zu stechen, denn jeder Stich hätte eine Arme Seele treffen können – und zudem jage man Glück und Frieden aus dem Haus hinaus. Nur eine Ausnahme hat es da gegeben: Zur Aufbewahrung hat manche Bäuerin das Messer ins Brot gesteckt, denn Eisen hat die bösen Mächte und Kräfte abgehalten, und jede Art von Hexe war so vom Brot abgewehrt. – Im übrigen sollen die, die mit dem Messer noch nicht umgehen können, die ihr Brot noch nicht selber verdienen können, das Brotschneiden bleiben lassen: Brotschneiden ist eine Sache der Erwachsenen, der Älteren, der Eltern.
Es war nicht nur bei uns ein fester Brauch, dem Gast ein Stück Brot und Salz anzubieten: Bis hin zum Zweiten Weltkrieg war die Sitte noch verhältnismäßig weit verbreitet, daß die Bäuerin den Brotlaib aus der Tischschublade geholt und dem Besucher ein Stück heruntergeschnitten hat. Das hat seinerzeit ›die Hausehr‹ geheißen. Hat es eine Bäuerin nicht getan, war das eine Unhöflichkeit ersten Ranges, fast ein Zeichen der Mißachtung oder gar der Feindschaft. Franziska Hager berichtet darüber: So manche Bäuerin habe die Krümel, die von diesem Brot auf dem Tisch liegen geblieben sind, mit den Fingern zusammenge-

knetet und gegessen, weil man geglaubt hat, daß derjenige, der zusammen mit dem Gast vom gleichen Brot ißt, mit ihm nie mehr in Streit hat kommen können.

Es ist nicht verwunderlich, daß es um das Brot Sagen gibt – Sagen, die vom Brotfrevel erzählen, von hartherzigen Bäuerinnen und stolzen Mädchen, die den Armen das Brot verweigern, die es aber in den Bach werfen, um ihn trockenen Fußes überqueren zu können. Sie alle trifft die Strafe Gottes, und bei Blitz und Donner müssen sie in die Hölle fahren.

Es hat einmal eine Zeit gegeben, da war Schwarzbrot das ›Bauernbrot‹ und Weißbrot das ›Herrenbrot‹. Und daß es seit Jahrhunderten als Herrenbrot empfunden worden ist, beweist eine Stelle aus der ältesten deutschen Dorfgeschichte, die eine bayerische Dorfgeschichte ist – die Geschichte vom *Meier Helmbrecht* von Wernher Gärtner, der sie im 13. Jahrhundert geschrieben hat. Da sagt Meier Helmbrecht, der seinen Bauernstand verleugnet und der seine Eltern verachtet, der ein adeliges Stutzer- und Ritterleben führen will, es aber nur zu einer verkommenen, verlotterten Raubritterexistenz bringt, zu seinem Vater: »Ich will auch bis an meinen Tod von weißem Mehle essen Brot. Für dich ist Haber nicht zu schlecht.« Der Hochmut und die Schandtaten des Meier Helmbrecht finden aber den verdienten Lohn: Mit seinen Spießgesellen wird er gefangen, neun werden kurzerhand aufgehängt, er als der zehnte wird geblendet; ein Jahr irrt er in großer Not herum, bis ihn die Bauern, die er einmal beraubt und mißhandelt hat, erkennen. Sie zwingen ihn zum »Reu- und Leidmachen« und bringen »Brosemen von der Erden«. Diese »steckte man zur selben Stund dem bösen Helmbrecht in den Mund. Das war ihm eine Steuer zum Schutz für Höllenfeuer«, ehe sie ihn schließlich am nächsten Baum aufgehängt haben.

Die ›Brosemen von der Erden‹ mögen hier als ein Symbol für den Leib Christi gegolten haben, als ›Wegzehrung‹ für seine Reise in die Ewigkeit...

Die niederbayerische Kirchweih

Joseph Schlicht ist ein äußerst zuverlässiger Gewährsmann und Schloßbenefiziat von Steinach unweit Straubing. Was hat er nicht alles aufgezeichnet! Und hätte er es nicht getan – wie viel wäre längst vergessen. Von wie vielen interessanten Dingen, die auf dem Bauernhof einmal gang und gäbe waren, hätten wir heute keine Ahnung mehr. Schlicht erzählt auch von der Kirchweih und ihren Vorbereitungen in Niederbayern aus der Zeit um 1860: »Was vorhergeht, das ist eine Schanzwoche sondergleichen, Schneider, Schuster, Näherinnen klopfen und wichsen [neuhochdeutsch bohnern], nadeln und bügeln, um rechtzeitig in jedes ländliche Haus die Kirchweihgala zu fertigen; wo möglich wird jedes Familienglied vom Kopfe zum Fuß nagelneu gekleidet. Da triffts buchstäblich ein: ›Keine Ruh bei Tag und Nacht‹ und wird in jedem Jahr verzweifelt hinübergenädelt bis zum Kirchweihhochamte. Es ist unglaublich, welch eine Armee von spiegelnden Wadenstiefeln, zierlichen Stiefletten, farbenschimmernden Schürzen, rauschenden Kleidern und reich ausgeputzen Jacken, verschnürten Stutzröcken, altmodisch gegerbten Lederhosen und neumodisch betressten Tuchbeinen ausgetragen wird nach allen Richtungen...« Schlicht nennt nicht nur die Schneider, Schuster und Näherinnen, die bei den Kirchweihvorbereitungen herangezogen werden; er erzählt auch vom Maurer und Tausendkünstler, der für die Kirchweih das Haus auf Hochglanz bringen muß: »Er hat das schadhafte Parkett um den Ofen herum, in der Flöz und auf der Gred auszupflastern; die Küche, Speise, unteren Gelasse und oberen Gemächer, insbesondere den Bauernsalon zu tünchen und, geht's vornehm her, dottergelb und fürtuchblau zu streichen. Die Paradiesvögel in die Fensterschnitte zu pinseln, die Bordüren, Eckblumen und die Deckenrosen zu malen, kurzum, das bayerische Bauernhaus in festwürdigen Stand zu setzen. Am Mittwoch schäumt, zischt und brodelt bereits der tiefe und breite Schmalzsee in der riesigen Pfanne und ist schon die Bäuerin in ihrem vollen Küchenamt. Es werden die Schaitenkücheln aus feinstem Mundmehl, Butter und süssem Rahm gebak-

ken, und zwar eine hübsche Fuhre: die geschulte Bauernküche heißt diesen Fürsten des bayerischen Kirchweihbackwerkes den Walkküchel, der Humor nennt ihn die ›draht Waberl‹, oder gar den ›Schuhfleck‹. Gebacken wird er darum so früh voraus, damit er sich ablagert; denn er gilt alsdann für delikater.«
Demnach sind also Küachl schon am Mittwoch gebacken worden. Aber genaugenommen sind ja die Küachl nur eine Zutat, eine wichtige zwar, aber doch eben nur eine Zutat. Die Hauptsache war die längst ›hergfuadade‹ Sau. Nach Schlicht war der sogenannte ›Saustich‹ am Donnerstag vor dem Kirchweihsonntag; er schreibt: »Indes der Bauer und die Knechte stechen, vierteln und wursten, backen Bäuerin und Dirnen das Kirchweihbrot: es muß an Geschmack und Weiße ein auserlesenes werden, sonst ist Jammer im Hause und macht die Bäuerin ein fuchswildes Gesicht.«
Alle Tage hat Joseph Schlicht genau nach der Arbeit aufgezählt: Am Freitag werden die Stuben und die Schlafkammern geputzt und gestöbert; das machen die Töchter und die Dirnen. Die eigentliche Regel sei zwar, daß die Stube sowie der innere und äußere Flur erst am Samstag gewaschen werden, aber es wäre eben, teilweise jedenfalls, auch schon Brauch, das schon am Freitag zu tun; in diesem Fall »wird Stroh aufgezettelt« also Stroh aufgeschüttet, damit man am Samstag nimmer putzen, sondern nur mehr zusammenkehren muß. »Die Bäuerin backt währenddessen für den hellen Haufen die runden Rotnudeln, deren sie mehrenteils schon am ersten Kirchweihtage anderthalbhundert Stück mit sechs Pfund Schweinernem absetzt.«
Dann ist endlich der Samstag, und damit kommt alle Arbeit erst recht noch zusammen: In aller Frühe ist der Krapfenteig abgeschlagen worden, ohne Maschine eine recht mühsame Arbeit, vor allem bei dieser Menge. Zu dieser Arbeit haben auch die Mannsbilder herhalten müssen. »Darum müssen männliche Arme heran«, erzählt Schlicht, »Baumann und Oberknecht, die nur mit den mannsschändenden Kochlöffeln werken, daß die Quasten ihrer Zipfelhauben baumeln und ihnen der helle Schweiß von den Stirnen perlt.« In den Vormittagsstunden sind auch noch Hühner und Gockerl gestochen, gerupft, geputzt und bratfertig ins frische Wasser gelegt worden. Während alles

gearbeitet hat, sind der Stall gewaschen und der Hof zusammengekehrt worden; auch die ›Tafelmesser‹ haben geschliffen werden müssen. Der Bauer mit seinem Gäuwagerl und seinem ›Rennstutz‹ ist losgefahren, um Kirchweihbier zu holen – »... und da bringt er mindestens einen zweifachen guten Trunk aus den besten Bräukellern des Umlandes... ›Magst ... ain alt's Irlbacher oder ein neues Prinzhöfer?‹ heißt's alsdann in den Kirchweihtagen.« Das war damals ein dunkles Bier, ein ›Helles‹ hat es in den Tagen des Joseph Schlicht noch nicht gegeben. Es war noch so unbekannt, daß es noch nicht einmal eine Schand war, es zu trinken.
Am Kirchweihsamstag ist auch das Kirchweihfahndl zum Kirchturm herausgesteckt worden; daran hat sich bis heut nichts geändert. Kaum eine Stunde später hat es die ersten Kirchweihkrapfen gegeben, frisch aus der Pfanne heraus. Aber nur für die Knechte, die den Teig haben schlagen müssen. Die Weiberleut auf dem Hof haben noch bis in den Nachmittag hinein weiterarbeiten müssen: »Es muß nämlich der zweitägige Futtervorrat bereitgelegt werden und alles, was Geschirr und Gerät ist, muß in blanker Wichse stehen, liegen und hängen: so verlangt es die Hausehre!«
Am Samstag abend hat die ›Kirchnacht‹ schon ihre fette Seit'n gezeigt: »Es gibt Brühsuppe, Schweinernes, abgebräunte Würste, eine umfangreiche Schüssel mit Krapfen und Bier nach Durst. Allein so ohne weiteres ganz und gar faulenzen bei ihrem Trunke dürfen die Knechte denn doch nicht, vielmehr müssen sie das Semmelbrot zu den morgigen Kirchweihknödeln aufschnitteln.« Die Mägde tun bei dieser Arbeit natürlich mit, aber auch sie trinken ihr Bier. Und wenn Schlicht überliefert, es habe schon am Abend des Kirchweihsamstags ›Bier nach Durst‹ gegeben, so hat bestimmt auch der eine oder andere über den Durst getrunken und sich einen beachtlichen und beachteten Kanonenrausch geholt.
Schlicht kennt seine Leut, und er gehört nicht zu den Pfarrern, die glauben, daß das Volk am Kirchweihsonntag nur in die Kirche gegangen ist, um Gott zu loben. Er weiß genau, daß der Gang zum vormittäglichen Hochamt und in die Vesper am frühen Nachmittag, die ›Kirchenparade‹, auch sehr diesseits

menschliche Hintergründe haben kann; denn er erzählt: »Alles geht im nobelsten Staat und hundert gegen eines ist zu wetten, daß unsere bayerischen Bauerndiandln, so andachtsvoll sie auch Rosenkranz und Gebetbuch führen, dennoch von dem einzigen Gedanken beherrscht werden: ›Die Schönste und Schärfste bin heute ich‹. Und die Burschen von ihren Emporen, Gott sei es geklagt! schauen auch zehnmal lieber auf die Mädel als nach dem Pfarrer: es geht nicht gut mit der Andacht in der Kirchweihen, und das nicht etwa bloß in unseren bösen Tagen, sondern schon seit unvordenklichen Zeitläuften. Die verderbliche Tanzgeige läßt sich bereits im Kirchweihhochamte hören...«
Bei seinem Kirchweih-Bericht beschreibt Schlicht übrigens auch die Gäubodentracht; er erlebt ja bereits den Umbruch, und so meint er: »Ein Hauptunterschied ist nun bereits der: ob sie [die Bäuerin] bäuerisch geht oder städtisch. Die Bäuerische trägt den Leibbrustfleck, welcher mit einer goldechten handbreiten Borte durchwirkt ist im Wert von einer Karolin, lediglich nur die Büste kleidet, mit eitel Gold umschimmert und wie ein dreifaches Wams verschleiert... Über die Goldbrust legt sich das Mieder aus gediegenem Atlas und mit reichen echten Borten, die gewiß an die zwei Karolinen kosten; es umspannt Brust und Rücken wie ein blitzender Harnisch. Daran schließt sich abwärts der schwere dauerhafte schafwollene Kittel mit den schwarzweißen Streifen und die himmelblaue Schürze mit dem faustbreiten Saum von Goldborten... Das Kopftuch ist der Bäuerischen wie Städtischen gemeinsam: es ist aus schwarzem Baumwollstoff, in den vier Zipfel geblümt mit einem Rosenstrauß aus Seide, so groß wie ein Katzenkopf und umfangreich bis zu andershalb Ellen, damit es mächtig in die Schultern niederflügelt; es steht nicht unter einem Dukaten im Wert. Darüber wirft dann die ländlich gehende Bayerin, da sie keinen Sonnenschirm trägt, das blendend weiße Haupttuch, welches in den Zipfeln mit dem Namenszuge und allerhand Schnörkelwerkl kunstvoll ausgenadelt ist.«

Nach der Kirche geht es heim, und da biegt sich der Tisch und weiten sich die Mägen: »Der Mittag zeigt uns die bayrische

Kirchweihtafel: sie ist eine großbäuerliche; denn der, bei welchem wir sie schauen, hat einen Bauernhof von zweihundertfünfzig Tagwerken Grund…, acht lebende Kinder…, alle erwachsen und im Haus brauchbar, dazu noch einiges … Gesinde. Als noch jedes Dorf seine gesonderte Kirchweih hatte, da kamen bis zur zwölften Stunde … viele Wägerl voll Kirchtagsgäste aus der weit verzweigten Bauernverwandtschaft. Das erste Höserl brachte nämlich dem jungen Bayern nebst anderweitigen Vorrechten auch dieses, daß es ihn kirchweihfähig machte. Damals nun saßen und tafelten an sämtlichen Tischen groß und klein, Hauspersonen und Kirchweihgäste, vierzig Köpfe; für sie hatte der großbäuerliche Tafelherr geschlachtet einen ganzen Zentner Schweinefleisch, ein vierteldutzend Gänse, doppelt so viele Entenvögel und ein paar Spanferkel, Bier hatte er drei Eimer im Keller.«

Kinder und Gesinde sind im Flöz gesessen, die Gäste und der Hausherr in der Stube. An diesem Tag hat es sogar Porzellanteller gegeben, der Tisch war weiß gedeckt, sogar Servietten waren aufgelegt und Bestecke und Vorleglöffel. Und so war der Speisezettel: »Da sind … die feinen Leberknödel und die Bratwürstln in der Makkaronisuppe. Ihnen folgt das schmackhafte Gansjung mit einer zweiten Auflage von Knödeln. Nach ihnen kommt das Rindfleisch mit Kren in der Fleischsuppe. In ihre Fußstapfen tritt alsdann der Schweinsbraten mit seinem Sauerkraut. Ihn lösen ab die Enten mit Salat. Auf sie kommt das gebackene Huhn mit der eingesottenen Weichsel. Den Schluß macht der Apfelküachl, das Semmelmus, der Schaitenkrapfen und das Schnittel.« Daß die Mägen das alles ausgehalten haben, ist beachtlich!

Daß nach solchen Tafelfreuden das Tanzen nicht nur eine Erholung gewesen ist, sondern fast schon eine Notwendigkeit, wird wohl jedermann einsehen. »Es hebt sonntags allerdings erst nach der Vesper an, aber montags schon gleich nach dem Totenamt für die Verstorbenen, setzt nur mehr zu den Essenstunden aus, und dauert jedesmal bis in die tiefe Mitternacht und sogar noch ein wenig darüber hinaus: Es sind volle vierundzwanzig Stunden, daß die bayerischen Spielleute blasen und das junge Völklein herumrumort.« Schlicht schildert den Kirch-

weihtanz sehr genau: »Da spielen die Musikanten einen sogenannten ›Locktanz‹... Zögern Bursch und Diandl nun doch, so schreit der Spielmeister von der Musikantenbühne frischweg... ›Alloh – was ist's – aufg'stellt!‹ Und jetzt kommen die Paare in Fluß. Die Mädel stehen von der Türe weg nach links und rechts in langen Zeilen und lassen sich zum Tanze nehmen. Solches geht aber nicht so ohne Federlesen: das hat bei den Bayern sein ländliches Zeremoniell.« Im allgemeinen haben natürlich die Burschen die Mädel zum Tanz aufgefordert, »aber selbstbewußte Bayerinnen kehren kurzweg den Stiel auch um. ›So geh, laß mir'n Hund ab!‹ sprach eine Dirn aus dem Aitrachtal.« (Was diese Redensart eigentlich bedeutet, ist nicht mehr zu ergründen, und Schlicht hat sie leider nicht erklärt.) »Der Bursch musterte sie, erspähte einen Schmierflecken an ihr und sagte voll trockenen Spottes: ›Du bist a Dreckamschl, und mit a sölchan mag i net tanz'n.‹« Übrigens hat auch ein Mädel nicht unbedingt mit einem jeden tanzen müssen, der sie aufgefordert hat; auch das überliefert Schlicht: »Ein anderer Bursch aus dem Aitrachland, ein ungekämmter Rüpel und faul gewaschen, vermaß sich und freite die flotteste Näherin zum Kirchweihtanz. Sie war Meisterin in Anzug und Frisur, Worten und Manieren, weltläufig in allen Punkten und die renommierteste Tänzerin. ›Was, du Dreckbär? I kriag an andan Tanza als du bist‹, fauchte sie ihm entgegen und kehrte ihm tödlich beleidigt den Rücken. ›Jawohl‹, spottete die Näherin und setzt ihre Fäuste in die Hüften, ›an Schönern kriag i scho als du bist. Du sollst'n Hilarion zum Namenspatron hab'n, vo dem steht in der Legend, daß er si a in seim ganzn Leb'n net abg'waschen hat‹.«
Der Herr Benefiziat überliefert uns auch, was und wie zu seiner Zeit auf einer niederbayerischen Kirchweih getanzt worden ist: »Sie tanzen den ›bayrischen Walzer‹, den sie gewöhnlich den ›Rundum‹ taufen und noch lieber das ›Bauernmadel‹. Es geht davon aus, daß dreißig Paare auf dem Tanzboden sind, da tanzen nun allemal zehn Paare, die abwechslungsweise ein- und austreten: dabei kommt das Paar dreimal zum tanzen; sind's dreißig Paare, so spielen ihnen die Musikanten schon drei Viertelstunden. Den Tanz zahlt natürlich der Bursch und zwar vom Dreiviertelstündigen Walzer einen Groschen, den der

Spielmeister vorausgezahlt von Paar zu Paar einsammelt. Der Haupttänzer amtiert als der ›Aushalter‹: er hat nach Umfluß des Groschentanzes die walzenden Paare zu sperren. Das tut er dadurch, daß er seine breiten Hände lärmend zusammenklatscht und den ersten Tänzer zum Stehen bringt; dafür bezieht er einen eigenen Sold von den Spielleuten, es ist der Aushalter gewöhnlich ein Bursch, der ehemals selbst aufs flotteste getanzt hat... Will nun der bayrische Bauernbursch diese einförmigen Groschentänze abwechseln oder, um es gerade herauszusagen, sich mit seinen Talern groß machen, dann fängt er auf dem Tanzboden das sogenannte ›Einstechen‹ an. Er sticht nämlich in seine Hosentasche um einen Doppelgulden, den wirft er den Musikanten hin, legt den Arm um seinen Schatz und tanzt mit ihm ganz allein den vollen Rundum. Eine Tanzsperre, gegen welche sich alsbald die andern börsenmatten Burschen tumultuarisch erheben; zufriedener ist damit freilich der Aushalter, welcher vom Einstecher nobel honoriert wird...«
Die Jungen tanzen, und die Alten sind daheimgeblieben, die Mannsbilder haben Karten gespielt. Am Nachmittag hat es um drei Uhr eine Brotzeit gegeben: Sulzen und Schaitenkrapfen. Am Abend hat sich der Tisch wieder gebogen: Schweinsknöcheln mit Brühe, Schweinsbraten mit Sauerkraut, kalte Hendln mit Endivie, Enten mit eingesottener Weichsel, Semmelmus, Schnitten, Apfelküacheln und Weinmus.
Am Kirchweihmontag ist's auch nicht magerer hergegangen, die Tische sind nicht leerer gewesen. Aber eine Besonderheit muß doch noch genannt werden: Die Musikanten haben am Kirchweihmontag in der Früh das Dorf abgespielt, indem sie von Haus zu Haus gegangen sind. Sie kommen »mittags zu unserem Großbäuerlichen Hausherrn, stellen sich im Hof auf und blasen ihre vier schönsten Tänze. Der Hausherr ... tritt unter sein junges Hofvolk ins Flöz hinaus und erteilt die Tanzlizenz... Nachdem nun der Hausherr den Spielleuten einen blanken Gulden und eine frische Maß Bier gegeben..., die Hausfrau ihnen ... Krapfen verabreicht hat, ziehen sie ab ins Wirtshaus: Tänzer und Tänzerinnen aus dem Hofe zum Nachmittage einladend...« Da ist dann der Tanzboden so voll, wie er am Tag zuvor schon gewesen ist..

Wenn die von Joseph Schlicht geschilderte Kirchweih vom reichen Gäuboden nicht auf jedes Gebiet in Altbayern übertragen werden kann – im Grunde ist sie so oder ähnlich überall abgelaufen. Wie aber so eine Kirchweih ausklingt, erzählt Franziska Hager für den Chiemgau; es muß nicht überall und immer so gewesen sein, aber auch davon soll hier berichtet werden: »Eine Maß nach der anderen soll die Brände löschen. Sie sind aber nur Öl auf das Feuer. Und im Handumdrehen schießt auch die erste Stichflamme hoch: ›Aushalten!‹ donnert eine Stimme in den Saal. ›A Freitanz für d'Weibhausa! Weil mir oan zahlt ham!‹ – Da fliegt von den Voitseckern eine ganze Handvoll Markstückl dem Bombardon in den blechernen Schlund...« Und dann – ich will's kurz machen –: die Folge jedenfalls ist eine riesige Rauferei: »... und schon gehts auf. Der bluatige Kirta ist in vollem Gang. Wenn alles vorbei ist, kommt der Dorfbader mit dem Pflasterkasten... Die Musikanten blasen den Nausschmeisser..., der Hausl überstreut die Blutlacken auf dem Tanzboden mit Sägleim« als würdigen Abschluß für eine anständige Kirchweih.
Weniger gefährlich, aber auch nicht ganz harmlos war die Kirtahutschn. An so manchem Ort kommt sie ja wieder zu neuen Ehren – ein langes starkes Bohlenbrett, gut fünf bis sechs Meter lang, ist an beiden Enden an Ketten aufgehängt. Die Ketten wieder sind an einem Tragbalken im Tennenboden befestigt. Nun wird nicht quer mit dem langen Brett geschaukelt wie bei einer gewöhnlichen Hutschn, sondern der Länge nach. Den Schwung dazu geben zwei Burschen, die an den Ketten an den beiden Enden des Bretts stehen, und die Kinder und Mädchen, die auf dem Brett sitzen, sind diesen beiden Burschen ausgeliefert. Dabei kann die Schaukel einen solchen Schwung kriegen, daß sie bis unter die Tragbalken fliegt. Schon vom bloßen Umschauen muß man da den Kopf einziehen.

Früher einmal – je nach Gegend bis herauf in die zwanziger Jahre – haben zur Kirchweih die Märkte gehört. Vor allem bei den Patrozinien, denn die Fieranten sind von einem Patrozinium zum andern, von einer Ortskirchweih zur nächsten gezogen. Diese Märkte, diese Dulten, mit ihren Ständen rund um die

Kirche waren noch um 1900 ganz allgemein üblich. Franziska Hager erzählt auch von den Kirtamärkten ihrer Kindheit, also in der Zeit um 1880. Was ganz Besonderes müssen die ›Roßwürscht‹ gewesen sein, also Würste vom Roßmetzger; sie sind ihr am nachhaltigsten in Erinnerung: »Aufgeringelt lag die geräucherte War neben dem dampfenden Wurstkessel.« Dann hat es Stände gegeben, die man heut auf einer Dult vergeblich sucht, die aber auf einer alten Kirtadult ganz selbstverständlich gewesen sind: Neben dem Stand des Sattlers, des Seilers, Huterers, der Schmiede und der Zuckerbäcker hat es Musik- und Tanzbühnen gegeben. Und der Zuckerbäcker hat sicher nicht nur Lebkuchen verkauft, sondern auch Met. Aber um noch einmal auf die Musik- und Tanzbühne zurückzukommen. »An die Spielleute, es waren meist die Kleinhäusler aus dem Dorf, erinnern noch Hausnamen, die aber auch immer mehr in Vergessenheit geraten. Sie hießen ›zum Geiger, zum Spieler, zum Tanzer, zum Pfeifer‹. In Raitenhaslach gab es ein ›Tanzergütl‹ und ein ›Spielergut‹, in Laufen eine Tanzstatt, in der Riederinger Au ein Tanzmeisterhaus, in Eisenärzt ein Anwesen ›zum Tanzhauser‹.«

Der Kirtamarkt ist weitgehend verschwunden, und wo es noch einen bescheidenen Markt zu Kirchweih gibt, da ist er recht verkümmert, und das Angebot ist recht zweifelhaft. Verschwunden ist mit den Dulten das Ringelstechen, geblieben ist der Schießstand, geblieben ist auch das mit Zuckerguß gespritzte Lebkuchenherz. Verschwunden ist auch der Wachsstock, den der Bursch seinem Dirndl geschenkt hat, und verschwunden ist der Brauch, daß das Deandl seinem Burschen einen Rosmarinzweig auf den Hut gesteckt hat.

Verschwunden ist wohl auch ein Brauch, den es zumindest im Chiemgau gegeben hat: Der Bursch hat seinem Deandl ein Stranizl voll Haselnüsse gekauft und ein paar Semmeln. Hat sie dann fest zugegriffen und gar das, was sie nicht hat essen können, eingesteckt, dann war das ein gutes Zeichen. Diese Semmeln und Haselnüsse waren vereinzelt aber auch eine Art Probe: Hat sie nicht zugegriffen, dann war von seiner Seite alle Liebesmüh vergebens – sie hat von ihm gar nichts wissen wollen oder sie war gar ›harb‹ auf ihn.

Die Kirchweih ist – wie schon erwähnt – am Samstagmittag eingeläutet worden, und wie schon im Mittelalter ist die sogenannte Marktfahne gehißt worden als Zeichen der Markthoheit. An diese Fahne erinnert heute noch das Kirtafahndl, der ›Zachäus‹. Die Marktfahne und später dann das Kirchweihfahndl hat eine sichtbare Warnung bedeutet: Die Aufforderung nämlich, den Landfrieden zu wahren. Damals waren noch handfeste Raufereien Brauch, deshalb hat das Marktfahndl sogar im Bayerischen Landrecht Eingang gefunden. »Wir ordnen und wöllen, daß vüran bei allen Versammlungen des Volks mit ganzem Ernst Fried zu halten geboten [ist], auch das zu einem Anzeigen von Stund an ein Fähnlein öffentlich aufgesteckt werden, dabei ein jeder den Fried erkennen und sich deshalben der Unwissenheit nit entschuldigen möge...« Aber ein handfestes Raufats hat auch der Zachäus nicht verhindern können – an Kirchweih nicht, und bei anderen Gelegenheiten schon gleich gar nicht.

Vom Ochsenritt in Bichl und vom Glockenlaufen in Benediktbeuern

Es hat einmal Zeiten gegeben, in denen dem Menschen die länger werdenden Nächte unheimlich waren, eine Zeit, in der man sich vor bösen Einflüssen, vor bösen Geistern gefürchtet hat. Um sich dagegen zu wehren, hat man versucht, mit Lärm sich selber Mut und all den bösen Geistern Angst zu machen – mit Schießen, mit Glockenläuten und Peitschenknallen. So ist es auch kein Zufall gewesen, daß noch um 1955 in Froschhausen am Riegsee Burschen mit langen Peitschen zur Kirchweih ›geschnöllt‹ haben; jeder Peitschenzug war wie ein Gewehrschuß, genauso wie die Tölzer am Leonhardstag oder Buben im Bayerischen Wald zu Martini beim Wolfsaustreiben, so zum Beispiel in Rinchnach...

In Bichl hat der Gemeindehirt den Sommer über das Vieh der Bauern auf der Gemeindealm und im frühen Herbst dann herunten auf den Weiden rund um das Dorf gehütet. Der ›Gmoahirt‹ zieht damals Tag für Tag mit dem Vieh hinaus vor das Dorf, bis der ›Zachäus‹ vom Kirchturm flattert. Vom Kirchweihsamstag an muß dann jeder Bauer auf sein Vieh selber aufpassen.

Der Kirchweihsonntag war in Bichl einmal der große Tag für die Buben – war deshalb, weil der berühmte Bichler Ochsenritt zum letztenmal 1956 stattgefunden hat. Wohl aus Mangel an Ochsen ist er eingegangen, denn sie braucht man ja im Zeitalter der Traktoren nicht mehr. Es ist schade um diesen Brauch, weil der Ochsenritt in seiner Einfachheit und in seiner Bescheidenheit zu den echtesten und liebenswertesten Bräuchen gezählt hat. 1950 habe ich ihn zum erstenmal erlebt, und wenige Tage später habe ich mir meine Aufzeichnungen gemacht.

Lange Wochen vorher haben es die Buben schon ganz wichtig, denn es ist noch gar nicht sicher, wer überhaupt mittun darf und wer nicht. Denn es hat immer mehr Buben als Ochsen gegeben. Auch das mit dem Reiten ist so eine Sache gewesen. Der Name Ochsenritt ist nämlich etwas irreführend, denn wirklich geritten sind da nur drei Buben. Die anderen haben ihre

Ochsen führen müssen. Das größte Gerangel hat sich immer um den letzten ›Reiter‹ entsponnen, denn nach den festen Spielregeln hat derjenige, der den letzten Ochsen reitet, im nächsten Jahr den mittleren und wieder ein Jahr später den ersten reiten dürfen. Das war so Sitte, da braucht es keine weitere Wahl – die ›Beförderung‹ ist selbst dem Letzten sicher.
Den Anspruch auf den letzten Ochsen hat seinerzeit offiziell der, der auf die längste Beteiligung am ›Ochsenritt‹ zurückblikken kann. Aber das sind halt meist mehrere, und ich hab mir erzählen lassen, daß die Rivalen nicht immer die einwandfreiesten Mittel anwenden, um dieses Ziel zu erreichen. Wenn es gut geht, losen diese Lausbuben – Kopf oder Zahl. Aber was dabei herauskommt, ist in keiner Weise entscheidend. Einige Tage später losen sie von neuem und vielleicht noch einmal, und am Ende gelten halt dann doch das Recht des Stärkeren oder, wie im Leben allzuoft, die Beziehungen. Man weiß also oft bis zum Tag zuvor nicht, wer den letzten Ochsen reiten darf. Aber nicht nur die Wahl des letzten Reiters beschäftigt die Gemüter. Es geht auch um die Reihenfolge der ersten bis zur letzten ›Speis'n‹ – das sind die aus Glockenspeise gegossenen Glocken – und um die Reihenfolge der ersten bis zur letzten ›Haf'n‹, wie die aus Kupferblech geschmiedeten Glocken genannt werden. Es gibt darüber hinaus aber auch noch andere Sorgen: Schließlich muß jeder Bub mit einem Bauern verhandeln, um überhaupt einen Ochsen zu bekommen. Das ist mit viel Zeit und einigen Aufregungen verbunden – es könnten einem andere ja zuvor – oder dazwischenkommen.
Die Unterhandlungen mit den Bauern sind geführt, ein ›Ochsenleihvertrag‹ ist besprochen und abgeschlossen worden. Mündlich versteht sich und, wie unter den Alten, per Handschlag. Dann geht's um Glocken: Sie werden bis aus der Gegend von Antdorf und Tölz zusammengetragen, muß doch – so will es der Brauch – die entsprechende Zahl von ›Haf'n und ›Speis'n‹ vorhanden sein, halb zu halb, und die größten und schönsten in der weiten Umgebung müssen es sein. Dann werden Kronawittstecken, also Wacholderstecken, seit Tagen mit Weidenruten fünffach, sechsfach, ja achtfach umflochten, begutachtet, verworfen, von neuem geflochten – bis sie endlich

OCHSENRITT
BICHL

schön genug sind. (Es sind übrigens die gleichen Stecken oder Ruten, mit denen sich bis zum Ersten Weltkrieg die Rekruten haben photographieren lassen.) Von den Buben will natürlich jeder den größten und schönsten Kronawittstecken haben. Schließlich zerren schon Tage vorher die Knirpse die Ochsen an Stricken um die Häuser herum; es will ja schließlich geübt sein, wenn sie am Kirchweihsonntag und -montag Schritt halten und die Tiere dirigieren sollen.

War das Vorangegangene nur ein Vorspiel, so soll also jetzt das große Ereignis steigen, das die Jüngsten mit einem solchen Eifer vorbereitet haben. Alle helfen zusammen, die Tiere noch einmal zu ›bügeln‹, zu striegeln. Die Buben sind mit hochroten Köpfen bei der Sache. Dann geht es hinaus aus dem Stall, durchs Dorf und vorbei an den Weiden und Feldern auf der Straße Richtung Penzberg zum Galgenbichl, wo sich die Buben und die Ochsen zum Zug formieren. Für die drei Reiter heißt es nun ›aufgesessen!‹ Die Ochsen und die Buben stehen zum Zug formiert auf der Straße Richtung Bichl: Der Reiter der ersten Speis, ein Bub im weißen Hemd, einer dunkelgrünen Joppe, den mit einem roten Nagerl gezierten grünen Velourhut auf dem rechten Ohr, schwingt mit einem lauten Juchitzer seinen Kronawittstecken über dem Kopf – die zwölf Ochsen mit den Speisglocken trotten hinterdrein. Dann folgt der Reiter mit der ersten ›Haf'n‹, und hinter ihm zotteln die Ochsen mit den Kupferblechglocken; den Abschluß des Zugs bildet der ›Nachtreiber‹, auch er reitet. Alle anderen Buben müssen ihre Ochsen führen. Sie alle juchzen und schwingen ihre Stecken, die Kuhglocken läuten, und die Blechglocken kollern und scheppern. So nähert sich der Zug dem Dorf.

Die Bauern verfolgen dieses Schauspiel mit Freuden. Manch einer erinnert sich wohl an seine eigene Jugend, als auch er mitgemacht hat, als es noch bedeutend mehr Ochsen im Dorf gegeben hat und wo es genau so zugegangen ist wie jetzt. Das heißt, um der Wahrheit willen sei es gesagt, nicht ganz genauso, und mit Schmunzeln meint ein alter Bichler: »Früher, wenn ma mit'n Reit'n ferti war'n, na hama Nudln und an Schnaps kriagt, und na hama Räusch' hoambracht, daß der Lehra mit uns am nächst'n Tag in der Schul no sei Kreiz gehabt hat. – Des gibt's

heit nimma.« Und wie der gleiche Alte nach dem Ritt an einer Bank vorbei kommt, auf der einige dieser Lausbuben sitzen, meint er: »Was hockts denn so dasi da? Wia mia so alt warn wia ös, da hamma um die Zeit scho längst an Mordsrausch g'habt.« Unter den Zurufen der Alten und den guten Ratschlägen der Altersgenossen führen die Buben die Ochsen zweimal durch das Dorf. Manch einer wird allerdings auch von seinem Ochsen geführt, der dann mit etwas herablassendem Blick letztlich doch noch das Richtige tut – vielleicht, weil er sich an dieses Fest vom vorigen Jahr erinnern und schließlich auf eine langjährige Erfahrung zurückblicken kann.
Die Buben juchzen und schreien, hell klingen die Speis'n, dumpf rollen die Haf'n, und wohlwollend lachen und schmunzeln die alten Bichler. Die kleinen Buben werden um einen halben Kopf größer vor Stolz über die anerkennenden Zurufe. Der einzige, der hie und da eine Einschränkung macht und eine kritische Bemerkung hinmault, ist der Gemeindehirt, ein untersetzter älterer Mann mit einem leicht ausladenden Schnurrbart. Kritisch schaut er dem Zug zu, hat am Kopfschmuck eines Ochsen etwas auszusetzen oder stellt fest, daß die Schließe eines Glockengurtes links ist statt, wie es sich gehört, rechts. Er zieht an seiner langen Pfeife und meint etwas ergeben: »Awa da kost red'n wast magst, dös wiss'n de allsam bessa. I wollt' eahna scho amal de Ochs'n richti z'sammstell'n, awa i duas nimma, de lass'n si do nix eired'n.«
Der Ochsenritt ist längst ein Stück Vergangenheit – aber ich muß jedesmal an diesen Brauch denken, wenn ich an dem Haus vorbeifahre, an dem 1956 zum letztenmal der Ochs mit der ersten Speis aus dem Stall geführt worden ist. Aus dem Kuhstall ist längst schon ein Restaurant geworden, mit einem echt italienischen Namen...

Die Bichler Buben haben früher auf ihre Altersgenossen in Benediktbeuern etwas mitleidig heruntergeschaut, wenn sich diese am Vorabend von Kirchweih selber die ›Haf'n‹ umgehängt haben und durch das Dorf gelaufen sind. »D'Beierer macha eahnane Ochsen selba«, haben sie damals geringschätzig gesagt. Während aber der Ochsenritt verschwunden ist, hat sich das Glockenlaufen erhalten. Wer den Start der Buben miterleben will, muß am Kirchweihsamstag, bei Einbruch der Dunkelheit, in Benediktbeuern sein. Dann darf man die Buben nicht mehr aus den Augen lassen. Wann das Laufen beginnt, weiß nämlich niemand genau zu sagen, und die Erwachsenen nehmen es erst gar nicht zur Kenntnis; sie schauen nicht einmal zu. Klar ist nur eines: Das Laufen beginnt nach Einbruch der Dunkelheit. Auf einmal, ohne ein sichtbares oder ein hörbares Zeichen, läuft die ganze Horde, wohl an die fünzig Buben, im oberen Dorf los. Wie die Wilden rennen sie, jeder hat eine geschmiedete Kuhglocke umgehängt, die bei jedem Schritt kollert. Dazu ertönt ein wahres Indianergeheul. So laufen die Buben runter bis zum Kloster und wieder zurück. Der Zug zieht sich immer mehr auseinander, weil den kleineren halt bald die Luft ausgeht. Beim Bäcker Lugauer trommeln die Buben an die Fensterläden, bis er die Fenster aufmacht und Semmeln herauswirft – trockene Semmeln, um die sich die Buben auf der Straße balgen. Der Höhepunkt aber ist der Besuch im Wirtshaus, denn da gibt es Bier – in Maßen zwar, aber sie kriegen eines. Das Schönste am ganzen Laufen ist, wenn abschließend der Maßkrug kreist – als ob die Saububen schon Erwachsene wären.

Allerseelen

Es ist noch gar nicht so lange her, da war der Allerseelentag in den katholischen Gegenden unseres Landes wenigstens noch ein halber Feiertag; heutzutage ist er längst zum gewöhnlichen Werktag geworden. Das ist ja auch der Grund, warum sich all die Bräuche, die den Totengedenken gewidmet sind, nun auf den vorhergehenden Tag verlagert haben – auf Allerheiligen. Dabei ist Allerheiligen eigentlich ein großer, freudiger Gedenktag für all die Heiligen, denen kein eigener Tag im Kalender gewidmet ist. So hat zum Beispiel der Prinzregent Luitpold von Bayern seinen Namenstag immer am Allerheiligentag gefeiert. An diese Bestimmung des Allerheiligentages denken sicher viele nicht, wenn sie auf den Friedhof gehen.

Allerseelen ist ein Gedenktag für die Verstorbenen. Spricht man vom Totenbrauch, begegnet einem in katholischen Gegenden immer wieder der Begriff der ›Armen Seelen‹, für die die Lebenden beten und bitten. So finden wir gerade hier immer wieder Bräuche, die zur Fürbitte für die Armen Seelen auffordern – man denke an die Totenbretter, die Totengedenkbretter, die an die Armen Seelen im Fegefeuer erinnern, oder an das Sterbebild. Auch sie an den Küchenkasten gesteckt oder ins Gebetbüchl gelegt, mahnen zu einem Fürbittgebet für den Verstorbenen. Sterbebilder kennt man in evangelischen Gebieten nicht, weil man das Fürbittgebet nicht kennt – zumindest nicht in der Form und in der Gedankenverbindung wie in der katholischen Tradition.

Zu dieser Vorstellungswelt gehören auch das Weihwasser an den Gräbern oder die sogenannten Armenseelenlichter. Letzterem verwandt sind die steinernen Lichtsäulen, die man vereinzelt auf ganz alten, meist schon aufgelassenen Friedhöfen in den Städten noch finden kann. Im hohen Mittelalter hat es diese ›Armeseelen-Leuchter‹ wohl auf den meisten Friedhöfen gegeben. Als dann, vor allem im 16. Jahrhundert, diese Form von Lichterbrauch verschwindet und diese Bildsäulen nach und nach abgebrochen werden und als man sie vereinzelt als Bildstock irgendwo wieder aufstellt, war der Brauch, für die Armen

Seelen der Verstorbenen Lichter aufzustellen, vom Volk längst übernommen worden. Dabei darf man aber nicht nur an die Lichter auf den Gräbern denken – hierher gehören auch der Rosenkranz am Allerseelentag, der, vereinzelt zwar, noch in der Stube unter dem Herrgottswinkel gebetet wird und während dem die Pfenninglichtl brennen, für jeden Verstorbenen der Familie eines.

Im Gedenken an die Armen Seelen sind auch Almosen gespendet worden, und der Dank »Vergelt's Gott für die Armen Seelen« hatte darin seinen Grund. Doch bereits bei Joseph Schlicht ist verhaltene Kritik an einem Brauch erkennbar, wenn er schreibt: »Was sich arm glaubt, lauft an diesen drei Tagen, um den sogenannten ›Seelenspitzen‹.« Drei Tage sind sie darum gelaufen, nämlich am Wolfgangstage, dem 31. Oktober, an Allerheiligen und an Allerseelen. Der Seelenspitz, »das ist ein Spitzlaibl aus Roggenmehl und mit Kümmel gewürzt. Die Bäuerin hat acht Schilling ausgebacken, zu dreißig Stück den Schilling, und sie darf sich nicht sorgen: am Tag Allerseelen ist sie dieselben los. Schon am Wolfgangstage kommt Kirm an Kirm vor die Haustüre, und unausgesetzt schallts: ›Tat enk halt a bittn um an Seelenspitzn! Bitt enk gar schön!‹ Das Spitzl in Empfang genommen, in die Kirm (in den Korb, den sie auf den Rücken tragen) zurückgeschleudert, ›Vergeltsgott!‹ und wiederum hastig davon. Das Vaterunser, auf das sonst der Bayer beim Bettelmann streng hält, ist beim Seelenspitzen nicht im Brauch ... jedoch der katholische bayerische Geltsgott muß gesagt werden: er gehört den Armen Seelen, eben auf diese Pflicht gründet sich ja der Seelenspitzen als Recht. Er wird freilich auch, wie so vieles andere, vom Mißbrauche tüchtig ausgenützt und der schalkhafte Volkshumor hat aus diesem Grund den Allerseelentag ›das große Kirmrennen‹ getauft.«

Das Totengedenken im November hat ehedem am Abend des Allerheiligentages begonnen. Am Nachmittag hocken die Bauern noch im Wirtshaus. Es ist eine frühe, düstere, dunkle Novembernacht, und Schlicht erzählt: »Es schlägt sechs Uhr und horch! sofort ertönen die vier sämtlichen Glocken des Pfarrkirchenturms und läuten in drei Absätzen eine ganze Stunde in Nacht und Land hinaus. An jedem andern Tag würde beim Glockenschall in so ungewohnter Nachtstunde das Dorfvolk erschreckt aus den Häusern stürzen und atemlos fragen: ›Wo brinnts denn?‹ Am Allerseelenabend nicht, vom gerechten und barmherzigen Gott entzündet, die peinvolle Flamme lodert, aus welcher ein Vater, eine Mutter, ein Kind, ein Verwandtes um Hilfe ruft. Darum, sowie die Glocken ihr vierstimmiges ehernes Mahnwort anheben, schlägt der bayerische Dorfwirt das Faß zu, räumt seine Zechstube aus und sperrt die Türe: die Allerseelenstunden ist zu heilig, auch die leichtsinnigsten Vögel müssen heute um die frühe Zeit nach Hause.«

Das Gebet für die Verstorbenen, für die Armen Seelen im Fegfeuer, daheim in der Bauernstube war besonders eindrucksvoll – ich habe selbst solche Rosenkränze noch erlebt. Die Armen Seelen sollten ja im Fegefeuer rein gebrannt werden, auf daß sie geläutert in den Himmel zur ewigen Glückseligkeit kommen. Schon am Lichtmeßtag hat die Bäuerin viele, viele ›Pfenniglichtl‹, ›Pfennigkerzl‹, in einem mit einem Tuch ausgeschlagenen Korb in die Kirche getragen, um sie weihen zu lassen. Sie alle hat man bei einem Rosenkranz für die Verstorbenen, für die Armen Seelen im Fegfeuer, entzündet. Aber lesen wir auch das bei Joseph Schlicht nach: »Da hat nämlich die sorgsame Mutter schon am Lichtmeßtag ungezählt viele Pfennigkerzlein zur Wachsweihe tragen lassen. Dieselben werden nun in den achttägigen Seelenrosenkränzen, damit sie nicht Stuhl, Tisch und Bank einbrennen, auf einem langen Spane aufgesteckt und angezündet. Wie das leuchtet, flammenzüngelt, raucht, herunterbrennt, umfällt und auslöscht! Zu diesem kindlichen Schauspiele fehlt kein Knabe und die Mägdlein noch weniger. Man hat's der kleinen Welt natürlich wiederholt eingeschärft: ›Nicht das Kerzl ist die Hauptsache, sondern die arme Seele!‹ Allein wie soll's helfen? Das Lichtlein läßt sich eben anschauen, an die arme Seele muß man denken; das flatternde Kerzl nimmt den flatternden Sinn gefangen...«

Es hat eben einmal eine Zeit gegeben, in der man dem Tod unbefangen und unverkrampft begegnet ist. Einem Memento mori sind unsere Urgroßeltern nicht so verlegen ausgewichen wie wir heute. Und eine Form des Gedenkens, wie es der

90. Psalm lehrt: »Herr lehre uns bedenken, daß wir sterben müssen, auf daß wir klug werden«, war ihnen eine Selbstverständlichkeit – sind sie doch dem Tod bei jedem Kirchgang begegnet, wenn sie der Weg vorbei am Beinhaus geführt hat. Diese Schädelstätte sollte den Kirchgänger an seine eigene Vergänglichkeit erinnern. Der Friedhof war ja Jahrhunderte lang bei der Kirche, um die Kirche herum. So war jeder Besuch des Gotteshauses mit diesem Memento mori, mit dieser Erinnerung an den Tod verbunden. Erst in unserer Zeit sind auch in den Dörfern die Friedhöfe an den Ortsrand hinausverlegt und damit Kirche und Friedhof getrennt worden. Diese immerwährende Erinnerung an den eigenen Tod hat für unsere Vorfahren nichts Erschreckendes gehabt – nicht einmal der Anblick eines Totenschädels. Zwei Beispiele dafür kann ich aus eigenem Erleben beisteuern: Im Herbst 1984 bin ich mit dem Schreinermeister Wieland über den alten Friedhof von Flintsbach gegangen, der um die Kirche liegt und voll ist von schmiedeeisernen Kreuzen, die hier zusammengetragen, hergerichtet und wieder aufgestellt sind, um an die Verstorbenen alter Familien der Gemeinde zu erinnern. Diese Familien betreuen auch jeweils so ein schmiedeeisernes Kreuz. Wir sind vor eine Nische an der Kirche gekommen, in der ein Schädel gelegen ist. Da hat dann der Schreinermeister gesagt: »Den hab i no kennt, mit dem bin i in d'Schul ganga.« Und in Percha am Starnberger See hat ein alter Schmied gelebt (er ist vor einigen Jahren gestorben), der hat in seiner Schmiede ein verrußtes Kastl gehabt, in dem der Schädel seines alten Meisters aufbewahrt war. In die Augenhöhlen hat er ihm sogar zwei Glasaugen gelegt. Und immer, wenn er ein besonders schönes Stück geschmiedet hat, dann hat er das Türl aufgemacht und seinem alten »Moasta« das Meisterstück gezeigt. Das mag jetzt zehn, fünfzehn Jahre her sein.
Wenn ich von Schädelkult in altbairischen Landen und im angrenzenden Salzburgischen und in Tirol erzähle, dann fällt mir immer eine Geschichte ein, die einmal Marie Andree-Eysn aufgeschrieben hat. Sie war eine beachtenswerte Volkskundlerin und ist um die Jahrhundertwende viel im bayrisch-österreichischen Alpengebiet gewandert, und was sie dann veröffentlicht hat, hat sie folgerichtig *Volkskundliches aus dem bayrisch-*

österreichischen Alpengebiet geheißen. (Das Buch ist 1910 erschienen.) Marie Andree-Eysn kommt auf ihrer Wanderung auch nach Hallstatt am Hallstätter-See. Hallstatt ist berühmt durch seine prähistorischen Gräberfunde und durch sein Ossuarium, sein Beinhaus. 1897 sind hier über viertausend Schädel verwahrt worden, und zweihundert davon waren reich bemalt mit Kränzen und mit Ranken, auf die Stirne geschrieben der Name, das Geburts- und das Sterbejahr. Es hat diese Beinhäuser in nahezu jedem Ort gegeben, und sie sind für die Aufbewahrung der Totenschädel errichtet worden. Bei Neubelegung eines Grabes hat man ehdem den Schädel herausgenommen, die übrigen Skelett-Teile aber im Grab gelassen. In manchen Gegenden hat man auch sie herausgenommen und in einem großen Karner beigesetzt. In Chammünster bei Cham, dem größten erhaltenen Beinhaus in Bayern, ist das Untergeschoß hoch aufgefüllt mit Gebeinen, in der Mitte ein schmaler Gang, weit über mannstief führt er durch diese dürren Reste menschlichen Daseins. So ist es auch in der Agnes-Bernauer-Kapelle auf dem Petersfriedhof bei Straubing oder in Greding im Altmühltal. Nach frühestens sieben Jahren, manchmal auch erst nach zwanzig (je nach Notwendigkeit oder je nach den Bodenverhältnissen) hat man den Schädel aus dem Grab genommen, um ihn im Beinhaus zu verwahren. Bemalt aber wurde er nur dann, wenn es der Verstorbene ausdrücklich gewünscht hat. Auch gibt es keine entsprechenden Vorschriften: Da gibt es solche, die nur ganz einfach mit den Initialen, mit den Anfangsbuchstaben des Namens beschriftet sind; andere wieder sind reichbemalt mit Blumenkränzen, mit blühenden Rosen; wieder andere tragen den vollen Namen, manchmal ergänzt durch den Hausnamen: »Franz Dichtner, Schmidsohn von Mayerhofen« zum Beispiel. Meist ist auch das Sterbealter angegeben, manchmal auch das Geburts- und das Todesjahr. Hin und wieder wird auch der Familienstand des Verstorbenen daraufgeschrieben – ledig oder verheiratet, »Jungfrau« oder »ehrengeachteter Jüngling« – wobei der ehrengeachtete Jüngling durchaus nicht mehr jung zu sein braucht: die Bezeichnung sollte lediglich ausdrücken, daß der Verstorbene ledig gewesen ist. Und Marie Andree-Eysn schreibt unter anderem: »Einen unvergeßlichen

BEI TEISENDORF
R.I.P.
RIP
RIP.
RIP
R.I.P.
RIP.
BEI KÖTZTING

Eindruck machte mir der Inhalt des Beinhauses zu Eggelsberg im oberösterreichischen Innviertel. Es war ein sonniger Junitag, und eine Flut von Licht fiel durch das breite Fenster auf nahezu 100 weiß überstrichene Schädel mit goldenen Kränzen bemalt, die Augenhöhlen aber tief grün mit breitem, goldenen Rande. Jeder war einzeln auf einem kleinen hölzernen Ständer angebracht, so daß sie gleichmäßig, Reihe für Reihe, glänzend und flimmernd gegen den Beschauer gerichtet sind... Ich fand sie auch zu Überackern an der unteren Salzach und an einigen Orten vereinzelt im oberösterreichischen Innviertel, manchmal war auch der ganze Schädel mit Silberfarbe überzogen, und die Schrift schwarz drauf gemalt...« Es ist eine lange Liste – sie erzählt von Oberösterreich, vom Salzburger und vom Berchtesgadener Land, vom Isarwinkel, vom Chiemgau; bis nach Dingolfing führt sie der Weg, ja bis in die Schweiz: »In dem Beinhaus von Emmeten (Schweiz) machen die Familien die Schädel ihrer Angehörigen durch Bänder oder dergleichen kenntlich, in jenem des Kreises Disentis (Graubünden) bezeichnen sie dieselben mit den Hausmarken. Selbst die Wappen der Geschlechter findet man auf Schädeln, so im Beinhaus von St. Veit bei Neumarkt an der Rott, Niederbayern.«

Nach und nach ändert sich das Bild der Friedhöfe – auf dem Land deutlicher als in den großen Städten; hier hat eine Konfektions-Grabmalkunst Eingang gefunden, die die alten Grabkreuze und -steine verdrängt. Mit ihnen verschwinden auch die Porzellan-Medaillons, auf die die Photographien der Verstorbenen aufgebrannt sind: Die gefallenen jungen Burschen des Ersten Weltkrieges, die gesetzten Mannder, die Bauern und die Bäuerinnen. Vor Jahren hat es diese Bilder noch sehr zahlreich gegeben, heute muß man sie suchen, so selten sind sie geworden. Nicht nur die Steine samt den Bildern verschwinden, sondern die Bilder werden von den Steinen abgesprengt, und man findet sie wieder auf dem Trödlmarkt, denn auch diese Bilder haben bereits ihren Marktwert. Diese Sitte, Bilder auf dem Grabstein anzubringen, ist wohl aus Frankreich gekommen. Sie sind dort vereinzelt wohl schon im Krieg 1870/71 üblich gewesen, und die deutschen und bayerischen Soldaten dürften sie dort gesehen haben – möglich. Jedenfalls wird es in den achtziger/neunziger Jahren eine verbreitete Sitte, Porträtphotos von Verstorbenen auf Porzellanplatten gebrannt auf Grabsteinen anzubringen.

Dies ist eine Besonderheit des Memento mori; die andere ist der Brauch, Totenbretter aufzustellen. Sie haben den Wanderer aufgefordert, für die Verstorbenen zu beten. Der Brauch war weitverbreitet, nicht nur im Bayerischen Wald; dort hat er sich nur am längsten gehalten, vor allem in der Gegend bei Arnbruck, aber auch im Rupertiwinkel in der Gegend von Teisendorf-Freilassing. Und hinter der Wieskirche habe ich noch um 1950 an einer alten Fichte ein völlig vermodertes Totenbrett gesehen, mitten im Wald. Auch an den mächtigen Bäumen vor der alten Kirche in Fischen am Südende des Ammersees sind noch einige Totengedenkbretter gestanden. Sie alle sind Überreste einer einstmals sehr weit verbreiteten Gepflogenheit.

Die Totenbretter waren ursprünglich glatt und ungeschmückt, dann hat man sich mit einem oder drei einfachen Kreuzen begnügt. Dazu hat man den Namen des Toten geschrieben; oft nicht einmal das, sondern nur die Anfangsbuchstaben seines Namens. Mit der Zeit sind die Bretter in ihrer Bemalung immer reicher geworden, in der Form immer aufwendiger, und wie vielfältig diese Formen einmal waren, kann man an den langen Reihen von Totenbrettern bei Arnbruck im Bayerischen Wald heute noch sehen. – Die Länge der Bretter wechselt sehr. Als die Bahrbretter abgekommen und durch die bloßen Gedenkbretter abgelöst worden sind, hat man sie auch kürzer gemacht.

Die Sprüche und Verse waren nur zum Teil eigens für den Verstorbenen gemacht, zum größeren Teil waren sie aus Gesangsbüchern, aus Andachts- und Erbauungsbüchern, ja sogar aus Schauspielen der Klassiker. Mit dem Auge Gottes waren sie bemalt, mit dem gleichseitigen Dreieck als Sinnbild für die Dreifaltigkeit, mit Blumen und mit Kränzen. Rosen und Vergißmeinnicht waren besonders beliebt, oder das Zifferblatt der Uhr, deren Zeiger die Sterbestunde des Toten gezeigt hat; aber auch eine geknickte und ausgelöschte Kerze mit dem Totenkopf über den gekreuzten Knochen findet man. Im Forst beim Weiler Guggenberg im alten Landkreis Weilheim war in einer

Feldkapelle ein Brett aus dem Jahr 1846. Es war reich bemalt, am unteren Ende ein Totenschädel, und auf der Hirnschale war das vollständige Alphabet in lateinischen Buchstaben geschrieben. Darunter aber stand folgender Vierzeiler:

Auf meiner Stirn steht dein Namme,
lies ihn selbst und dann komme
in das Reich der Toten hin,
daß du wirst, was ich jetzt bin.

Wie alt Totenbretter sind, läßt sich nicht genau feststellen, denn sie sind verwittert, sind morsch geworden und verfault und in den seltensten Fällen erneuert worden. Die ältesten, bekannten Bretter sind aus dem vorigen Jahrhundert. Wohl die ältesten sind im Bayerischen Nationalsmuseum verwahrt, eines aus dem Jahr 1797 und ein besonders interessantes aus dem Jahr 1813: Es ist ein Totengedenkbrett für einen bayerischen Soldaten, der als ganze Figur, aber klein, aufgemalt ist; und darunter steht, daß dieser Soldat im 6. bayerischen Linien-Infanterieregiment Herzog Wilhelm gedient hat und am 9. Februar 1813 bei Thorn an der Weichsel im Patrouillendienst von einer feindlichen Kugel tödlich getroffen worden ist: Wenn er schon nicht in dem heimatlichen Friedhof hat beerdigt werden können, so sollte wenigstens das Totenbrett an ihn erinnern und zum Fürbittgebet auffordern: »Herr, gib seiner armen Seele die Ewige Ruhe«.

Vom heiligen Leonhard

Die Biographie des heiligen Leonhard ist mehr Legende als belegbare Geschichte; und diese Legende überliefert, daß der heilige Mann zur Frühzeit der Merowinger in Frankreich gelebt hat, daß er mit dem Königshaus verwandt gewesen ist und daß er, der Welt entsagend, die Abtei Noblac gegründet habe; und daß er sein Leben vor allem der Fürsorge um die Gefangenen gewidmet habe. Schließlich und endlich überliefert sie, daß der heilige Leonhard am 6. November 559 gestorben ist.

Aber erst im 11. Jahrhundert scheint der Kult um den frommen Mann aufzublühen – zuerst in Frankreich und von hier aus in Italien, dann den oberen Rhein entlang und dann in Franken, Altbayern und Österreich. Vor allem auf altbairischem Boden ist die Verehrung sehr vielgestaltig geworden, und der gute Ruf des heiligen Leonhard hat sich hier schnell verbreitet: Er ist zum Bauernpatron, zum Helfer und Beschützer in Stall und Haus geworden.

In einem altbayerischen Kerngebiet, im Bistum Freising, kann man feststellen, daß die ersten Spuren einer Leonhardsverehrung nicht draußen auf dem Land zu finden sind, sondern im Dom zu Freising. Bischof Heinrich I. war zu Beginn des 12. Jahrhunderts Bischof von Freising; er hat aus seinem Vermögen Güter zur Pfründe für einen Altar des heiligen Leonhard im Dom geschenkt. Am 9. Oktober 1137 ist der Bischof gestorben, und ein alte Chronik sagt, daß er »in s. Leonardi capellen in der tumbkirchen« begraben sein wollte. Dieses Bischofsgrab und der Leonhardsaltar waren also noch im alten Dom, der am Palmsonntag 1159 niedergebrannt ist. Aber die Verehrung des heiligen Leonhard hat auch im neuen Dom einen Platz gefunden; heute noch kündet davon ein barockes Deckenbild von Cosmas Damian Asam. Jedenfalls aber ist dieser Leonhardsaltar der erste, der sich in Altbayern nachweisen läßt – er ist jedoch dem Heiligen als Patron der Gefangenen geweiht; erst die Umdeutung der Gefangenenkette in eine Viehkette hat den heiligen Leonhard zum Viehpatron gemacht. Die ehedem berühmteste Leonhardswallfahrt in Altbayern war wohl die

prächtige Leonhardskirche von Inchenhofen, nahe bei Aichach gelegen. Diese Wallfahrt hat einen so großen Zulauf gehabt, daß 1593 sogar ein eigenes Mirakelbuch gedruckt wird, ein Buch, in dem die Wunder verzeichnet sind, die sich hier durch die Gnade des heiligen Leonhard begeben haben. Und wie der heilige Leonhard die Ketten der Gefangenschaft lösen oder gar zerbrechen kann, so waren die Gläubigen auch der festen Überzeugung, daß er einen auch von Krankheiten und Gebrechen befreien kann – vorausgesetzt, daß man sich freiwillig zu seinem Gefangenen erklärt, daß der Gläubige eine eiserne Kette oder einen eisernen Ring trägt, den er um den Körper, um Hals oder Fuß, auch um den Arm hat und den er, wenn er Hilfe gefunden hat, als Opfergabe dem heiligen Leonhard bringt. Auch davon erzählt das Mirakelbuch von Inchenhofen.
Es ist bei uns wenig bekannt, daß der heilige Leonhard in seiner französischen Heimat nicht nur Patron der Gefangenen war, sondern auch als Helfer bei schwierigen Entbindungen angerufen worden ist. Wie er zu diesem Ruf gekommen ist, erzählt die Legende: Eines Tages nämlich ist König Chlodwig auf der Jagd, seine Gemahlin, die Königin, begleitet ihn, obwohl sie hoch in der Hoffnung ist. Tief drinnen im Wald kommt die Königin nieder, und es ist eine so schwere Geburt, daß sie mit dem Tod ringt. Da kommt zufällig der heilige Leonhard des Wegs, und der König wendet sich in seiner Hilflosigkeit an diesen heiligen Mann und bittet ihn, er möge doch helfen. Da heißt es in der Legende, der heilige Leonhard habe seine Hände zu Gott erhoben und »die Königin mit einem holdseligen und frischen Kind erfreut«. So ist es gekommen, daß der heilige Leonhard auch zum Patron der Wöchnerinnen geworden ist – ein Ruf, der durch seine bewährte Hilfe bei den Rössern und beim Vieh überdeckt worden ist.

Bei seinen Forschungen über den heiligen Leonhard hat Richard Andree der Weg auch wiederholt nach Niederbayern geführt, zum Beispiel nach Ganacker bei Landau an der Isar; er berichtet in seinem 1904 erschienen Buch *Votive und Weihegaben des katholischen Volks in Süddeutschland:* »Die kettenumspannte Kirche ... ist dem heiligen Leonhard gewidmet, und sie ist heute noch im Besitz von mindestens 1000 Stück eiserner Rößl, Kühe, Schweine usw., die für gewöhnlich in der kleinen Friedhofskapelle in einer großen Kiste aufbewahrt werden. Eiserne Menschenfiguren sind nicht darunter. Die Leonhardifeier wird an zwei Sonntagen nach dem Feste des Heiligen abgehalten und erfreut sich eines großen Besuches. Reiter und Wagen erscheinen dabei nicht, dagegen ist das Rößlopfer die Hauptsache, doch wird auch Butter dargebracht, und 1903 wurden 500 Messen und viele Ämter eingeschrieben.« Dann erzählt Andree, wie sich die Opferung vollzieht: An diesen Festtagen ist die Tür, die gegen Süden liegt, weit offen. Neben ihr ist eine Nische, in der eine Figur des Heiligen aufgestellt ist. Ungefähr einen Meter ist die hoch, um den Hals trägt sie ein aus alten Silbermünzen gemachtes Kreuz. Unter der Nische steht auf vier Füßen ein grün angestrichener Kasten, in dem hoch aufgehäuft, in einem wirren Durcheinander, die vielen eisernen Rößl und Kühe liegen, darunter vereinzelt auch Schweine. Gesucht aber sind vor allem die Rößl und Kühe. Auf den Forscher macht es einen großen Eindruck, wie Männer und Frauen an diesen Tisch gehen und eiserne Opfertiere aus diesem Kasten nehmen – nicht willkürlich, sondern bedächtig suchen, und er schreibt, da »...herrschte frommgläubiger Sinn und ernste Beachtung altüberkommener Sitte«. So viel Rösser und Kühe ein Bauer im Stall hat, so viel Eisenfiguren wählt er aus und legt sie in seinen Hut; dann geht er durch die Sakristeitür in die Kirche, kniet vor dem Hochaltar nieder und betet um den Segen des heiligen Leonhard für seine Familie, für sich, für sein Vieh. Dann steht er auf, geht mit seinen Figuren betend um den Altar herum. Anschließend wirft er Geld in den Opferstock – wobei jedes Eisenopfer auch seinen ganz bestimmten ›Wert‹ hat. Dann schüttet der Bauer seine eisernen Opfertiere klirrend in eine andere Kiste. Sie bleiben in der Kirche und können im nächsten Jahr wieder verwendet werden.

So manche Leonhardskapelle, so manche Leonhardikirche ist von einer Kette umspannt. So erzählt man sich zum Beispiel von der Kirche in Leogang westlich von Saalfelden im Salzburgischen, daß die Frauen des Tales, deren Männer draußen im Krieg waren, so eine Kette zum Dank gelobt haben, wenn ihre

Mannder wieder gesund aus dem Krieg heimkommen, und die Männer seien auch gut heimgekommen, nur einer nicht, nämlich der, dessen Frau dieses Gelübde nicht gemacht hat. Übrigens hat es in Inchenhofen, dieser einst berühmtesten Leonhardiwallfahrt, eine Unmenge von Ketten gegeben, zwar keine um die Kirche, aber viele Ketten in der Kirche: In dem schon genannten alten Mirakelbuch wird von »sovil inn- und ausser der Kirche in großer Anzahl herumbhangender Ketten« berichtet, was man auch auf Bildern bestätigt findet, wie zum Beispiel auf einem Kupferstich aus dem Jahr 1659, auf dem die Ketten zwischen den Fenstern herunterhängen. Es müssen mehr und mehr Ketten gebracht worden sein, denn auf einem anderen Kupferstich, rund hundert Jahre später, sieht man solche Ketten auch unter den Kirchenfenstern. Viele dieser Ketten haben einen Ring – es scheint also, daß auch Ketten von Gefangenen als Opfergaben hierher gebracht worden sind. Übrigens berichtet Andree über Nußdorf am Inn, daß Ketten auch aus den Hufeisen und den Ketten kranker oder gefallener Pferde eigens geschmiedet worden sind. Und diese Überlieferung scheint doch den Kern der Wahrheit zu treffen: Man muß sich vorstellen, daß zu den Leonhardswallfahrtsstätten die Gläubigen Ketten der Pferde, überhaupt Viehketten und natürlich auch Gefangenenketten gebracht haben. So liegt es nahe, daß man viele Ketten zu einer großen Votivkette aus mächtigen Gliedern hat umschmieden lassen. Man denke nur an die Votivkerzen, die ja im Lauf der Zeit auch immer größer und größer geworden sind.
Nachdem der heilige Leonhard schon zum Patron der Rösser geworden ist, ist es ganz selbstverständlich, daß auch Hufeisen im Lauf der Zeit zur Votivgabe geworden sind. Hufeisen aber hat man nicht zwischen anderen Votivgaben aufgehängt – man hat sie vielmehr an die schweren hölzernen Kirchentüren genagelt. Oft genug zeigt so eine Tür eine ganze Geschichte des Hufeisens. Es sind aber ohne Zweifel nicht nur Eisen geopfert worden, die wirklich getragen wurden; man hat auch neue, ungebrauchte gebracht und sogar eigens als Votivgaben hergestellt, die kleiner waren als die anderen. Diese aber hat man besonders schön gearbeitet, graviert, zum Teil auch versilbert

oder gar ganz aus Silber hergestellt: Andree jedenfalls erzählt von solchen kleinen, silbernen Hufeisen, die auf einer Unterlage aus schwarzem Samt befestigt worden sind.
Hufeisen als Votivgaben sind weit verbreitet gewesen: Die Sankt Leonhardskirche bei Schellenberg an der Straße nach Salzburg war berühmt wegen ihrer vielen Eisen. Im Berchtesgadener Land ist es auch Brauch gewesen, die Pferde zum Leonhardstag neu beschlagen zu lassen. Die alten Hufeisen hat man dann als Opfergaben in die Kirche gebracht, damit das Roß im kommenden Jahr vor Krankheit bewahrt bleiben möge. In alten Mirakelbüchern wird von der Opferung von Hufeisen für kranke Pferde immer wieder einmal gesprochen. Auch Felix Dahn berichtet um 1860 in der *Bavaria. Landes- und Volkskunde des Königreiches Bayern:* »Der 6. November, der Tag des hl. Leonhard, wird in vielen Gegenden feierlich durch die großen berittenen Wallfahrten, die man Leonhardsritte nennt, gefeiert; denn St. Leonhard ist der Hauptpatron und Schützer der Viehzucht, sonderlich der Roßzucht; man opfert ihm die Hufe der kranken Rosse, die er heilen soll, in natura oder in Wachs, und seine Kapellen hängen voll von diesen Opfereisen, so namentlich die Leonhardskapelle in Schellenberg im Berchtesgadener Land, daher der Volkswitz: Die Berchtesgadner muß man preisen / sie fressen den Esel bis aufs Eisen / und aus dem Eisen haben sie's Opfer gemacht.« Dann schreibt Dahn verallgemeinernd weiter: »Durch ganz Oberbayern zerstreut liegen viele ihm geweihte vereinzelte Kapellen... Oft sind diese Kirchlein von eisernen Ketten umspannt, zusammengeschmiedet aus den Stallketten der kranken Rosse, die man dem Heiligen verlobt hat, so die Leonhardskapelle bei Nußdorf am rechten Ufer des Innthals. Nach diesen Kapellen wird nun häufig am Tage ihrer Kirchweih, oft im Hochsommer von der ganzen Nachbarschaft, zu Roß und Wagen gewallfahrtet, indem Umgang mit dem Vieh um das Heiligthum gehalten, eine Messe gehört und dann der Tag mit fröhlicher Lagerung und Zeche im Freien beschlossen. Die berühmtesten Leonhardskapellen im Isarland sind die zu Schönegg..., zu Harmating und Stauchharting.« Und über die Fahrt nach Stauchharting schreibt Dahn: »Da kommen denn die Bauern schon am Vorabend zur

LEONHARDI
TÖLZ
R

Vesper, jeder mit zwei Rossen, reiten dreimal um die Kirche, binden die Rosse im Walde an, beten einen Rosenkranz und ziehen nach einem nochmaligen Umritt nach Hause; am Festtage selbst kommen die Leute schon in aller Frühe viele Meilen weit auf Leiterwagen gefahren, die mit Kränzen, Fahnen, Bändern, Bogen und Gewinden von Laub und Tannen aufs festlichste geschmückt sind; auch die vorgespannten vier schönen Pferde prangen im besten Geschirr, Mähnen und Schweif mit Bändern durchflochten, und ihre Lenker haben Hut und Geissel mit Strauß und Schleife geschmückt; wohlhäbige Bauern besitzen für diese Fahrt besonders gebaute Wagen, sogenannte Leonhardstruhen, bunt und zierlich, meist blau bemalt mit den Herzen Jesu und Maria, mit den Bildern des hl. Leonhard und seiner Wunder; diese Leonhardstruhen, deren man oft über 50 bei solchen Festen zählt, fassen gegen 20–30 Personen und werden von Vorreitern geleitet; all diese Gespanne umfahren nun hintereinander in raschem Trab die Kapelle, die Mädchen singen fromme Lieder, die Burschen machen mit ihren Instrumenten in kurzem Anhalten vor der offenen Kirchthür Musik. Nach der letzten Messe um 12 Uhr fahren die ehrsamen Bauern mit Weib und Kind nach Hause, das lustige, junge Volk beginnt nun aber erst die zweite weltliche Hälfte des Festes zu feiern, denn bei dem einsamen Kirchlein stehen für diesen Tag flüchtig erbaute Krambuden, Bierhütten, Kochherde, Tanzboden, und hier wird nun fröhlich, wie am ›Kirta‹, gelebt, und die Lustbarkeit ... wird am Abend im nächsten Wirtshaus mit allem Fleiß fortgesetzt.« Dahn zählt noch einige Leonhardifahrten auf, so zum Beispiel die zur Kapelle des St. Dionys bei Lenggries und die auf den Kalvarienberg bei Tölz, dann den Ritt »zu Allerheiligen bei Holzkirchen«. Er nennt die Ritte und Fahrten in Kreuth, Fischhausen am Schliersee, Reichersdorf, Leonhardspfunzen, Willing, ›Höpping‹ zwischen Glonn und Inn, dann Flintsbach, Nußdorf, Waging, Neukirchen, »wobei der Pfarrer von Haselbach zu Roß den Zug anführt«, und endlich die zu Inchenhofen.

Nun wäre es ein Irrtum anzunehmen, daß Leonhardifahrten nur in Oberbayern Brauch waren und sind. Eine ganz berühmte Leonhardifahrt ist sogar in Niederbayern gewesen, nämlich in

Aigen am Inn. Über sie schreibt Max Peinkofer: »An den drei goldenen Samstagen des Oktobers und am Vorabend des Festes des Viehpatrons wird die große und allgemeine Verehrung des hl. Leonhard … eingeleitet. Der Festtag selbst ist der Haupttag des Ortes und der ganzen Umgebung… Von allen Seiten … kommen die Wallfahrer herbei. Massen pilgern herüber über den Inn, die Innviertler, die besonders treu an Aigen hängen. Haufenweise kommen sie aus dem Rottal.« Und ein eigenes Leonhardslied haben sie auch: »An deinem hohen Feste / o heiliger Leonhard / schmückt alles sich aufs beste: / zur hohen Kirchenfahrt / gib Segen unsern Pferden / beschirme Hof und Haus / Auf Fluren und auf Herden / gieß Deinen Segen aus.«
Aber in Aigen ist noch in den Jahren nach dem Ersten Weltkrieg ein anderer Brauch lebendig: Damals sind die Mannsbilder nach dem Hochamt zur sogenannten Würdingerhütte gegangen, einem etwas notdürftigen Bretterverschlag, der sich an den mächtigen Westturm anlehnt. In dieser Hütte liegen fünf sehr sonderbare, unheimliche, klobige, rohe, eiserne Klotz'n, Halbfiguren, Männern ähnlich. Niemand weiß, woher sie kommen, niemand weiß zu sagen, wie alt sie sind. Das Volk sagt, es seien einst Götzenbilder gewesen, und es hat jedem einen Namen gegeben: der größte heißt ›Würdinger‹, der Kopf ist ihm längst schon abgefallen und kugelt im Sand herum. Dann heißen sie der Größe nach der ›Ranagl‹, das ›Kolmandl‹, der ›Weiberliendl‹ und der ›Gwandzerreisser‹; es hat noch einen sechsten gegeben, das sogenannte ›Fatschenkindl‹, aber das ist vor vielen Jahren spurlos verschwunden. Mit diesen klobigen, ungeschlachten Figuren hat sich ein eigenartiger Brauch erhalten, den Max Peinkofer in seinem Buch *Der Brunnkorb* schildert: »Nun versuchen Burschen und Männer, den Würdinger, der schier drei Zentner hat, zu heben oder zu schutzen. Manche können ihn kaum vom Boden wegheben oder -rücken, andere schwingen ihn mit Leichtigkeit auf die Schulter und finden viel Lob und Bewunderung; denn jeder, der den Würdinger schutzen kann, zeichnet sich nach altem Volksglauben durch Sittenreinheit und damit durch Heldenkraft aus.«
Von Richard Andree stammt eine Aufstellung, aus der hervorgeht, wo der heilige Leonhard überall verehrt wird und seit

wann; es ist eine erste Liste, die aber noch nicht vollständig ist: »Es ist nur natürlich, daß der Kultus eines so mächtigen und beliebten Heiligen eine weite Verbreitung finden mußte, trotzdem er bei uns keineswegs zu den ältesten Heiligen gehört und seine süddeutschen Kirchen meist erst im zwölften Jahrhundert erscheinen: 1020 Kundl in Tirol, 1122 Grödig bei Salzburg, 1184 Kreuth in Bayern; das durch den Leonhardskult so berühmte Inchenhofen erst 1289. In Frankreich finden wir die älteste, noch auf den Heiligen selbst zurückgehende Kirche zu Noblac im Departement Haut Vienne. In seiner Heimat sind ihm keineswegs sehr viele Gotteshäuser geweiht, da der Schwerpunkt seiner Verehrung sich ostwärts verschob. Vereinzelt sind die Leonhardskirchen am Rhein, in Westfalen, Belgien, Elsaß-Lothringen, Frankfurt a. Main. Sie mehren sich im württembergischen und bayerischen Schwaben und werden am dichtesten in Ober- und Niederbayern, wo der Heiligen Kultus in der höchsten Blüte steht. Mit den bayerischen Ansiedlern, die in die Ostmark wanderten, drang die Leonhardsverehrung weiter vor. In Böhmen sind ihm zwölf Kirchen geweiht, im Salzburgischen 18 Kirchen und Kapellen, in Kärnten 30, in Krain 40, in Niederösterreich 9, in der Steiermark ist, abgesehen von vielen anderen Kirchen und Kapellen, in Murau eine berühmte Leonhardskirche; bei Nabresina in der Nähe von Triest erreichen sie das Adriatische Meer mit den Ruinen der dortigen auf alter prähistorischer Stätte erbauten Kapelle.«

Es ist mehrmals von den Leonhardiwallfahrten die Rede – abschließend sei ein Ausschnitt aus der schon klassischen Schilderung der Tölzer Leonhardifahrt von Karl Stieler zitiert: »Gegen neun Uhr morgens beginnt das eigentliche Fest, und zwar zunächst die Auffahrt zum »Kalvarienberge«, auf dessen Gipfel die Leonhardskirche steht. Es ist dies ein Höhenrücken, der auf der einen Seite steil aus der Isar emporsteigt, mit Kiefern und Laubholz bewaldet, oben aber dehnt sich ein freies Plateau, das sich in weiten, muldenförmigen Wiesen gegen die Ebene abdacht. Durch das Gehölz führen nur einige schmale Fußsteige, aus dem Markte aber zieht eine breite, mäßig steigende Straße empor, und diese ist es, welche die Wagen des Festzuges wählen. Auf allen Wegen drängt sich schon kletternd

und pilgernd das Volk, Tausende im Sonntagsstaat, die Glocken läuten, schmetternde Musik erklingt – sie kommen.
Wie dröhnen die Räder, wie schnauben die Hengste, daß die Funken unter den Hufen sprühen – es ist ein Bild urwüchsiger Kraft und Lebenslust, das keine Beschreibung erreicht! Allen voran zieht ein Trupp von Reitern, dann kommt der Wagen mit der Musik, tannenbekränzt, es schmettern die Trompeten in schallendem Übermut, und vor dem Wagen geht ein Viergespann, wie man es nicht alle Tage sieht. Denn weit und breit ist dieser Gau durch seine prächtigen Pferde berühmt; spiegelblank glänzen die Braunen, wenn sie so nervig in den Boden greifen und bergaufwärts ziehen, Mähne und Schweif sind mit bunten Bändern durchflochten, und das Messingbeschläg der Geschirre glitzert blank in der Sonne... Im zweiten Wagen sitzen die geistlichen Herren, aus dem Orte selbst und aus der Umgegend, wohl zwölf bis fünfzehn an der Zahl, alle im Chorrock, das Barett auf den lebensfrohen Häuptern. (Früher mußte der Pfarrer mit dem Kreuz an der Spitze des Zuges reiten.) Ihr Wagen ist natürlich ganz besonders geschmückt, auch er ist eine sogenannte »Leonhardstruhe«, die man nur an diesem Tage aus der Scheune hervorholt, und die mit den bunten Emblemen des Heiligen geziert ist. Die meisten dieser »Truhen« sind blau bemalt und tragen in der Mitte das Bild des Patrons; Roß und Rind ruhen daneben, auf den übrigen Feldern sieht man votivartige Wallfahrtsszenen...
Nach dem Wagen, der die Geistlichen trägt, folgen die weiteren Gespanne, und dabei hat nun die Rivalität der einzelnen Gemeinden und Nachbarn den weitesten Spielram. Fast jedes der umliegenden Dörfer sendet sein Gefährt, und es ist ein Stolz für lange Wochen, welches von allen am schönsten geschmückt war...
Wenn die Messe zu Ende ist, deren Orgelklang feierlich herausklingt auf das weite Feld, – dann aber hebt mit einemmale erneutes Leben an, es ist wie ein Lager, das plötzlich abgebrochen wird, wie ein Heer, das auf ein Losungswort zu Pferde steigt. Denn nun erst beginnt der Umritt. Bisher war alles in buntem Gemenge, jetzt ordnet der Zug sich wieder, selbst die Rosse gewahren es und wiehern, unter dem Klange der Musik

setzt sich der erste Wagen in Bewegung. Es ist staunenswert, mit welcher Sicherheit die schweren Vierspänner so dicht am Abgrunde dahinfahren – wenn die Räder auch nur einen Schuh breit zur Seite gingen, so stürzte das ganze Gefährt in die steile Tiefe. Aber daran denkt kein Mensch, und seit Menschengedenken ist auch kein Unglück begegnet, wie könnte am Festtag des heiligen Leonhard ein Mißgeschick mit Wagen und Pferden geschehen? In scharfer Wendung, daß die Achse kracht und die Rosse in den Zügel knirschen, geht es um das kleine Kirchlein herum, unter der Tür desselben steht der Priester und gibt mit dem Kreuze jedem einzelnen Wagen den Segen, während dessen Insassen andächtig den Hut ziehen. Einer um den anderen fliegt vorbei, und dann fahren sie die breite, grüne Mulde hinab, daß man den Zug im langen Bogen sich entfalten sieht. Das ist der lebendigste und farbenprächtigste Teil des Festes, niemals klingt die Musik so rauschend und das Knallen der Peitschen so hell und das Jauchzen der Menge so fröhlich…«

Vom Tanzen bis auf Kathrein

Wer außerhalb der weißblauen Grenzpfähle an einen echten bayerischen Tanz denkt, denkt an den Schuhplattler. Er gehört zum feststehenden Bild des ewig lederbehosten, gamsbartbewehrten, fensterlnden, raufenden, wildernden und schuhplattelnden, dabei kerngesunden Bayern. Ob wir das nun begrüßen oder nicht – im Ausland sieht man Deutschland durch eine bayerische Brille. Deutschland ist meistens gleich Bayern, und Bayern bedeutet Tracht, Tracht wiederum Lederhose, und Lederhose bedeutet Schuhplattler. Ob es uns paßt oder nicht: so werden wir gesehen, und daß wir so gesehen werden, verdanken wir vor allem einer gewissen Sorte unserer Landsleute, denen das Bayerisch-Sein, das Schuhplatteln, längst zur Berufung geworden ist und die dieses Bild, dieses Zerrbild liefern. Die Fremden glauben es nur.

Es mag um 1875 gewesen sein, als Karl Stieler über den Schuhplattler geschrieben hat. Dabei mokiert er sich gleich zu Anfang über einen norddeutschen Schriftsteller, der vom Schuhplattler behauptet, »es liegt eine starke Sinnlichkeit darin«; aber diese Sinnlichkeit sei eben eine »schöne«; dann schreibt er weiter, wo diese Sinnlichkeit nicht ins Gebiet des Schönen reicht, da ist sie wenigstens gesund, denn ihr Boden ist die Kraft und ihr Ziel die Grazie. Dann stellt Stieler etwas fest, worüber er sich sogar mit der heutigen wissenschaftlichen Erkenntnis in Übereinstimmung befindet – nämlich daß dieser Tanz dem balzenden Spielhahn und Auerhahn abgeschaut ist. Wer einmal das Glück gehabt hat, eine Spielhahnbalz zu sehen, der weiß, daß dieser Vogel mit den krummen Federn wirklich tanzt und springt. Nicht umsonst heißt es im Volkslied:

Wann der Spielhahn d'Henna kloaweis zu eahm bringt,
wann er grugelt, wann er tanzt und springt,
Ja, dann lern i's von dem Spielhahn drobn halt,
Was im Tal herunt' die Dirndl gfallt.
Denn die Dirndl, die san
Ja grad nett wie die oan.
Wer nit tanzt und nit springt,
Der bringts minderscht zu koan'.

Lesen wir bei Karl Stieler nach, denn er hat den Schuhplattler sehr anschaulich beschrieben: »Beim Schuhplattltanz sind die Rollen der beiden Geschlechter streng geteilt, und zwar in der Weise, wie sie die Natur geteilt hat. Das eigentlich aktive Prinzip ist der Mann, ihm steht die Leitung, ihm steht das Ergreifen zu. Das Mädchen hat die Rolle des Erwartens. Der Beginn ist sachte; denn wenn die jubelnden Triller des Ländlers in die Höhe steigen, tanzen sämmtliche Paare einigemale mit grosser Gelassenheit herum. Plötzlich aber verlassen die Burschen ihre Mädchen. Sie dürfen sie nicht stehen lassen, denn das wäre selbst nach Bauerngalanterie eine Grobheit; sie müssen ihnen entschlüpfen, unbehindert, unversehens. Die Leichtigkeit, mit der die Mädchen sich unter dem erhobenen Arm des Tänzers durchwinden, mit der die Paare sich plötzlich lösen, macht diesen Moment ganz reizend. Dann kommen wilde, rasende Augenblicke. Während die Mädchen sich sittsam um die eigene Achse drehen, springen die Burschen jählings in die Mitte und bilden dort einen inneren Kreis. Die Musik wird stärker. Sie beginnen zu stampfen und mit den braunen Händen auf Sohlen und Schenkel zu schlagen. Ein schrilles Pfeifen tönt dazwischen. Man muß diese baumlangen Kerle, man muß diese zolldicken Nagelschuhe gesehen haben, um zu ahnen, was das für ein Getöse wird. Der Boden dröhnt und die Decke zittert; die Musik wird stürmisch wie die Posaune von Jericho, aber man hört sie kaum mehr. Hören und Sehen vergeht einem ganz. Mitten im Gewühl schlägt einer ein Rad, als müßte er den Kreuzstock in Splitter schlagen, ein anderer springt zu Boden, als sollte Alles in der nächsten Sekunde parterre liegen. Allmälig wird die Musik wieder mässiger; die frechen Trompeten holen Atem – Piano – Pianissimo, und die Burschen kehren zurück zu ihren Mädchen. Jetzt kommt der Auerhahn. Schnalzend, pfeifend springt Jeder der Seinen nach, während das Dirndl in ununterbrochenen Kreisen ihm entflieht. Wie der Hahn die Flügel, hat er die Arme ausgespannt, bald duckt er sich vor ihr zur Erde, bald springt er sie in wilden Bogen an. Endlich hat er doch das Dirndl ›gfangt‹.«

Als König Max II. 1858 seine berühmte Fußreise von Lindau nach Berchtesgaden gemacht hat, ist gesungen, musiziert und

natürlich auch vorgetanzt worden. Ein Reisebegleiter, der Rheinhesse Wilhelm Heinrich Riehl, der eigentliche Begründer der Volkskunde in Bayern, war ein großer Musikkenner. Er hat in seinen Aufzeichnungen über die ›Fußreise Seiner Majestät‹ zum erstenmal über Volksmusik entlang der Alpen geschrieben, die ihm auf dieser Reise begegnet ist, so in Reit im Winkl: »Ich erinnere mich eines Burschen, der die Zither meisterhaft spielte, während ein anderer mit einem Bauernmädchen ebenso vollendet pantomimische Solotänze tanzte, und zwar auf einem ganz engen Hausflur von nur wenigen Quadratfuß Fläche, denn draussen strömte der Regen, und ein besserer Platz war augenblicklich nicht zu finden. Der König aber sass mit seinem Gefolge auf den Stufen der Treppe, die zum Oberstock führte und schaute dem echt nationalen Ballett vergnüglich zu.«
Zu dieser kleinen Reisegesellschaft der königlichen Fußreise hat auch Friedrich von Bodenstedt gehört, ein hochgeschätzter gefeierter Dichter seiner Zeit. Als die Reisegesellschaft von Kreuth weiterreist in die Valepp, erzählt Bodenstedt dem König etwas aus seinen Sommerfrischentagen. Er berichtet, daß die Valepp, auch Kaiserklause genannt, eine starke Anziehungskraft auf alle tanzlustigen Bergbewohner habe: »An besonderen Feiertagen steigen die Holzknechte von den Felswänden, die Senner und Sennerinnen von den Almen herunter, um sich in der Valepp einmal wieder recht auszustampfen, auszujuchzen und auszusingen. Das Forsthaus sorgt für gute und billige Bewirtung, und der Tanzboden ist im Freien aufgeschlagen. Oft wiederholt sich das Vergnügen nicht, welches nur an Erinnerungstagen weniger auserwählter Kirchenheiliger stattfindet, aber dann auch gründlich genossen wird. Und was unter den Sommergästen im Gebirg noch Sinn für urwüchsige Lebenslust hat, kommt aus der Ferne herbei, um sich das muntere Treiben mit anzusehen, welches oft auch vornehme Herren und Damen in seine tanzenden Kreise zieht, ohne jedoch im geringsten gegen den Anstand zu fehlen, der allen Hochländern eigen ist. So habe ich in der Valepp, die ich von Rottach und Schliersee aus öfters besuchte, Prinzen und Grafen mit Sennerinnen und Prinzessinnen und Gräfinnen mit Holzknechten tanzen sehen, in harmloser Unbefangenheit auf beiden Seiten...«

Auch in der *Bavaria. Landes- und Volkskunde des Königreiches Bayern* steht einiges über Volkstanz, und zwar beim Abschnitt über Kirchweihbräuche. Es heißt dort: »Die Kirchweih ist vor allem ein Freudentag für das tanzlustige Volk; denn am ›Kirta‹ darf nach Herzenslust vom Schluß der Vesper an oft bis in den frühen Morgen getanzt werden.« Dann kommt etwas recht Interessantes: »In den meisten Gegenden darf ohnehin beinahe nur an diesem Tag – höchstens noch an einigen hohen Sonn- und Festtagen (Fastnacht, Katherina, Cäcilia, Weißen Sonntag, Pfingstmontag, Martini und den Jahrmarkttagen) getanzt werden.« – Auch in diesem Abschnitt finden wir etwas über den Schuhplattler: »Am häufigsten werden der Dreischrittwalzer... und der bekannte bayerische Ländler getanzt, der insbesondere von dem lebhaften Gebirgsvolk an der Mangfall und der Loisach etc. mit furchtbarem Stampfen, von unaufhörlichem Pfeifen, Jauchzern und Singen begleitet, getanzt wird. In dem Gebiet der Gerichte Miesbach und Tegernsee vornehmlich wird dies ›Platteln‹ mit großem Eifer und mit einer Art naturwüchsiger Grazie geübt; es geht dabei immer sehr laut her: Juchzen, Pfeifen und Gesang des höchst tanzlustigen Volkes übertönen oftmals die gellenden Klarinetten und die Trompeten, die gewöhnlich zum offenen Fenster hinausgeblasen werden, um neue Gäste anzulocken.«

Wenn heutzutage immer wieder geklagt wird, daß die alten Bräuche aussterben und die alten Tänze auch, so ist diese Klage nicht sonderlich neu. Denn schon in der erwähnten *Bavaria* heißt es: »Die allgemeine Klage um Abnahme und Erlöschen wahrhaft volkstümlichen Lebens in Tracht und Wohnung, Brauch und Sitte, drängt sich auch lebhaft bei der Wahrnehmung auf, wie die alten, charakteristischen und schönen Tanzweisen auch auf dem Lande immer mehr verdrängt werden von den modernen Touren städtischer Bälle: Française, Polka, ja selbst Polka-Masurka werden – natürlich noch obenein in gräßlicher Übersetzung ins Plumpe und ungefähr in umgekehrtem Verhältnis wie unsere Ballettänzerinnen das Steyrische tanzen – von den bayerischen Bauern gestampft, deren natürliche Geschicklichkeit in den zierlichen, alten Tänzen oft sogar eine gewisse Grazie entfaltet hatte. Nur selten mehr finden sich noch Spuren von den früher allgemein üblichen Reigentänzen im Freien.«

Mit Kirchweih war ehedem einmal der ›Betteltanz‹ verbunden; er war sehr verbreitet. Allerdings hat man in verschiedenen Gegenden auch verschiedenes darunter verstanden. Im Lechrain zum Beispiel hat jeder Bursch ein Mädchen, das noch keinen Schatz gehabt hat, am Nachkirchtag, nach der Kirche zum Tanz geführt. Dafür war es Brauch, daß er der Mutter dieses Mädchens einen Krug Bier und Bretzln ins Haus gebracht hat. – Am Unterlauf der Paar war es dagegen üblich, daß das Mädchen den Burschen freigehalten hat. In der *Bavaria* steht dazu noch folgendes: »Anderwärts freilich hat der Knecht die Dirn des Hauses zum Kirta zu führen, wenn er auch einen anderen Schatz hat, so z.B. im Isarland, oder der Sohn die Tochter des Nachbars, so in der Gegend vom Tegernsee. Einen anderen aber ähnlichen Sinn hat der Betteltanz im Ampergrund: der Aushalter – d.h. der von den Spielleuten bestellte Tanzordner mit seinem Ehrenzeichen, dem bändergeschmückten Stab – stellt sich in die Mitte; nun wählen zuerst die Burschen, dann die Mädchen einen Partner für drei Touren, tun einen Schluck aus dem Bierkrug des Aushalters und zahlen für beide Freiheiten drei Kreuzer. Auch hier wird Mädchen, die keinen Schatz haben, Gelegenheit zum Tanz gegeben. Während der übrigen Touren stehen solche denn gar traurig an der Tür und spähen sehnsüchtig hinein. Oft müssen sie dabei schweren Spott ertragen. Sie suchen sich daher meist sobald als möglich einen Burschen, den sie ›gen Bier haben‹, d.h. der sie zu Tanz und Bier führt. Gleichwohl wird in vielen Gegenden, besonders in abgelegenen Gebirgsteilen, wie z.B. in der Jachenau, jede vom Tanzboden gewiesen, die einmal ein lediges Kind gehabt.«

Wie gesagt, auch damals wird geklagt, daß alte Bräuche abkommen, daß alte Tänze nimmer getanzt werden. Das schließt hinwiederum nicht aus, daß hin und wieder sehr wohl auch alte Tänze getanzt werden. Gemeint ist jetzt die Zeit um 1860. Da wird zum Beispiel vom sogenannten ›schwäbischen Langaus‹ erzählt, der noch im Vorland getanzt werde, der ein gar ›sittiger bildsamer Tanz‹ sei, »ein Ländler für ein Paar, das getrennt

tanzt, wobei das Mädchen sich mit gesenkten Augen stille drehend fortbewegt, indeß der Bursche es umkreist und auf allerlei Weise jedoch lang nicht so stürmisch, wie im bayrischen Ländler, seine Freude und Liebe pantomimisch ausdrückt«.
Dann wird aber einem Tanz nachgetrauert, der früher, also längst vor 1860, ganz allgemein ›in jedem Vorland‹, im schwäbischen also und im oberbayerischen, üblich und sehr kunstvoll gewesen sei: Es war der sogenannte Sechser-, Achter- oder Zwölfertanz, eine Art Quadrille, deren zwei Hauptteile im Menuettschritt getanzt worden sind: Tänze mit oft mehr als zwanzig verschiedenen Touren. Zu einer von ihnen hat das sogenannte ›Engel-Tragen‹ gehört, in der Française später auch ›aufsitzen‹ geheißen; dabei sind im Kreis die Tänzerinnen auf Händen getragen worden. Aber diese Tänze sind bereits im Jahr 1860 ein Stück Vergangenheit. »Die eigentlichen Virtuosen dieses Tanzes sind aber ausgestorben; nur selten mehr begehrt ein ehrsamer alter Bauer noch heute von den Spielleuten, zu deren Bestürzung und Beschämung die vergessene Weise des altfeierlichen Tanzes, dessen zierliche Windungen das ungeduldige Geschlecht unserer Tage nicht mehr erlernt.«
Wie dem auch sei – damals wird am häufigsten der Dreischrittwalzer gedreht. Er wird seit etwa 1800 getanzt, er hat die alten Tänze im Quadrillestil abgelöst, er wird in »sehr langsamen Tempo« getanzt, das wird eigens betont. Und daneben ist natürlich auch vor allem der Landler getanzt worden.
Aber noch etwas aus der *Bavaria* übers Musizieren in Niederbayern: »Besonders tanzlustig sind die Leute in Rotthal und in dem Land zwischen Inn und Isar, wo bereits die Heimat der echten bayerisch-österreichischen Landler beginnt, jene heiter gemütlichen Weisen, wie sie die berühmten Hochzeitsgeiger von Oberösterreich und Steier zu hunderten stets neu erfinden und fortpflanzen. Die Landler werden meist von vier Musikern vorgetragen, welche in den einzelnen Teilen mit Solo und Tutti, zweistimmig und vierstimmig wechseln... Die neuere Zeit hat der Polka und dem Schottischen Eingang verschafft, ältere Tänze, die namentlich auf Hochzeiten noch von den Ehepaaren hie und da gefordert werden, sind der Langaus, der Auf-und-Ab oder Sechser und Achter sowie der Huttanz; bei demselben

wird ein schöner Hut in die Mitte gelegt, der Rand mit Pulver und glimmenden Zunder bestreut. Nun tanzt ein Paar nach dem andern darum im Kreise, und derjenige Bursch gewinnt den Hut, bei dessen Rundtanz das Pulver auffliegt...« Auch ist überliefert, daß die Tanzlust auf dem linken Ufer des Inntals außerordentlich groß sei; dort tanze man nicht nach ›Schaaren‹, es tanzen vielmehr alle Paare bei jeder Tour zugleich. Und dann heißt es: »Das sogenannte Austanzen der Mädchen mußte im Jahre 1846 vom Landgericht Rosenheim aus Gesundheitsrücksichten verboten werden, da gute Tänzerinnen selten ein paar Minuten an ihrem Platz blieben, sondern unausgesetzt ganze Abende und Nächte durchtanzten. – Einen auffallenden Gegensatz hiezu bildet die Ramsau, wo an den drei einzigen Tanztagen – Kirchweih, Fastnacht und Kathreyn – oft alle Buben nur 3–4 Tänzerinnen haben, da die meisten Mädchen gar nicht tanzen können. Man tanzt gewöhnlich nach Schaaren, d.h. je 4 Paare, die für eine Schanze, d.h. drei Touren, 1 fl. 12 kr. bezahlen. Einzeltänze werden ungern gesehen. Der prahlerische Bursche, der, den Spielleuten das Tanzgeld zuwerfend und den anderen die Zeit wegnehmend, mit seinem Schatz allein oder höchstens mit einigen Freunden, denen er die Teilnahme gestattet, den Anderen vor der Nase herumtanzen will, wird gar bald mit Trutzliedern gestraft, deren unausbleibliche Folge zuletzt eine erfreuliche Rauferei ist, welche in vielen Gegenden so notwendig an den Schluß einer echten Kirchweih gehört, wie Messe und Vesper an den Anfang. Das Verbot solcher Trutz- und Tanzlieder läßt sich natürlich so wenig durchführen, wie das Verbot, Spielhahnfedern, diese permanente stillschweigende Aufforderung zum Raufen, auf dem Tanzboden zu tragen.«

Der Abschluß des Kirchenjahres ist – zumindest im Bewußtsein unserer Eltern und Voreltern – der Kathreintag gewesen. Das hat sicher nicht an der heiligen Katharina gelegen, denn weder ihr Leben noch ihr Martyrium haben Bezüge zu dem Ende des Kirchenjahres, und niemand wäre auf den Gedanken gekommen, das Tanzen oder das Beendigen des Tanzens mit dem Leben oder Sterben der heiligen Katharina, gar mit den Wundern, die sie vollbracht, in Verbindung zu bringen. Es liegt sicher nur am Namenstag, der auf den 25. November fällt, weil dieser Tag unmittelbar vor der Adventszeit liegt, mit dem Advent die Fastenzeit beginnt und es deshalb nach altem Brauch an diesem Tag mit dem Tanzen und dem Heiraten zu End' gegangen ist. Und jedermann hat sich daran gehalten, denn es war ein weit verbreiteter Spruch: ›Kathrein stellt den Tanz ein.‹

Literaturverzeichnis

der von Paul Ernst Rattelmüller verwendeten bzw. zitierten schriftlichen Quellen:

Adalbert Prinz von Bayern, *Als die Residenz noch Residenz war* (München 1967).

Richard Andree, *Votive und Weihegaben des katholischen Volks in Süddeutschland.* Ein Beitrag zur Volkskunde. Braunschweig 1904.

Marie Andree-Eysn, *Volkskundliches aus dem bayerisch-österreichischen Alpengebiet.* Braunschweig 1910.

Franz Joseph Bronner, *Von deutscher Sitt und Art.* München 1908.

Franziska Hager, *Der Chiemgau.* Ein Bayernbuch den Deutschen. München 1927.

Franziska Hager und Hans Heyn, *Drudenhax und Hallelujawasser.* Rosenheim 1975. (Abdruck mit frdl. Genehmigung des Rosenheimer Verlagshauses, Rosenheim)

Michael Hartig, *Patrona Bavariae – Die Schutzfrau Bayerns.* München 1948.

August Hartmann, *Volksschauspiele. In Bayern und Oesterreich-Ungarn gesammelt.* München 1880.

Joseph von Hazzi, *Statistische Aufschlüsse über das Herzogthum Baiern, aus ächten Quellen geschöpft.* Nürnberg 1801–1809.

Josef Hofbauer, *Ostbayern. Vom Leben und Brauchtum.* Regensburg 1980. (Abdruck mit frdl. Genehmigung des Pustet Verlages, Regensburg)

Ludwig von Hörmann, *Tiroler Volksleben.* Ein Beitrag zur deutschen Volks- und Sittenkunde. Stuttgart 1909.

Johann Georg Keyßler, *Neüeste Reise durch Teütschland. Böhmen. Ungarn, die Schweiz...* Hannover 1740.

Rudolf Kriß, *Sitt und Brauch im Berchtesgadener Land.* München 1947. (Mit frdl. Genehmigung von Herrn Dr. Lenz Kriß-Rettenbeck)

Karl Freiherr von Leoprechting, *Aus dem Lechrain.* Zur deutschen Sitten- und Sagenkunde. München 1855.

Fritz Markmiller, *Der Tag, der ist so freudenreich.* Advent und Weihnachten. Regensburg 1981. (Abdruck mit frdl. Genehmigung des Pustet Verlages, Regensburg)

Karl Mindera, *Maria, hilf.* München 1961.

Alois Mitterwieser, *Geschichte der Fronleichnamsprozession in Bayern.* München 1930.

Alois Mitterwieser, *Der Palmesel und die Palmprozession in Bayern.* Bayerischer Heimatschutz, 30. Jg., 1934.

Hans Moser, *Maibaum und Maibaumbrauch.* Bayerisches Jahrbuch für Volkskunde, 1961.

Friedrich Nicolai, *Beschreibung einer Reise durch Deutschland und die Schweiz im Jahre 1781.* Berlin und Stettin 1785/86.

Max Peinkofer, *Der Brunnkorb.* Niederbayerische Heimatbilder. Passau 1947 und 1957. (Abdruck mit frdl. Genehmigung des Verlags Passavia, Passau)

Richard Pinzl und Gustl Tögel, *Der Christbaum.* München 1968.

Joseph Richter (pseud. F.A. Obermayr), *Bildergallerie katholischer Mißbräuche.* (Frankfurt/Leipzig/Wien 1784).

Wilhelm Heinrich Riehl, *Kulturgeschichtliche Charakterköpfe.* Stuttgart 1891. (Enthält die *Fußreise König Max II.).*

Peter Rosegger, *Das Volksleben in Steiermark in Charakter und Sittenbildern dargestellt.* Wien 1888.

Magnus Sattler, *Chronik von Andechs.* Donauwörth 1877.

Michael Schattenhofer, *Die Mariensäule in München.* München und Zürich 1970.

Georg Schierghofer, *Altbayerns Umritte und Leonhardifahrten.* München 1913.

Joseph Schlicht, *Altbayernland und Altbayernvolk.* (Abdruck mit frdl. Genehmigung des Rosenheimer Verlagshauses, Rosenheim) Augsburg 1886.

Johann Andreas Schmeller, *Bayerisches Wörterbuch.* Mit urkundlichen Belegen. Stuttgart 1827.

Matthias Schmidhammer, *Sitten und Gebräuche im ehemaligen Fürstentum Berchtesgaden.* (Manuskript, ca. 1906).

Franz Xaver Schönwerth, *Aus der Oberpfalz.* Sitten und Sagen. Augsburg 1857.

Lorenz (v.) Westenrieder, *Beschreibung der Haupt- und Residenzstadt München (im gegenwärtigen Zustand).* München 1782.

Nachschlagewerke:
Bavaria. Landes- und Volkskunde des Königreiches Bayern. Bearbeitet von einem Kreis bayerischer Gelehrter. München 1860–1867.

Bavaria Sancta. Hrsg. von Georg Schwaiger. Regensburg 1970 (I), 1971 (II), 1973 (III).

Handbuch der deutschen Volkskunde. Hrsg. von Wilhelm Preßler. Potsdam o.J. (ca. 1930ff.).

Handwörterbuch des deutschen Aberglaubens. Hrsg. von Hanns Bächtold-Stäubli. Berlin-Leipzig 1927–1942.

Lexikon für Theologie und Kirche. Hrsg. von Michael Buchberger. Freiburg i. Breisgau 1930–1938.

Wörterbuch der deutschen Volkskunde. Begründet von Oswald A. Erich und Richard Beitl. Stuttgart (1974^3).

Weitere lieferbare Titel von Paul Ernst Rattelmüller im Süddeutschen Verlag

Die Bayerischen Gebirgsschützen
144 Seiten mit 12 Farbtafeln und 12 Schwarzweiß-Abbildungen, Leinen
Der Autor schildert in Text und zeitgenössischen Abbildungen die Geschichte der oberbayerischen Gebirgsschützen. Ein Buch für die Freunde bayerischer Tracht und lebendig gebliebenen Brauchtums.

Auf Weihnacht'n zua
380 Seiten mit über 100 Zeichnungen und Vignetten, Leinen
Ein reichillustriertes, liebenswertes Hausbuch, in dem Brauchtum, Gewohnheiten, Überlieferungen dargestellt werden.

Lüftlmalerei in Oberbayern
128 Seiten mit 16 farbigen und 37 einfarbigen Abbildungen, bibliophiler Pappband
Eine Zusammenstellung der noch erhaltenen Haus- und Fassadenmalereien in Oberbayern mit einer Einführung in die Geschichte und die Herstellung der „Lüftlmalerei".

Volkstrachten in Bayern
Altbayern. Franken. Schwaben.
120 Seiten mit 96 farbigen Zeichnungen, bibliophiler Pappband
Das Buch ist nicht nur ein historischer Abriß über die Festkleidung in den verschiedenen Landesteilen, sondern zugleich Hinweis dafür, in welch starkem Maße die Tracht Eingang auch in die heutige Mode gefunden hat.